곽선희 목사 설교집
43

한 수난자의 기쁨

곽선희 지음

계몽문화사

머 리 말

'복음은 들음에서' — 이는 진리이며 우리의 경험입니다. 하나님께서 우리에게 주신 복 가운데 가장 큰 복은 말씀을 주신 것입니다. '말씀이 육신을 입어서 오신 것' 입니다. 말씀을 주셨고 들을 수 있게 하셨고 마음문을 열고 받아 믿게 하신 것, 참 놀라운 은혜입니다.

말씀은 단순한 지식이 아닙니다. 추상적인 이론이 아닙니다. 말씀은 선포되는 하나님의 계시적 능력인 것입니다. 말씀의 권능, 그 능력을 알고 체험하면서 비로소 '말씀 안에서 태어나는 생명적 기적' 이 나타나게 됩니다. 오늘도 그 말씀이 증거되고 새롭게 선포되고 있습니다. 설교가 곧 말씀입니다. 성령의 역사와 함께 끊임없이 이루어지는 생명의 역사입니다. 이 선포되는 말씀, 증거되는 진리를 통하여 구원의 능력은 항상 새로워집니다. 말씀 안에서 새 생명이 탄생하고 말씀 안에서 영혼이 소생하며, 그 큰 능력 안에서 우리는 강건해집니다. 우상을 이기는 능력의 사람으로 성장해가는 신비롭고 놀라운 사건을 강단에서 늘 경험하고 있습니다.

여기에 또다시 설교말씀을 모아 책자로 내어놓습니다. 예수소망교회 강단을 통하여 하나님께서 우리에게 주신 말씀입니다. 이제 그 말씀을 책자로 엮어 내어놓음으로써 우리가 시간과 공간을 초월하여 개별적으로 하나님을 만나게 되는 '말씀의 역사' 에 귀중한 방편이 되고자 합니다. 책자라는 그릇에 담긴 이 말씀들은 읽는 자의 마음 안에서 또 다른 '말씀의 신비한 기적' 을 낳게 되리라 확신합니다.

한 시간 한 시간의 설교를 위하여 간절히 기도해주신 모든 성도들과 이 책자를 출간하기까지 수고해주신 여러분께 진심으로 감사를 드립니다. 그리고 또다시 영광을 오직 하나님께 돌리면서……

곽선희

차례

머리말 ——— 3
내 이름으로 영접하라(마 18: 1-10) ——— 8
네 마음을 내게 주라(잠 23: 22-26) ——— 18
생명의 성령의 법(롬 8: 1-9) ——— 27
착한 양심을 가지라(딤전 1: 18-20) ——— 38
네게 어떻게 할 것을 구하라(왕하 2: 7-11) ——— 46
주여, 옳소이다(막 7: 24-30) ——— 55
순종의 신앙적 속성(삼상 15: 17-23) ——— 64
능력으로 강건하게(엡 3: 14-19) ——— 74
그 능력을 알아보리라(고전 4: 18-21) ——— 84
인내로 구원 얻으리라(눅 21: 10-19) ——— 94
은혜를 잊어버린 사람들(출 16: 1-8) ——— 104
천국에 들어가는 부자(마 19: 23-26) ——— 115
예수의 휴식 양식(요 4: 27-38) ——— 125

한 수난자의 기쁨(빌 1: 12-18) ──── 134
풀어놓아 다니게 하라(요 11: 36-44) ──── 144
치료하시는 하나님(출 15: 22-26) ──── 155
믿는 믿음 안에 사는 사람(갈 2: 17-21) ──── 167
다 하나님 앞에 있습니다(행 10: 23-33) ──── 177
죽은 것이 아니라 잔다(막 5: 35-43) ──── 187
오직 그가 아십니다(욥 23: 10-17) ──── 197
내가 여기 있나이다(출 3: 1-12) ──── 206
교회성장의 원동력(행 9: 26-31) ──── 214
이 여자를 보느냐(눅 7: 44-50) ──── 224
아브라함의 자녀들(갈 3: 1-7) ──── 235
메뚜기 콤플렉스(민 13: 25-33) ──── 244
은혜로운 선택의 의미(롬 11: 1-7) ──── 254
곽선희목사 설교집·강해집·기타 ──── 262

곽선희 목사
장로회 신학대학 졸업
프린스턴 신학석사
풀러신학 선교신학박사
인천제일교회 목사
장로회 신학대학 교수 역임
숭의여자전문대학 학장 역임
서울장로회신학교 교장 역임
소망교회 원로목사

곽선희 목사 설교집 제43권
한 수난자의 기쁨

인쇄 · 2006년 5월 15일
발행 · 2006년 5월 20일
지은이 · 곽선희
펴낸이 · 김종호
펴낸곳 · 계몽문화사
등록일 · 1993년 10월 11일
등록번호 · 제16—765호
전화 · (02)917-0656
정가 · 14,000원
총판 · 비전북 / (031)907-3927
ISBN 89-89628-22-9   03230

* 잘못 만들어진 책은 바꾸어 드립니다.

한 수난자의 기쁨

내 이름으로 영접하라

그때에 제자들이 예수께 나아와 가로되 천국에서는 누가 크니이까 예수께서 한 어린아이를 불러 저희 가운데 세우시고 가라사대 진실로 너희에게 이르노니 너희가 돌이켜 어린아이들과 같이 되지 아니하면 결단코 천국에 들어가지 못하리라 그러므로 누구든지 이 어린아이와 같이 자기를 낮추는 그이가 천국에서 큰 자니라 또 누구든지 내 이름으로 이런 어린아이 하나를 영접하면 곧 나를 영접함이니 누구든지 나를 믿는 이 소자 중 하나를 실족케 하면 차라리 연자 맷돌을 그 목에 달리우고 깊은 바다에 빠뜨리우는 것이 나으니라 실족케 하는 일들이 있음을 인하여 세상에 화가 있도다 실족케 하는 일이 없을 수는 없으나 실족케 하는 그 사람에게는 화가 있도다 만일 네 손이나 네 발이 너를 범죄케 하거든 찍어 내버리라 불구자나 절뚝발이로 영생에 들어가는 것이 두 손과 두 발을 가지고 영원한 불에 던지우는 것보다 나으니라 만일 네 눈이 너를 범죄케 하거든 빼어 내버리라 한 눈으로 영생에 들어가는 것이 두 눈을 가지고 지옥 불에 던지우는 것보다 나으니라 삼가 이 소자 중에 하나도 업신여기지 말라 너희에게 말하노니 저희 천사들이 하늘에서 하늘에 계신 내 아버지의 얼굴을 항상 뵈옵느니라

(마태복음 18 : 1 - 10)

내 이름으로 영접하라

'하우스 파티'라고 하는 프로그램을 생방송으로 26년 간 진행한 토크쇼 진행자 Art Linkletter가 어느 어린이날 아이들을 앞에 놓고 특별한 질문을 했더랍니다. "어린이들은 자라서 장차 무엇이 되고 싶습니까? 어떤 사람이 되고 싶습니까?" 꼬마들에게 물었더니 4살배기 아이가 선뜻 나서서 대답을 하는데 "저는 엄마가 될래요. 엄마가 제일 예뻐서 엄마가 되고 싶어요. 그러나 아기는 낳지 않을래요" 합니다. 왜 그러냐고 물었더니 "골치아프니까요"하고 대답합니다. 여러분, 이 대답 속에 많은 이야기가 들어 있습니다. 엄마가 되는 것도 좋고 엄마와의 사랑스러운 것도 좋습니다. 그러나 가만히 보니 어머니의 표정에 늘 나는 귀찮은 존재인 것입니다. 어머니가 나를 얼마나 귀찮아하는지 잘 알고 있습니다. 아주 골치아파하는 것만 같습니다. 그래서 문제입니다. 어떤 교인가정을 심방갔다가 꼭 같은 장면을 봤습니다. 마침 심방을 끝내고 제가 그 집에서 나올 때 그 집 주부가 되는 어머니도 같이 밖으로 외출을 하게 되는데 그 집의 3살배기 어린아이가 엄마 따라가겠다고 막무가내로 떼를 씁니다. "엄마하고 같이 갈래, 엄마 따라갈래." 이 아이가 막내였습니다. 실은 중3 되는 자녀가 있고 늦게 늦둥이로 이 아이를 낳았거든요. 어머니로서는 되게 귀찮은 것입니다. 여간 말썽이 아니었습니다. 어디 가려고 해도 못가게 하고… 그 어머니가 큰소리로 우리한테 하는 말입니다. "저애는 괜히 생겨가지고 성가시고 말썽이에요." 가만히 보자하니 남편까지 원망하고 있더라고요. 그래서 제가 "다시 들어갑시다. 심방 다시 해야겠어"하고 다시 들어가 그 어머니를 앉혀놓고 "지금 무슨 말 한 거요? 저 어린아이가 그 말을 알아듣는다면 얼마나 기가막 히겠소. 생각해보시오. 어머니된 입으로 그런 말을 하다니요. 꿈에 라도 마음속으로라도 그런 몹쓸소리를 어떻게 할 수 있단말이오.…" 한참 설교를 했습니다. 그제야 그 어머니는 "아구 잘못했습니다"하 고 어쨌든 회개했습니다. 그래서 내가 용서해줬습니다. 몇년 후에 그 집을 방문했을 때 그 어머니 하는 말입니다. "저 막내둥이가 없었 더라면 세상에 살 재미가 없었을 거예요." 너무너무 귀엽다는 것입 니다.

여러분, 우리는 자녀들에게 효도하라는 것을 때로 얘기도 하고 가르치기도 합니다. 여러 가지로 말합니다마는 여러분, 잊지 마십시 오. 효도는 물질거래가 아닙니다. 필요한 것은 그 많은 잔소리가 아 닙니다. 가장 근본적인 것은 내가 세상에 존재하는 이유가 뭐냐 하 는 것을 어렸을 때부터 바로 알도록 바로 깨닫도록 가르치는 것입니 다. 제 얘기를 해서 죄송합니다마는 저는 어렸을 때 장난이 무척 심 했습니다. 그래서 어려서부터 아버지께 매를 많이 맞았습니다. 어머 니께는 매를 맞은 일이 없는데, 그러나 제일 무서운 이가 어머니였 습니다. 어느 때고 심한 말씀 한번 하신 적 없습니다. 때리지 않으신 건 말할 것도 없습니다. 그런데 제게는 어머니가 제일 무서웠습니 다. 그 이유는 가끔 하시는 한마디에 있습니다. "내가 너 낳으려고 10년 동안 기도했다. 너 낳은 이후로 지금까지도 계속해서 매일 새 벽과 저녁에 교회에 가서 너를 위해 기도하고 있다. 그래도 네가 말 안들을 거야?" 자, 여기에는 꼼짝못합니다. 게다가 더욱 제 마음을 뜨겁게 한 것이 있습니다. 제가 피란을 나온 다음에 그 뒤에 온 분들 에게서 들었습니다. 예배당은 불타서 없는데 우리어머니는 그 예배당터에서 새벽마다 엎드려 기도하신다는 것입니다. 눈이 하얗게 오는 날은 가마니때기를 뒤집어쓰고 거기 앉아 밤새 기도를 하신다고 합니다. 아침에야 눈을 털고 일어나시는 것을 보았다는 사람들이 있습니다. 그 이야기를 들은 후로 얼마나 마음이 괴로운지 제가 몇년 전 북한에 갔을 때 바로 그 자리, 어머니가 엎드려서 기도하시던 그 자리에 한 시간 넘게 우두커니 선 채로 자리를 뜰 수가 없었습니다.

여러분, 나의 나됨이 어디서부터 시작되겠습니까. 내 존재가 정말 의미가 있는 것입니까? 우리아이들이 '내가 세상에 존재할 이유가 있는가?' 그걸 바로 알고 살아가고 있는 것입니까. 아니, 정말 귀찮은 존재입니까? 아예 태어날 때부터 염세적입니다. 태어나지 말아야 될 것이 아버지 어머니 불장난에 실수로 태어났다는 것입니다. 아이들이 이것부터 먼저 배웁니다. 그리고 생각합니다. '내가 정말 살아야 하나?' 맹랑하게도 네 살배기가 벌써 이것부터 공부하는 것입니다. 그러고야 한평생을 어떻게 살아가야 하겠습니까. 우리 분명하게 생각하여야 합니다. 기독교 교육의 근본은, 가정교육의 근본은 교육학적 문제도 아니고 심리학적 문제도 아닙니다. 존재론적인 문제입니다. 나는 왜 존재하는가? 그것부터 깊이 깨닫고 바르게 출발해야 합니다. 생명자체를 소중히 여겨야 합니다. 하나님께서 주신 생명이다, 어머니 아버지가 기뻐하시는, 내가 세상에 태어났을 때 더없이 기뻐하신 내 존재는 지금도 이렇게 소중하다―그것을 몸으로 느끼며 살아가야 하는데, 이게 말로 되는 것이 아닙니다.

오늘본문에서 예수님께서는 기독교교육의 원초적 교리를 말씀해주십니다. '어린아이같아야 한다.' 천국에 들어가는 것은 우리가 아는대로 오직 믿음으로, 오직 믿음으로라고 하는 교리적 신앙으로입니다. 그러나 윤리적 신앙은 어린아이와 같아야 한다는 것입니다. 어린아이와 같아야 한다—그렇습니다. 천국이라는 말을 일단 행복이라고 생각해봅시다. 누가 행복합디까. 어린아이와 같은 사람입니다. 저는 많은 사람들을, 높은 사람들 혹은 VIP에 속하는 분들을 많이 만나봅니다마는 보자하니 그 성공한 분들이 다 어린아이같았습니다. 나는 그런 생각을 해봅니다. '이 사람이 어떻게 돈을 벌었을까? 어떻게 성공할 수 있었을까?' 왜요? 너무나도 어린아이같으니까요. 순진하다못해 어린아이같은 데가 있는 것입니다. 어딘가모르게 어린아이와 같은 그런 사람들에게 행복이 있고 성공이 있더라고요. 너무 그렇게 어깨에 힘주지 마십시오. 어른같은 사람은 자기도 고생하고 남도 못살게 굴더라고요. 모름지기 어린아이와 같아야 합니다.

특별히 오늘 예수님께서는 어린아이를 영접해야 한다고 말씀하십니다. 어린아이를 대할 때 어떻게 대해야 하나? 그 관계성을 잘 말씀해주고 계십니다. 두 가지로입니다. 첫째는 '내 이름으로 영접하라' 하신 것이고 둘째는 '곧 나를 영접함이니' 하신 것입니다. 내 이름으로 영접하라, 나를 영접함이니—엄청난, 아주 신비스러운 진리가 그 속에 있습니다. 자, 일단 '내 이름으로' 즉 예수의 이름으로 영접한다는 게 뭡니까. 소극적인 면에서 보면 '예수님 이름으로'라는 말은 내 이름으로가 아니라는 것입니다. 여러분이 자녀를 '내 이름으로' 부릅니다. 하지만 그 내것 아닙니다. 내 물건이 아닙니다. 내 소유도 아니고 내 명예를 위해 존재하는 것도 아닙니다. 물론 늘 그막에 효도받겠다는 것도 아닙니다. '내 이름으로'라는 것은 나 자신의 이름으로가 아니라는 것을 말합니다. 어디서부터 빗나갑니까. 내것인 줄 알고 내 마음대로 되는 줄 알고 내 소원을 이루는 데 저것을 수단으로 사용하려고듭니다. 거기서 문제가 되는 것입니다. 거기서 반발이 나타나는 것입니다. 어느 음악대학 교수님을 압니다. 이 분은 스스로가 음악에 소질이 없다고 말합니다. 내가 보기에도 없는 것같습니다. 그런데 음악대학교수까지 됐습니다. 소질이 없는 걸 억지로 어머니가 시켜서, 시켜서 오늘까지 왔는데 본인애기가 다른 사람의 다섯 배를 노력한다는 것입니다. 그러나 결과는 없다고 합니다. 정말로 어머니를 원망하더라고요. 내 일생을 망쳐놓았다고… 여러분, 하고 싶은 짓 하라고 내버려두십시오. 그거 내맘대로 되는 게 아닙니다. 내맘대로 하려고 덤비는 것이 벌써 성경에서 떠나는 짓입니다. 내 소유가 아닙니다. 내 뜻도 아닙니다. 나를 위해 저가 존재하는 게 아닙니다. 그렇다면 '그리스도의 이름으로'가 무슨 말씀입니까. '그리스도를 위하여'입니다. 그리스도와 그 어린아이는 다시 독립적 관계에 있습니다. 그걸 잊지 말아야 합니다. 나는 오히려 그것에 봉사하고 있는 것입니다. 하나님의 영광을 위해서 저가 존재하고 그리스도의 이름으로 저가 존재하는 것입니다. 나는 그 일에 옆에서 심부름하고 있는 것입니다. 시중들고 있는 것입니다. 그걸 잊지 말아야 합니다.

예수님 또 중요한 말씀을 하십니다. '이 소자 중 하나를 실족케 하면… 저 어린아이를 영접하는 것은 곧 나를 영접함이니…' 너무나도 귀한 말씀입니다. 우리가 내 아들 키우면서 내 딸을 키우면서도 하나님의 일 할 수 있습니다. 그걸 잊지 말아야 합니다. 얼마나 소중한 애기입니까. 내 자식 하나 바로 키우는 것이 바로 하나님의 영광을 위하는 것입니다. 또 이것을 바로 가르치는 것이, 바른 본을 보이는 것이 거룩한 역사란말입니다. 나를 영접함이니—예수님과 어린이를 동일시, identify하고 계십니다. 대단히 중요한 말씀입니다. '저를 영접하는 것은 나를 영접함이다. 저에게 잘못하는 것은 나에게 잘못하는 것이다. 저를 기쁘게 하는 것은 나를 기쁘게 하는 것이다.' 이 얼마나 놀라운 일입니까. 단적으로 말하면 예배하는 마음으로 아이를 대하라는 것입니다. 경건하게 하나님 앞에서 그렇게 대하라는 것입니다. 스잔나라고 하는 어머니가 있지 않습니까. 여러분이 잘 아는 세계적으로 유명한 분입니다. 나는 이게 도대체 진짜인지 가짜인지 잘 모르겠습니다. 자녀 19명을 낳았다 합니다. 부지런히 낳았습니다 좌우간. 존 웨슬리의 어머니입니다. 19명의 자녀를 키운 어머니입니다. 존 웨슬리가 13번째입니다. 그래서 농담으로들 그럽니다. "만약 산아조절 했더라면 웨슬리는 못태어나는 건데…" 13번째로 태어났으니까요. 이 어머니, 좌우간 19명을 키워서 훌륭한 하나님의 사람으로 만들었습니다. 세계가 아는 스잔나어머니, 그의 기본은 뭡니까. 아이를 키울 때, 아이를 강보에 싸서 들었다놨다하고 젖을 먹일 때 우주를 들었다놨다하는 마음으로 그리했다는 것입니다. '이 아이는 하나님께서 내게 보내주신 천사요 이제 하나님의 일 해야 될 사람이요 큰 위대한 역사를 이룰 귀한 그릇이다.' 아주 경건한 마음으로 어린아이 열아홉 하나하나를 그렇게 키웠습니다. 이 스잔나어머니의 자녀교육 계명이 있습니다. 첫째는 '아이가 울며 졸라댈 때는 절대로 주지 마라' 입니다. 울며 졸라댈 때 귀찮으니까 '에이 가져라' 하고 줘버리는 것, 그거 나쁜 버릇입니다. 왜요? 울면 통하는 것으로 알게 됩니다. 발버둥치면 통한다—이게 이어져서 '시위하면, 떼쓰면 통한다' 그렇게 되는 거라고 합니다. 울며 억지쓰는 것은 절대 들어주면 안됩니다. 울음을 멈추고 웃는 얼굴로 다가와서 손을 내밀고 "주세요" 하면 그때 주는 거지 우는 아이에겐 절대로 주지 말아야 된다—대단히 중요한 교육입니다. 둘째는 '어떤 실수를 했더라도 자발적으로 고백하거든 용서하라' 입니다. 용서를 가르치는 것입니다. 언제든지 진실한 마음으로 회개하면 어떤 일이라도 용서한다—이걸 마음에 깊이 익힌다는 것은 제일 중요한 일입니다. 셋째는 '좋은 행위가 있을 때는 반드시 칭찬하고 보상하라' 입니다. 조금이라도 선한 일 했을 때는, 좋게 보일 때는 곧 칭찬하고 그리고 보상을 하는 것입니다. 넷째는 '약속한 것은 사소한 일이라도 꼭 지켜라' 입니다. 약속, 참으로 중요한 것입니다.

저는 상당히 늦게 이걸 깨달아서 진작 알았더면 자녀교육을 좀 더 잘할 수 있었는데 하는 게 하나 있습니다. 뉘우치고 있는 일입니다. 그게 뭐냐하면 신학을 공부하면서 비로소 깨달은 것입니다. Promise and Fulfillment—약속과 성취의 긴장관계입니다. 아이들이 무엇을 달라고 할 때 절대로 바로 주지 말라는 것입니다. 내일 아침 준다, 하룻밤 자면 준다, 한마디 하고는 밤새껏 울어도 안줍니다. '이것은 약속이야.' 그리고 다음날 아침에는 아이들이 다 잊어버렸어도 "어제 약속한 거다" 하고 주는 것입니다. 이제 조금 더 크면 '세 밤 자면 준다' 합니다. 그래놓고 그전에는 절대로 안주는 것입니다. 세 밤 자고나면 챙겨서 줍니다. 이렇게되면 이제부터 권위가 통합니다. '약속' 하면 약속은 미래적 성취입니다. 약속하는 순간 '됐다, 이젠 얻었다' 생각한단말입니다. 약속과 성취의 긴장관계가 바로 신앙으로 이어지는 것입니다. 우리는 약속을 바라보고 우리가 확실한 약속을 받았을 때 그것은 벌써 성취된 것입니다. 다 이룬 것입니다. 이제 그 약속의 때만 기다리면 되겠습니다. 이 얼마나 중요한 일입니까. 우리가 자녀를 키우면서도 경건한 마음으로 대할 때 엄청난 하나님의 일을 할 수 있습니다. 어린이를 영접하는 것은 그리스도를 영접하는 것이다—잊지 말아야 합니다. 그래서 성경은 강조합니다. 어린아이를 실족케 하지 말라, 절대로 실족케 하지 말라, 아이를 실망케 하지 말라—실족케 하고 실망케 하는 것은 엄청난 죄가 된다고 말씀하십니다. 테레사수녀가 노벨평화상을 받는 날 기자들이 집요하게 중요한 질문을 했습니다. "세계에서 가장 시급한 일이 무엇이겠습니까? 무엇이라고 생각하십니까?" 테레사수녀는 빙그레 웃으면서 "예, 어서어서 집으로 가셔서 가정과 아이들을 사랑하세요"라고 대답했습니다. 세계에서 가장 시급한 일이 뭐냐? 빨리 돌아가서 가정에서 아이들을 사랑하는 것, 이게 가장 세계적으로 시급한 일이라고 말했습니다. 사실로 그렇습니다. 세계의 문제는 바로 여기에 있습니다.

폴 J. 마이어라고 하는 분은 「성공을 유산으로 남기는 법」이라는 책을 썼습니다. 유산의 토대는 사랑과 평등과 신앙과 기도라고 그는 말합니다. 그러면서 구체적으로 말합니다. '마음의 유산을 주라. 감사하는 마음을 유산으로 주라.' 얼마나 중요합니까. 감사하는 마음을 유산으로 물려주는 게 가장 큰 것이고 또 '행동의 유산은 자기극기와 훈련 그리고 약속을 지키는 법과 정직함이다.' 이게 유산입니다. 셋째는 '가치관의 유산' 입니다. '자발성과 청지기의 마음, 모든 것은 내것이 아니다. 그리고 섬기는 일만이 성공이다. 섬긴 만큼만 소유하는 것이다. 이것을 가르치는 것이다.' 넷째는 삶 자체의 유산입니다. '우선순위는 용서가 힘이라는 것을 가르치는 것이고, 행복은 낙관적 세계관에 있다는 것을 물려주는 것이다.' 여러분은 어떤 유산을 생각하고 있습니까? 아이들에게 공부라는 말을 너무나 많이 합니다. 아이들은 지쳤습니다. 그런데 중요한 것은 이것입니다. 가만히 짐작해보십시오. 아이들의 마음속에 이 공부가 누구를 위한 거냐, 하는 회의가 있습니다. 여기 잔소리가 좀 지나치면 '이것은 아버지를 위해서 하는 거다.' '이것은 엄마의 명예를 위해서 하는 거다' 이렇게 생각하고 그 순간부터 빗나갑니다. '이것은 어디까지나 나를 위한 것이다. 좀더 나아가서는 그리스도를 위한 것이다. 하나님의 영광을 위한 것이다' 라는 것으로 마음속에 깊이 새겨져야겠는데 공부하라고 할 때 '내가 누구를 위해서?' 지금 이걸 묻고 있는 것입니다. 바른 목적이 없으니까 바른 열정도 또한 바른 생활자세도 나오지 않는 것입니다. 여러분 깊이 생각합시다. 주의 이름으로 영접합시다. 자식은 내 소유가 아닙니다. 주의 이름으로 영접하고 주를 위해 사는 사람으로 키워가야 합니다. 그것이 곧 '나를 영접함이다' 하시는 주님의 귀중한 말씀을 제대로 받아들인 것입니다. '어린아이 하나를 주의 이름으로 영접하면 곧 나를 영접함이다.' 바로 그 신앙적 영접, 그 경건한 영접 속에 가정교육이 있고 우리삶의 보람도 우리의 행복도 거기에 있는 것입니다. △

네 마음을 내게 주라

너 낳은 아비에게 청종하고 네 늙은 어미를 경히 여기지 말지니라 진리를 사고서 팔지 말며 지혜와 훈계와 명철도 그리할지니라 의인의 아비는 크게 즐거울 것이요 지혜로운 자식을 낳은 자는 그를 인하여 즐거울 것이니라 네 부모를 즐겁게 하며 너 낳은 어미를 기쁘게 하라 내 아들아 네 마음을 내게 주며 네 눈으로 내 길을 즐거워할지어다
(잠언 23 : 22 - 26)

네 마음을 내게 주라

　어느 초등학교에 29살난 노총각선생님이 있었습니다. 어버이날을 앞둔 토요일이었습니다. 3학년아이들은 토요일날이 되면 4교시에 공부를 하지 않고 학급회의를 하는 관례가 있었습니다. 학급회의를 할 때는 어린이들이 저희끼리 토론을 하고 선생님은 저 뒷전에서 방청만 하게 되어 있습니다. 오늘의 학급회의 주제는 어버이날을 앞두고 어떻게 하면 부모님께 효도를 할까였습니다. 지금 초등학교 3학년아이들이 효도의 법을 토론하는 시간입니다. 모두가 나름대로 어버이에게 효도하기 위해서는 이래야 한다 저래야 한다, 저래야 한다 이래야 한다, 의견이 많았는데 한 아이가 엉뚱한 소리를 합니다. 어버이날만은 부모님 둘이서 회식을 하게 하고 우리는 절대로 거기 끼어들거나 따라가려고 하지 말자, 그렇게 하는 것이 효도다, 합니다. 다른 한 아이는 그것가지곤 안된다, 어떤 일이 있어도 어버이날만은 아버지 어머니 사이에서 자지 말자 합니다. 맨마지막에 한 아이가 결론을 내립니다. "효도? 그거 별거 아니다. 간단하다. 우리가 일찍 자는 것이다." 이 이야기를 그 노총각 담임선생님이 직원회의에 보고했습니다. 그래 좌우간 일주일 내내 웃었다는 것입니다. '저놈들이 저런 생각을 하고 있는 놈들이라니…' 여러분, 정말 효도의 길은 어디 있습니까? 좀더 구체적으로 생각해봅시다. 막연하게 뭐 효도… 그렇게 생각할 때가 아닙니다. 세계적으로 운위되는 효도에 '양로원에 보내자' 하는 것이 있습니다. 부모님들 양로원에서 편안하게 지내도록 해드리는 게 좋겠다는 것입니다. 이에 대해서 영국에서는 25%, 일본에서는 24%, 미국에서는 19%, 중국에서는 9%, 한국에서는 0.4%가 긍정적입니다. 역시 한국사람들은 부모를 아무리 좋은 양로원이라해도 거기 보내는 것은 효도가 아니다라고 생각하는 것같습니다. 한국적인 효의 개념을 정리하면 몇가지로 나누어볼 수 있습니다. 전통적인 것입니다. 첫째로, 장수하게 모시는 것입니다. 부모님이 장수해야 효자입니다. 일찍 돌아가시면 불효가 됩니다. 어쨌든 오래 살도록입니다. 그래서 거짓말 좀 보태어 '만수무강' 이라 하지 않습니까. 그건 좀 과장된 것이겠지요. 부모님이 세상을 떠나면 상복을 입게 되어 있습니다. 요새는 상복도 너무 예쁘게 만듭디다마는 상복은 흉해야 되는 것입니다. 왜? 죄인이거든요. 부모님을 돌아가시게 했으니까 너는 죄인이다―그 죄인의 의미를 띤 게 상복입니다. 요새는 상복을 입고도 뭐 루즈도 칠하고 나옵디다마는… 두 번째는 뭐냐하면 불편함없이 편하게 모시는 것입니다. 잡수시는 거 입으시는 거 거처하시는 거, 편하게 모시는 것입니다. 이제 세 번째 개념이 중요합니다. 지극히 한국적입니다. 그것은 가문을 소중히 여기는 것입니다. 뭐니뭐니해도 자식을 낳아드려야 됩니다. 손자를 낳아서 안겨드려야 효자입니다. 장가를 가지 않는 사람 불효자입니다. 천하에 불효자입니다. 자식을 낳아서 품에 척 안겨드리는 것입니다. 손자를 안겨드려야 효자입니다. 젊은사람들 잘 들어두십시오. 자식을 안겨드리지 않으면 그건 용서못할 불효자입니다. 네 번째는, 가문의 명예를 소중히 여기는 것입니다. 가문의 명예 거기에 먹칠을 해서는 안됩니다. 그래서 옛날에는 좀 잘못된 면도 있지만 명예라 하면 벼슬을 생각했거든요. 그래서 요새도 고시(考試)바람이 부는 것입니다. 죽자사자하고 고시보는 이유가 옛날 벼슬아치 개념이 남아서입니다. 딴에는 효도하느라고 그 짓입니다. 이건 문제입니다.

관직에 올라서 가문의 명예를 높여야 한다, 이것입니다. 이 오랜 전통이라서 안없어집니다. 그래서 지금도 죽자사자 고시를 보겠다고 덤비는 것, 이 세계적으로 우리에게만 있는 현상입니다. 이것도 우리가 생각해야 합니다. 어쨌든 가문의 명예를 높이고 소중히 여기는 거 그것이 효도다, 그렇게 생각해왔습니다.

오늘성경말씀에는 효도에 대해서 아주 구체적으로 확실한 교훈을 말씀합니다. 먼저 부모에게 청종하라는 말씀이 있습니다. 잠언의 여기저기서 수없이 강조하는 것이 청종입니다. 이 무슨 말입니까. 존재의 가치를 인정하라는 것입니다. 또 청종할 가치가 있다고 인정하라는 것입니다. '부모님의 말씀에 일리있다. 그 속에 지혜가 있고 그 속에 생명의 길이 있다' ㅡ 인정하라는 것입니다. 부모님의 말씀에 노망했다고 하면 불효자입니다. 안듣겠다고 하면 더 불효자입니다. 부모님의 말씀을 청종, 귀기울여 듣는 것, 그만한 가치가 있습니다. 그 경험과 경륜과 지혜와 또 자식을 향한 사랑과 그의 수고 그의 눈물… 그런고로 부모님의 말씀은 들을 가치가 있다는 것입니다. 그러므로 말씀을 청종하는 것 이게 중요한 것입니다. 음식대접 하는 게 아닙니다. 들어드리는 것입니다. 말씀을 귀담아듣는 것입니다. 우리 다시한번 생각합시다. 부모를 불쌍히 여기는 건 효도가 아닙니다. 부모는 구제의 대상이 아닙니다. 존경의 대상입니다. 이걸 생각해야지 돈 몇푼 주고 뭐 효도관광이다 하는 것, 쓸데없는 것입니다. 그 앞에 앉아서 조용히 그 말씀을 귀담아들어야 합니다. 듣는 것이 중요합니다. 그만한 가치가 있는 것이니까요. 그 소중한 것이니까요. 언젠가 뉴욕에 한번 방문했다가 수십 년전부터 제가 아는 어머니 한 분을 만났습니다. 그 남편은 목사님이신데 순교자입니다. 순교한 분의 부인이요 또 그 아들이 목사이고 제 가까운 친구이므로 그의 어머니가 보고 싶어서 찾은 것입니다. 그 어머니는 그 아들 하나 데리고 나와서 고생고생 끝에 아들을 목사 만들었습니다. 너무나도 아름다운 그 모자의 관계가 있어서 제가 늘 방문하고 그 어머니 말씀도 듣고 그랬습니다. 제가 부를 때도 "어머니!" 하고 불러드리면 좋아하시곤 했습니다. 그때도 내가 뉴욕간 길에 찾아갔어요. 그 친구목사님하고 얘기를 나누는데 저쪽에 있는 문이 빠끔히 열립니다. 그래서 어머니 어디 계시냐고, 어머니 좀 뵙자고 했더니 그 아들 하는 말이 "목사님, 노망들었어요. 냄새나니 그 방에 들어가지 마세요" 하는 것입니다. 아, 그런데 그 어머니는 내 음성을 듣고 문을 여신 것입니다. 만류하는 친구목사님에게 무슨 소리냐 하고 들어갔습니다. 가서 그 어머니 손을 잡았더니 꺼이꺼이 서럽게 우는 것입니다. "내가 좀 목사님 보고 싶었는데 내 아들이 보지 말래…" 그러면서 울더라고요. 여러분, 부모는 구제의 대상이 아닙니다. 공경, honor, 하나님 다음으로 높일 존재입니다. 하나님 다음으로는 최고로 높이는 것, 공경, 이것이 효의 근본입니다. 이스라엘민족을 강한 민족이라고들 합니다. 제가 어느 논문에서 보고 깜짝놀란 것이 있습니다. 이스라엘민족이 강한 이유는 오직 하나입니다. 전통을 중요하게 여기는 것입니다. 전승, tradition입니다. 그렇게 토론이 많고 싸우고 각각 개성이 강해서 격론을 벌이다가도 "이것이 우리의 전승입니다"하면 쑥 들어가는 것입니다. 조상의 전승을 소중하게 여깁니다. 그것이 바로 「미쉬나」요 그것이 「탈무드」입니다. 조상들이 겪은 경험 거기서 얻은 지혜를 소중히 여깁니다. 그래 이스라엘나라의 지금 세계적으로 최고로 인정받는 고등학교에서는 오전중에는 공부를 하지 않습니다. 오로지 「탈무드」만 읽습니다. 계속 「탈무드」만 읽고 점심먹고 공부합니다. 여기서 노벨상타는 세계적인 사람들이 나옵니다. 전승, 수천 년 내려온 가운데서, 여러 가지 경험속에서 얻어진 지혜, 그걸 물려받는 것, 이것이 소중합니다. 청종하는 마음이 없다면 그건 망조입니다. 얼마나 어른들의 말을 청종하는지 이스라엘사람들에게 이런 말이 있습니다. '우리는 세대차가 없다.' 세대차라는 말을 모른다고 합니다. 왜? 어른들과 아이들이 같이 지내니까요. 항상 같이 지내니까 세대차가 없습니다. 얼마나 귀한 일입니까.

둘째는, 의인이 되고 지혜로운 자식이 돼야 한다고 말씀합니다. 오늘성경에도 강조합니다. 의인의 자식, 의로운 자식을 둔 부모는 기쁨을 얻습니다. 부모의 마음 그 깊은 곳에는 의로움이 있고 지혜가 있습니다. 죄송하지만 나는 의롭게 못살았어도 자식은 의롭게 살길 바라는 마음, 나는 지혜롭지 못했으나 내 자식만은 지혜로운 자식이 되길 바라는 그것이 부모님의 깊은 마음입니다. 그런고로 부모가 기뻐할 수 있는 것은 돈버는 게 아닙니다. 의롭게 살고 지혜롭게 사는 것을 부모님은 기뻐합니다. 그렇게 사는 것이 바로 효도라는 말씀입니다.

셋째는, 오늘성경에 강조합니다. 즐겁게 하라 하였습니다. 즐겁게 하라 말씀하면서 네 마음을 주라 합니다. 네 마음을 내게 주라, 내 길을 즐거워하라―저는 이 말씀이 너무도 가슴에 와닿습니다. 부모의 길을 즐거워한다―이게 효도입니다. 그의 직업, 그의 취미, 그의 철학, 그의 이상, 이것을 내가 마음에서부터 즐거워해야 됩니다. 쉽게 말해서 "아버지 잘사셨습니다." "고생 많이 하셨는데 어머니 참으로 훌륭했습니다." 이 말 한마디가 듣고 싶은 것입니다. 그런데 어쩌면 꼭 반대로 말합니다. "잘못살았어요. 도대체가 나는 아버지 어머니 사이에서 태어났다는 것이 부끄럽습니다." 이러는 것처럼 무서운 불효가 없습니다. "역시 잘 하셨습니다"하고, 부모님의 과거를 생각하며 "그것은 우리의 자랑입니다"하는 이것이 효도라는 말씀입니다. 저는 이 말 하면 꼭 생각나는 분 한 분 있습니다. 외국사람이지만 미국의 16대 대통령이었던 아브라함 링컨, 그는 정규적인 공부를 한 번도 못한 사람입니다. 독학을 하고 이렇게저렇게 해서 대통령까지 됐습니다. 그러니까 정규교육을 받은 사람이 볼 때는 세상에 무식하고 아무것도 모르는 저 사람이 어쩌다 대통령이 됐나 해서 당시의 소위 귀족들은 그가 대통령이 된 것을 부끄럽게 여겼다는 거 아닙니까. 링컨이 대통령이 되고나서 처음으로 상원에 가서 연설을 하는데 상원의원 한 사람이 서서 "당신이 대통령이 됐다는 건 우리 민족의 부끄러움입니다" 하더니 신고 있던 구두를 벗어 들고 "이 구두가 당신아버지가 만든 구두요. 구두쟁이 아버지의 아들이 대통령이 되다니…" 이러고 편잔을 줍니다. 링컨 대통령, 빙그레 웃으면서 "저는 우리아버지가 구두쟁이라는 거, 그 아버지의 직업을 자랑스럽게 생각합니다. 의원님께서는 그 구두가 터지거든 내게 가져오세요. 나도 아버지 등너머로 배운 게 있어 구두를 좀 수선할 줄 압니다." 그리고는 이어서 말합니다. "그간에 바쁘게 사느라고 아버지를 잊어버리고 있었는데 의원님께서 오늘 우리 아버지를 생각하게 해주시니 감사합니다." 의사당의 모든 상원의원이 기립해서 갈채를 보냈습니다. 얼마나 훌륭합니까. 아버지의 직업 자랑스럽게 여기고 그가 살아온 과거 내 명예요 내 영광이다—바로 그 마음이 효도란말입니다. 또한 생각해야 합니다. "부모님 결혼하신 거 잘하신 일입니다.

부모님의 선택은 옳은 것이었습니다." 부모된 나는 실상 후회가 많습니다. 그래도 내 자식 잘될 때 후회스러운 과거가 다 정당화되고 상쇄되고 빛나는 것같지 않습니까. 이 과거가 있어서 오늘 내 자식이 있으니까 말입니다. 그만큼 자식된 나의 생을 통해서 부모님의 어두운 과거가 다 씻어질 수 있도록 하는 그런 자식 그런 생각 그런 행위가 효도란말입니다.

맥아더 장군의 자식을 위한 기도문을 저는 늘 좋아해서 가끔 이것을 외워봅니다마는 지금 제가 다 읽지는 않겠습니다. 맨처음이 이렇게 시작됩니다. Build me a son… 내 아들을 이런 아들 만들어주십시오, 하고 긴 기도를 한 다음에 맨끝에가서 말합니다. Then I, his father will dare to whisper 'I have not lived in vain.' 그리하여 마지막에 나는 속삭일 것입니다, 나의 생은 헛되지 아니했다고… 부모가 자식을 보고 '나의 생은 헛되지 아니했다' 하게, 그렇게 살아야 그게 효도인 것입니다. 나의 생을 보면서 부모가 '나는 잘못살았다' 하고 괴로워하게 되면 불효자입니다. 나는 어떻게 살았던가가 별로 중요하지 않습니다. 자식이 잘되는 걸 보면서 비록 뜻대로 안된 어두운 과거가 많았지만 오늘 자식이 있음으로해서 나의 과거는 다 씻어지고 다 정당화됩니다. 그날이 있음으로 오늘이 있는 거니까 그래서 자식을 보고 스스로 과거도 행복했고 오늘도 미래도 행복하다 생각하게 하는 바로 그런 자식이 효자입니다. 부모는 말합니다. '네 마음을 내게 주라.' 물질이 아닙니다. 그 무엇도 아닙니다. '네 마음을 내게 주라. 내 길을 즐거워하라. 내가 살아온 길을 즐거워해다오. 잘했다고 해다오. 내 길을 너는 즐거워하고 그같은 길을 가주면 좋겠다.'

효자가 효자를 낳습니다. 효는 가르치는 게 아닙니다. 보고 배우는 것입니다. 부모에게 효도할 때 자식들은 배우고 그대로 또 효의 길을 가는 것입니다. 효는 말로 되는 게 아닙니다. 우리가 가지는 효에 속한 행위 그 자체에서 본받아 이루어지는 것입니다. 이걸 깊이 생각해야 합니다. 하버드대학 비즈니스 스쿨에서 나온 논문이 있습니다. 이것은 일반적으로 발표하지 못합니다. 왜냐하면 너무 많은 사람을 정죄하는 내용이기 때문입니다. 한 사람의 발명가 예술가 종교인 또는 CEO, 훌륭한 인격 하나가 나오는 데 있어서 본인들만의 노력이 있는 게 아닙니다. 부모가 좋아야 합니다. 부모만 좋아가지고는 안됩니다. 할아버지 할머니가 좋아야 됩니다. 3대를 내려가고야 훌륭한 지도자가 나온다고 통계학적으로 설명하고 있습니다. 이건 일반적으로 발표할 수 없는 내용입니다. 그러나 사실입니다. 할아버지 할머니의 따뜻한 사랑을 받은 사람은 절대로 정신병자가 되지 않습니다. 문제아도 되지 않습니다. 이 얼마나 소중한 얘기입니까. 분명히 "수천 대까지" 복을 주신다고 말씀합니다. 우리는 먼훗날의 우리 후손들까지 생각하고 그리고 오늘의 효가 있어야 하겠습니다. 성경은 분명하게 말씀합니다. '네 마음을 내게 주라. 내 길을 즐거워하라.' △

생명의 성령의 법

그러므로 이제 그리스도 예수 안에 있는 자에게는 결코 정죄함이 없나니 이는 그리스도 예수 안에 있는 생명의 성령의 법이 죄와 사망의 법에서 너를 해방하였음이라 율법이 육신으로 말미암아 연약하여 할 수 없는 그것을 하나님은 하시나니 곧 죄를 인하여 자기 아들을 죄 있는 육신의 모양으로 보내어 육신에 죄를 정하사 육신을 좇지 않고 그 영을 좇아 행하는 우리에게 율법의 요구를 이루어지게 하려 하심이니라 육신을 좇는 자는 육신의 일을, 영을 좇는 자는 영의 일을 생각하나니 육신의 생각은 사망이요 영의 생각은 생명과 평안이니라 육신의 생각은 하나님과 원수가 되나니 이는 하나님의 법에 굴복치 아니할 뿐 아니라 할 수도 없음이라 육신에 있는 자들은 하나님을 기쁘시게 할 수 없느니라 만일 너희 속에 하나님의 영이 거하시면 너희가 육신에 있지 아니하고 영에 있나니 누구든지 그리스도의 영이 없으면 그리스도의 사람이 아니라

(로마서 8 : 1 - 9)

생명의 성령의 법

　2005년 4월 28일 몇몇 신학교교수님, 목사님들과 함께 중국 베이징을 방문했습니다. 중국이 지금 종교문제로 많이 고민을 하고 있습니다. 갖가지 사이비종교며 이단들이 점점 만연해가고 있어 그때문에 고심하던 나머지 당국에서 연구원이며 연구실을 만들기도 하고 여러 모로 특별한 조처를 하려고 애를 쓰는 중에 우리에게 요청을 해온 것입니다. 종교문제 세미나를 같이 했으면 좋겠다는 것입니다. 그 주제는 '종교란 뭐냐?' 하는 것이고 또 한 가지는 어떻게 하면 이단과 사이비와 참종교를 구분할 수 있을까 하는 것이었습니다. 이걸 분리생각 해야 하는데 이 분들이 분리할 능력이 없습니다. 이단 사이비종교와 참된 종교를 구분하기 위해서는 참종교가 뭐냐 하는 것도 알아야 할 것입니다. 이런 문제로 모여서 진지하게 사흘 동안 토론을 하고 세미나를 했는데 이걸 총주도하는 책임자되는 분이 이름이 특별합니다. 당위장입니다. 당씨거든요. 듣기에 처음엔 이상했습니다만 아무튼 그분이 이것을 성사키 위해서 미리 한국에 와봤었습니다. 한국에 와서 두루 돌아보는 중에 이 예수소망교회에 왔었습니다. 그랬는데 이 분이 저를 소개하는 중에 자기가 한국에 와서 겪은 바를 여러 사람들 앞에서 아주 진지하게 간증을 하는 것입니다. 듣고 시쳇말로 '감동먹었습니다.' 왜냐하면 이 분은 교회라는 곳을 난생처음 와본 것입니다. 물론 동시통역을 하지마는 통역이 뭐 그렇게 완전한 건 아니지요. 어쨌든 그분 얘기는 한국에 들어와서 예수소망교회 와보니 기분이 시원해지고 대단히 신비로운 느낌을 받았으며 정신이 맑아지고 마음이 깨끗해지는 것을 경험했다는 것입니다. 예배를 마친 다음에 특별한 일이 이루어졌습니다. 본인으로서는 심각한 것입니다. 이 분이 50년 간 피워오던 담배를 끊었습니다. 담배냄새가 싹 싫어지더라는 것입니다, 그 순간부터요. 담배를 끊으려고 그렇게 애를 썼는데도 못끊고 하루 세 갑씩 피웠는데 아, 이 담배를 깨끗이 끊었다고, 그리고 고맙다고 악수하자 하고… 너무너무 감격스러워하는 것입니다. 그 신비로운 거라고, 냄새도 싹 싫어지는데 다시 담배를 안피우게 되었다 하는 얘기입니다. 오늘 성령강림절 설교 여기서 끝났습니다. 이보다 더 확실한 얘기가 어디 있습니까. 이것이 교회요 이것이 성령의 역사입니다. 무엇인지 알 수 없는 것, 바람이 임의로 불매 어디서 왔다 어디로 가는지 모른다—이것이 성령의 역사입니다. 너무 따지려고들지 말고 너무 비판하려고 하지 마십시오. 비판이 전부가 아니고 내가 납득했다고해서 납득이 전부가 아닙니다. 그 아무것도 아닙니다. 자, 여러분 보십시오. 알면 뭘 합니까. 실천할 수 있습니까? 결심하면 뭘 합니까. 사흘도 못가는 거… 결국은 우리마음을 성령이 포로해서 새로운 역사가 이루어지는, 역시 신비로운 것입니다. 그것이 성령의 역사입니다.

캐나다 빅토리아대학 교수인 K. R. Bradley박사가 쓴 책 「Slave and Master in Roman Empire」는 너무나 오랫동안 많은 사람에게 감동을 주고 있습니다. 「로마제국의 노예와 주인」이라고 하는 책입니다. 옛날 로마제국은 인구의 삼분의 일이 노예였습니다. 우리가 로마에 가면 그 많은 옛날건물들, 2000년 전에 있었던 굉장한 역사적 유물들을 많이 보지 않습니까. 그러나 한편 생각을 돌려보면 그게 다 노예문화입니다. 전부 노예가 만든 것들입니다. 엄격히 말하여 사람이 만든 게 아닙니다. 노예가 만든 것입니다. 그런 거 만드느라고 얼마나 많은 노예가 죽어갔는지 모릅니다. 숫자를 셀 수가 없습니다. 이게 종래의 문화입니다. 종래의 역사입니다. 자, 그런데 문제는 노예가 뭐냐입니다. 노예는 사람이 아닙니다. 왜요? 동물취급받았으니까요. 노예는 말을 못하게 했습니다. 왜? 귀찮으니까요. 노예는 듣기만 하고 말을 못합니다. 말을 안하다보니 못하게 되고 벙어리가 되어버렸습니다. 그냥 "무무무무…" 이러는 것입니다. 그렇게 됐습니다. 철저하게 동물화했습니다. 잠도 방에서 자는 게 아닙니다. 외양간에서 자고 신발이 없습니다. 이게 인간입니까. 뭐 그 긴 얘기 할 필요 없습니다. 노예란 이렇게 사람이 아닌 것입니다. 그래 아리스토텔레스같은 철학자도 말했습니다. '노예와 당나귀는 공통점이 있다. 둘 다 사람이 아니라는 것이다. 당나귀와 노예의 차이는 하나가 있다. 당나귀는 말을 못알아듣고 노예는 말을 알아듣는다는 것이다.' 이 정도로 노예는 완전히 동물취급을, 가축취급을 받고 그렇게 살았습니다. 그러나 여기서 깨달아야 할 것은 그가 본래 노예냐입니다. 물론 노예의 집에 태어났으니 노예입니다. 노예로 태어난 이런 노예가 있지마는 이보다 심각한 것은 전쟁에 패하여 포로가 됨으로 노예가 되는 것입니다. 여기저기서 전쟁을 하고 사람을 포로해다가 노예로 만들었습니다. 그리고 백성들에게 이 노예들을 배급했습니다. 이게 노예입니다. 때로는 돈을 갚지 못할 때 빚 대신에 자식이 노예가 되기도 합니다. 여기서 우리가 알아야 할 것은 본래적인 노예도 있지만 노예는 본래 노예가 아니라는 사실입니다. 사람이 노예가 된 것입니다.

예전에 「뿌리」라고 하는 미국산 드라마가 있었지요. 그 주인공 이름이 쿤타킨테입니다. 이름이 이상해서 기억이 있는데 쿤타킨테가 누구입니까. 그 사람, 노예가 아닙니다. 귀족입니다. 아프리카에 살던 귀족인데 붙들려와서 노예가 됐습니다. 그 자존심이 오죽하겠습니까. 이것이 꺾어지면서 노예화되어가는 과정을 그린 것이 그 드라마의 총주제였습니다. 이 멀쩡한 사람이 노예가 됐다—자, 어떨 것 같습니까? 쇠사슬에 묶여서 쇠사슬을 달고다닙니다. 채찍으로 맞고 체형을 당하면서 차차차차 거기 익숙해져갑니다. 이렇게 얼마동안 길들면 이제 쇠사슬을 풀어놓습니다. 좀더 길들면 어떤 때는 내버려 뒤도 자동적으로 노예가 됩니다. 저는 프린스턴신학교에서 공부할 때 언젠가 한번 저녁노을진 산책길에 골프장근처에 갔는데 머리가 하얗게 센 할아버지가 골프채를 메고 갓 20살 되었을까말까 한 아가씨 하나를 "예스 맴 예스 맴"하고 따라다니는 걸 보았습니다. 이상타 싶어 교수님들에게 물어봤습니다. "저게 뭔 소립니까?" 노예해방 된 지가 100년인데도 자자손손 저사람들은 자기가 노예인 줄 알고 지금도 그 집에서 충성을 다한다는 것입니다. 노예로 살아가는 것입니다. 노예처럼 살아가는 것입니다. 사람대접을 해도 자기는 노예가 더 좋다고 한다는 것입니다. 철저하게 노예화된 인간은 이렇게 삽니다. 생각해보십시오. 길들여진 노예.

자, 오늘은 노예제도가 없는 것같습니다마는 보이지 않게 노예제도가 있습니다. 자, 잘못된 문화의 노예가 됐지요 잘못된 이데올로기의 노예가 됐습니다. 잘못된 습관의 노예가 되었습니다. 철저하게 노예가 되고보면 자기가 노예라는 사실도 모릅니다. 불편함도 없어요. 비참한 일 아니겠습니까. 참으로 비참한 일 아니겠습니까. 좀 미안한 얘기지만 요새와서는 아내한테 잘 길들여진 남자들이 있습니다. 참 내 생각 같아서는 부끄러워할 것도 같은데 아, 부끄러움도 모릅니다. 당연히 그러해야 될 것처럼 시중드는 것 보면 '참 어떻게 세상이 이렇게 됐나?' 생각하게 됩니다. 아주 잘 길들여졌습니다. 아주… 이거 어쩌다 이렇게 됩니까. 그러면 스스로도 불편함을 모릅니다. 곧 노예인 것입니다. 철학자 플라톤은 「폴리테이아」라는 저서에서 삶의 형식을 말합니다. 첫째, 욕망에 이끌리어 사는 사람입니다. 쾌락과 욕망의 만족을 추구하기 위해서 몸부림치는 그런 인간입니다. 둘째는 이익적 삶, 이익지향적 삶입니다. 그저 많이 가지는 것을 추구합니다. 집도 가지고 땅도 가지고 뭐도 가지고… 그게 소원입니다. 뭐든지 많이 가지려고 몸부림치면서 한평생을 사는 그런 사람입니다. 또, 정치적인 삶이 있다고 합니다. 명예와 정치와 권력 거기에 노예가 되어 정신을 못차리는 사람이 있습니다. 네 번째는 인간다운 사람 하나가 있는데 그것은 관조적인 삶이라고 말하고 있습니다. 삶의 의미와 가치, 질적인 생을 추구하고 지혜를 추구하며 사는 사람, 그리고 정신이 자유한 사람입니다. 물리적이건 물질적이건 환경이야 어쨌든간에 좌우간 그 정신이 아주 자유한 가운데 세상을 내려다보면서 관조하며 명상하며 자유를 즐길 수 있는 사람, 이 사람만이 사람이라고 그랬습니다.

여러분은 지금 어느 수준에 있습니까? 노예상태에 있지는 않습니까? 오늘본문에서는 이 노예상태를 고발합니다. 죄의 노예가 된 사람이 있습니다. 벗어나지 못합니다. 자기스스로 자기를 구원할 수 없습니다. 의롭다 하시는 하나님의 전권적 역사가 아니면 누구도 죄의 속박에서 벗어날 수 없습니다. 죄를 짓는 자마다 죄의 종입니다. 죄를 또 지을 수밖에 없습니다. 거짓말 한 사람마다 또 거짓말합니다. 참으로 어렵습니다. 좋지 않은 얘기입니다마는 오래전에 제가 한동안 형무소에 가서 전도를 한 일이 있었는데 거기에서 나한테 세례받은 사람이 출소해서 저를 찾아와서 얘기를 하는데 자기소개를 들으니 전과 7범이라 합니다. 그래 내가 "아니, 감옥이라는 데가 한 번만 가면 되지 뭐 일곱 번씩이나 갔나?" 그렇게 물어봤더니 "그러믄요. 여러 번 갈 데가 못되지요" 합니다. 그래서 다시는 죄 안짓겠다 생각을 했다는 것입니다. 그러고 전철을 탔는데 보니 남의 주머니에 들어 있는 돈이 다 보이는 것입니다. 저 핸드백에 들어 있는 거, 저 주머니에 들어 있는 거 환하게 보이는 것입니다. 그걸 안봐야 하는데 보다보면 어느 사이에 손이 쓱 나간다는 것입니다. "나도 그래서는 안될 줄 압니다. 그러나 어느 사이에 또…" 이래서 7범이 됐다는 것입니다. 자기도 모르게입니다. 이게 문제라니까요. 내가 나를 제재할 수가 없습니다. 죄를 짓는 자마다 죄의 종입니다. 죄의 노예입니다. 자유가 없습니다. 그런고로 이 자유는 하나님께서 주셔야 됩니다. 오늘성경말씀 첫절에 있지 않습니까. "이제 그리스도 예수 안에 있는 자에게는 결코 정죄함이 없나니…" 하나님께서 풀어주시고 하나님께서 용서하셔야 합니다. 하나님께서 의롭다 하실 때 의를 회복하고 하나님의 사람으로 자유인으로 다시 시작을 하게 됩니다. 자, 그러면 문제는 이것입니다. 이 귀중한 사실을 믿음으로 수용해야 하는 것입니다. 가장 무서운 죄가 뭐냐하면 용서를 믿지 않는 것입니다. 용서했다는데 안믿는 것입니다. 용서를 받아들이는 마음이 얼마나 소중한지 모릅니다. 보배로운 마음입니다. 이것이 성령의 역사입니다. 믿음으로 말미암아 의롭다 함을 얻는데, 그 믿음, 예수 그리스도의 사죄권을 믿고 하나님의 용서하심을 믿고 십자가 안에서 내 모든 죄를 사해주신 하나님의 은총을 받아들이는 마음, 그게 믿어지는 마음, 그것이 성령의 역사입니다.

　또한 오늘성경에 '성령의 법이 너희를 자유케 했다' 합니다. 질서의 두 가지, 율법적인 질서와 성령의 질서, 율법이라고 하는 법과 성령의 법, 자유의 법이 있다―노예의 법이 있고 하나님의 자녀의 법이 있습니다. 두 법을 말합니다. 오늘본문에서 더 나아가 16절에 가서 보면 "성령이 친히 우리 영으로 더불어 우리가 하나님의 자녀인 것을 증거하시나니"라고 하였습니다. 성령은 내가 하나님의 자녀인 것을 증거하십니다. 여기에 성령받은 사람의 새로운 세계관이 있습니다. 여러분, 이걸 잊지 말아야 합니다. 예수믿는 사람은 두 가지 걱정을 해서는 안됩니다. 하나는 죽을까 하는 걱정입니다. 그건 안됩니다. 우리는 천당갈 사람들이니까 그 걱정 하면 안되지요. 또하나는 바로 내가 저주받을까 하는 걱정입니다. 이 죄에 대한 하나님의 벌이 있을 거라 하는 이런 저주의식, 형벌의식은 절대 안됩니다. 왜? 하나님의 자녀이니까요. 우리는 노예가 아닙니다. 하나님의 자녀로 이미 구원받았고 하나님의 자녀가 되었기 때문에 우리가 어떤 고난을 당해도 이것은 하나님께서 사랑하시는 자녀에게 주시는 시련입니다. 뭔가를 인도하고 뭔가를 깨닫게 하기 위해서 주시는 하나님의 은혜요 은사라는 걸 잊지 말아야 합니다. 자녀―자, 보십시오. 확실히 내가 자녀라고 한다면 아버지가 무슨 말을 하든 어머니가 무슨 잔소리를 하든 그것은 다 나를 위한 것입니다. 나 괴로우라고 하는 거 아닙니다. 나 고통당하라고 주는 게 아닙니다. 전부가 다 나를 위해서 주어지는 것입니다. 이렇게 받아들이는 것처럼 우리 성령을 받은 자에게는 하나님의 자녀 됨을 성령이 계속계속 확증해주십니다. 내가 어떤 때 병들어도 성령은 말씀합니다. '이건 하나님의 사랑이다.' 내가 실패해도 성령은 말씀합니다. '이건 내가 너를 특별히 사랑하기 때문에 주어지는 비상조치다.' 우리는 이걸 잊지 말아야 합니다. 성령은 내가 하나님의 자녀됨을 확증합니다.

유명한 얘기가 있습니다. 아인슈타인 박사의 부인에게 어떤 때 기자들이 질문을 했습니다. "부인께서는 아인슈타인 박사의 물리학 이론을 아십니까?" 부인은 화들짝 놀라면서 "그걸 내가 왜 알아야 합니까. 그러나 딱 한 가지는 아는 게 있습니다. 박사님이 내 남편이 라는 것. 이것만 알면 됩니다. 그 이상은 알 필요가 없지 않습니까?" 합니다. 얼마나 멋진 대답입니까. 여러분, 우리는 내가 하나님의 자녀다 라는 것만 알면 됩니다. '그는 나를 사랑하신다.' 너무 알려고 들지 마십시오. 머리만 복잡해집니다. 하나님께서는 우리를 사랑하십니다. 나는 하나님의 아들이요 나는 하나님의 딸입니다. 이것은 확실합니다. 성령이 계속 증거해주십시다. 그 속에 사는 것이 그리스도인입니다.

또한 성령이 우리의 생활을 거룩하게 이끌어줍니다. 9절에서 봅니다. "너희 속에 하나님의 영이 거하시면 너희가 육신에 있지 아니하고 영에 있나니 누구든지 그리스도의 영이 없으면 그리스도의 사람이 아니라." 그리스도의 영, 성령이 우리와 함께 있어서 신비롭게 우리로하여금 하나님의 자녀의 길을 가도록 인도해줍니다. 놀라운 것입니다. 신비롭게 변합니다. 입맛도 변합니다. 취미도 변합니다. 생각도 변합니다. 의지도 달라집니다. 이 변화를 느끼며 간증하며 즐기며 사는 것이 그리스도인입니다. 때로 우리는 스스로 결심한다고 합니다만 그건 아닙니다. 가끔 여러분들 기도하시는 거 혹은 어떤 목사님들 축도하시는 내용 중에 제가 좋아 안하는 게 있습니다.

아마 제가 조직신학을 전공했기 때문에 까다롭게 따지는 것같습니다마는 그러나 축복하면서 '예수믿는 사람으로 바르게 살기로 결단하고 돌아가는 사람들에게 은혜가 있기를…' 하는데 결단이 은혜입니까. 결단은 내 마음입니다. 결단은 신앙이 아닙니다. 뭐 결단 결단 결심 여러분이 지금까지 했는데 뭐 되는 게 있습니까? 아닙니다. 잊지 말아야 합니다. 신비롭게 내 결심과도 관계없이 내 생각과 의지와 감성이 돌아가면서 성령에 이끌리어 삽니다. 성령에 이끌리어 그 자유를 누리며 살아갑니다. 그 성령 안에서 희생하며 오히려 기뻐하며 삽니다. 실존주의철학자 싸르트르의 「실존주의란 무엇인가」라는 책에 보면 네 가지로 설명합니다. '사람들이 말하는 자유에 투기적인 자유가 있다. 막연하지만 과거에서 끊어서 미래로 지향하는 그러한 투기적 자유가 있다. 그리고 하나는 선택적 자유다. 자유를 선택해놓고 이것 때문에 고민하며 사는 것이다. 또하나는 책임을 지는 자유다. 내가 선택하고 내가 책임을 지는 것이다.' 아주 힘든 일입니다. 그러나 더 중요한 것은 연대적 자유입니다. 나는 나 혼자가 아닙니다. 부모에게는 자식이요 자식에게는 부모입니다. 이 속에서 진정으로 사랑의 관계로 사랑할 때만 자유인입니다. 그 사랑을 누가 합니까. 이게 성령이 역사해주는 것입니다.

또한 마지막으로 성령은 증거하게 해주십니다. 성령에 고용되어 성령에 붙들리어 율법에서 벗어나 하나님의 역사를 이루며 살아가게 됩니다. 이, 은사적인 것입니다. 동물은 육체의 욕망에 이끌리어 삽니다. 인간은 지성과 자기가 세운 문화에 끌려 삽니다. 그러나 그리스도인은 성령에 이끌리어 삽니다. 성령이 감동해주는대로, 성령이 깨닫게 해주는대로 성령에 이끌리어 살 때, 성령에 완전히 붙들려

살 때 거기에 온전한 자유함이 있습니다. 온전한 자유입니다. 그리스도 안에, 성령 안에, 그 놀라운 은사 속에 내 삶의 가치와 자유가 있는 것입니다. 다시한번 성령의 충만함이 우리와 함께하기를 바랍니다. △

착한 양심을 가지라

아들 디모데야 내가 네게 이 경계로써 명하노니 전에 너를 지도한 예언을 따라 그것으로 선한 싸움을 싸우며 믿음과 착한 양심을 가지라 이떤이들이 이 양심을 버렸고 그 믿음에 관하여는 파선하였느니라 그 가운데 후메내오와 알렉산더가 있으니 내가 사단에게 내어준 것은 저희로 징계를 받아 훼방하지 말게 하려 함이니라
(디모데전서 1 : 18 - 20)

착한 양심을 가지라

　학교에서 집으로 돌아오고 있는 두 소년이 있었습니다. 이들은 도중에 한번 씨름판을 벌였습니다. 하나는 게오르그라고 하는 나이도 더 들고 몸집도 더 커보이는 학생이고 또하나는 알버트 슈바이처 소년이었습니다. 씨름은 약해보이는 슈바이처가 이겼습니다. 게오르그는 분했는지 씩씩대면서 한마디 합니다. "나도 너처럼 일주일에 두 번 고깃국을 먹을 수 있다면 너같은 건 문제도 되지 않아." 그는 정말로 가난한 집 아이였습니다. 친구의 이 말을 듣는 순간 씨름에 이겼어도 슈바이처는 기쁘기보다도 오히려 미안해졌습니다. 그후로 슈바이처는 고깃국을 볼 때마다 입맛이 없었습니다. 게오르그의 그 음성이 계속 들려오는 동시에 마음 깊은 곳에서 양심의 소리가 들려왔기 때문입니다. 그는 오르가니스트로 크게 성공하고 또 철학박사 신학박사 학위를 딴 30대의 유망한 청년이 되었습니다마는 늘 고민에 빠져 있었습니다. 양심의 소리를 외면할 수가 없었습니다. 다시 7년 동안 의학공부를 해서 의학박사 학위를 받고 모든것을 정리하여 아프리카 밀림으로 갔습니다. 거기서 불쌍한 사람들을 돕는 데 평생을 바치게 됩니다. 그는 착한 양심에 따라 살았습니다. '양심은 우리 마음에서 역사하시는 하나님의 음성이다.' 그는 이렇게 말하고 있습니다. 여러분은 얼마나 양심을 따라 살고 있습니까? 얼마나 양심의 자유를 누리고 있습니까? 스스로 생각해봅시다. 얼마만큼 깨끗한 양심을 가졌다고 생각할 수 있겠습니까? J. 버틀러라고 하는 철학자의 글에 이런 말이 있습니다. '인간의 가장 기본적인 속성 세 가지를 외면하면 안된다. 인간은 적어도 이것이 있어서 인간이다.' 그 첫째가 자기사랑입니다. 자기를 돌볼 줄 압니다. 어떤 의미에서 이것은 기본적이고 아주 중요한 것입니다. 어떻게 하는 것이 정말 자기사랑일 수 있느냐입니다. 또한 다른 사람에 대한 사랑입니다. 이 또한 매우 중요합니다. 다른 사람과의 사랑의 관계, 그 속에 내가 있기 때문입니다. 세 번째는 양심입니다. 양심을 따라 살고 깨끗한 양심을 지켜갈 수 있을 때 비로소 인간입니다. 인간속성의 기본이 바로 그 양심에 있다는 걸 잊어서는 안될 것입니다.

사도 바울은 오늘본문에서 믿음의 아들 디모데에게 확실하게 또 그리고 간결하게 말씀합니다. '아들 디모데야. 믿음과 착한 양심을 가져라. 어떤 이들은 양심을 버렸고 그 믿음에 관하여는 파선한 자가 있느니라.' 파선이라 합니다. 배가 파선된 것처럼 끝나버린 그런 사람들이 있더라는 것입니다. 양심을 버렸다—대단히 중요한 말씀입니다. 오래전 참 끔찍한 죄수에 대한 사형선고가 있었는데 재판장의 선고문을 자세하게 몇번이고 신문에서 읽어본 일이 있습니다. 그 선고문 중에 이런 말이 있는 것을 잊을 수가 없습니다. '당신들은 인간되기를 포기했고 사람으로 살기를 스스로 마다했기 때문에 사형을 선고하노라.' 사람되기를 포기했다, 사람으로 살기를 스스로 마다했기 때문에 부득이 사형을 선고하노라—그렇습니다. 아예 사람으로 살기를 포기한 사람이지요. 그건 무엇을 말합니까. 양심을 버렸다는 것입니다. 양심이 없으면 사람이 아니거든요. 사람을 버렸으면 사람이 아니지요. 죽어마땅한 것입니다. 잊지 말아야 합니다. 우리는 소유에 너무 관심이 많습니다. 성공에 관심이 너무 많습니다. 명예에 관심이 많습니다. 끝없는 욕심에 시달리고 있습니다. 가장 소중한 양심을 어느 사이에 버렸습니다. 양심이 병들었습니다. 그리고나니 이제 정신도 없고 생각도 없고 그저 모든것이 짜증스럽기만 합니다. 왜? 인간의 기본속성을 떠났기 때문입니다. 그 이유야 많지요. 먼저는 강한 이기심 때문이요 혹은 끝없는 욕심 때문입니다. 또한 세상이 먹고 먹히고 죽이고 죽고 저가 죽어야 내가 살 것같은 전쟁상황이라는 것입니다. 이렇게 살아서는 안되는 것입니다. 이것을 우리는 분명히 알아야 합니다.

요새 우리 사이에 많이 떠도는 베스트 셀러가 하나 있습니다. 뭐 대통령께서도 읽었다 하고 또 누구누구도 읽었다 하는 그런 책입니다. 요새는 이 정도는 알아야 식자라고 합니다. 「Blue Ocean」이라고 하는 책입니다. 사서 그저 한번쯤 뚜껑이라도 보고 지나가는 게 좋을 것입니다. 이것을 이해하기 위해서는 Red Ocean과 비교하면 됩니다. 뭐 여러 가지 얘기가 그속에 있습니다마는 일본경제가 무너진 것은 바로 레드 오션, 붉은 대양에서 돈을 벌었기 때문이라고 합니다. 그럴 것같습니다. 아주 피바다에서 놀았습니다. 남을 죽여가면서 내가 사는 것, 남에게 손해를 입히면서 내가 이득을 보는 이른 바 레드 오션 세대는 저만치 갔습니다. 이제는 블루 오션 시대입니다. 경쟁의 시대가 아닙니다. 생존경쟁이라고 하는 철학을 어서 버려야 합니다. 저를 살려야 나도 삽니다. 중소기업이 살고야 대기업이 삽니다. 대기업이 살고야 중소기업도 삽니다. 사주가 살고야 노동자도 삽니다. 사주 죽이고 노동자가 살겠다는 이 마음이 바로 공산당의 마음보거든요. 그리고 노동자가 살아야 사주도 삽니다. 함께 사는 블루 오션—참 감동적으로 읽었습니다. 양심은 남을 죽이고 내가 살 수는 없는 것입니다. 어쩌면 양심의 소리는 그와 반대입니다. 내가 죽어서라도 남을 살려라, 내가 손해를 보고라도 남을 살려라, 그것이 양심의 소리입니다. 양심은 이렇게 말하고 있습니다. 그래서 내가 때로 돈을 벌고도 잠을 잘 수가 없습니다. 내가 이기고도 나는 양심에 시달려야 합니다. 가책에 시달려야 합니다. 그것이 현실적 문제입니다. 빼앗았다고 행복하지 못합니다. 왜? 양심을 떠났기 때문입니다. 깊이 생각해야 합니다.

적어도 사람은 세 가지를 초월해야 한다고 말합니다. 가장 중요한 첫째, 업적을 초월하고 명예를 초월하고 죽음을 초월해야 됩니다. 우리는 업적을 세우고 성공하겠다는 생각이 앞서는 동안에 양심을 팔아먹습니다. 좀더 가져야겠다고 좀더 성공해야겠다고 몸부림치는 동안에 뭐 부정입학도 하고 갖은 부정을 자행하게 되는 것입니다. 결국은 양심을 떠나게 됩니다. 또한 그 변변치 않은 명예, 그 아무것도 아닌데, 사실은 하찮은 건데 그 명예 때문에 또한번 양심을 버립니다. 그리고 가장 무서운 것은 죽음입니다. 우리는 살기 위해서 때로 양심을 버려야 합니다. 그러나 살기를 포기하고라도 양심을 찾아가는 법입니다. 살고죽는 것보다 중요한 게 양심입니다. '살기 위해서 이럴 수밖에 없었다' 라고 변명해봐도 당신의 양심은 당신을 용서하지 않습니다. 이걸 잊지 말아야 합니다. 일정말기에 신사참배 문제가 복잡할 때 가족들이 있고 그래서 그 어느 목사님이 신사참배를 해버렸습니다. 양심을 거역하면서요. 그리고 바로 해방이 됐습니다. 해방됐을 때 그 동안 신앙을 지키기 위해서 감옥에 들어가 고생한 분, 소위 옥중성도가 나와가지고 교회마다 다니면서 부흥회를 인도할 때 이 목사님은 고개를 들지 못하고 숨어지냈습니다. 어디 갔나 했더니 제가 남쪽으로 와서 보니 문둥병자들이 사는 마을에 가서 전도하고 있더라고요. 제가 찾아가서 왜 그랬느냐고 물었더니 '나는 양심의 소리를 거역하고 살기 위해서 자녀들도 가정도 있고 해서 고만 신사참배를 했거든. 소위 목사라는 사람이 신사 앞에서 꾸뻑꾸뻑…' 너무 괴로워서 이렇게 하면 어떨까 하고 문둥병자들 속에 와서 전도하고 있다는 것이었습니다. 양심입니다. 어떻습니까? 살고죽는 문제보다 더 중요한 것입니다. 손해보느냐 안보느냐, 이건 문제가 안됩니다. 출세하느냐 못하느냐가 문제 안됩니다. 먼저 양심을 지켜야 됩니다. 최우선적으로 그리해야 됩니다.

사도 바울은 이렇게까지 말씀합니다. '선한 싸움'이라고. 양심을 지켜나가는 일은 싸움이라고요. 로마서 7장에서 그는 자기와의 싸움을 적나라하게 고백하고 있습니다. 명예 업적 다 버리고 최우선으로 양심을 지켜가야 할 것입니다. 사람으로 살기 위해서, 아니, 그리스도인으로 살기 위해서 선한 양심을 지켜야 한다는 말입니다. 2005년 5월 24일자 「중앙일보」에 난 칼럼을 보셨는지 모르겠습니다. 이런 내용입니다. 17년 동안 한번 훔쳐먹은 빵 하나 때문에 고민하다가 그 값을 만배로 돌려주기 위하여 수원 아주대학병원을 방문한 한 청년이 있었습니다. 30대의 청년입니다. 그가 중학교 다닐 때 옥탑방에 살았는데 밥굶기를 밥먹기보다 더 많이 했습니다. 너무 배고프고 어려웠는데 그 옆집에 빵이 있는 걸 보고 곰보빵 하나를 훔쳐 먹었는데 배고파서 먹긴 먹었지만 괴롭더랍니다. 내가 언젠가 만배로 갚아주겠다고 하면서 돌아섰는데 얼마후 이상하게도 그 집 온식구가 사고로 다 죽어버렸습니다. 이제 갚을 길이 없습니다. 이렇게 17년 동안 어두운 그림자로 양심의 고통을 느끼고 살았습니다. 어떻게 갚을 길이 없을까? 마침내 그는 천만 원을 만들어가지고 돈이 없어 수술을 하지 못하는 사람을 위하여 쓰라고 병원에 와서 기탁을 했습니다. 이렇게라도 좀 갚아보고 싶어서, 양심의 자유를 얻고 싶어서 그리했다는 기사를 보았습니다. 빵 하나 훔쳐먹고 17년 동안 괴로워한 이 청년을 한번 생각해보십시오. 사람들, 그 많은 허물 그 많은 죄악 속에 어둡고 때낀 양심으로 이제 무슨 생각인들 나겠습니까. 무슨 지혜인들 있겠습니까. 며칠전에는 이런 글을 보았습니다. 사람에게 건강이라는 게 있는데, 소위 '웰빙'에 대해서 말이지요, 여러분이 뭐 이것 먹지 마라 이것 먹어라, 이건 적게 먹어라 이건 많이 먹어라, 뭘 해라 뭘 해라… 음식가지고 난리를 치지마는 그것은 15%밖에는 효력이 없다고 합니다. 나머지 85%는 정신성입니다. 양심의 고통을 느끼면 스트레스가 올라갑니다. 콜레스테롤 단위가 올라가면 그냥 터져나가는 것입니다. 여러분이 뭐 음식조절 하고 운동한다고 뛰어봤댔자 15%밖에 효과가 없다 하지 않습니까. 85%는 정신에 달려 있습니다. 아니, 양심에 달렸습니다. 이걸 잊지 말아야 합니다. 오늘본문은 말씀합니다. '예언을 따라 말씀 안에서 깨끗한 양심을 가져라. 믿음과 함께 다시한번 중생하여 깨끗한 양심을 가져라. 깨끗하고 선한 양심을 가져라.'

전세계 기업가들이 닮고 싶어하는 기업가가 있습니다. 잭 웰치입니다. 그의 「위대한 성공」이라는 책에서 그는 간결하게 이렇게 성공의 비결을 말합니다. '첫째, 강한 사명의식이 있어야 한다. 적어도 돈벌기 위해서 일해서는 안된다. 어떠한 높은 사명의식을 가지고 일하는 것, 이게 성공의 비결이다. 두 번째는 정직성과 양심이다. 전후좌우 돌아볼것없이 정직함과 자기양심을 지켜가는 것이다. 거기에 성공이 있다. 세 번째는 성과에 따르는 차별지향적 제도다. 그리고 네 번째는 모든 사람의 의사를 잘 들을 수 있는, 남의 의견을 존중히 여기는 마음을 가지고 임해야 한다.' 이렇게 간결하게 말해주고 있습니다. 여러분, 세상이 변합니다. 또 변해갑니다. 급변합니다. 상황이 아무리 변해도 양심문제는 여전히 남아 있습니다. 변명할 수도 없고 다른 설명이 필요가 없습니다. 성경은 강하게 오늘도 말씀합니다. '착한 양심을 가져라.' '착한 양심을 가져라.' △

네게 어떻게 할 것을 구하라

선지자의 생도 오십 인이 가서 멀리 서서 바라보매 그 두 사람이 요단 가에 섰더니 엘리야가 겉옷을 취하여 말아 물을 치매 물이 이리저리 갈라지고 두 사람이 육지 위로 건너더라 건너매 엘리야가 엘리사에게 이르되 나를 네게서 취하시기 전에 내가 네게 어떻게 할 것을 구하라 엘리사가 가로되 당신의 영감이 갑절이나 내게 있기를 구하나이다 가로되 네가 어려운 일을 구하는도다 그러나 나를 네게서 취하시는 것을 네가 보면 그 일이 네게 이루려니와 그렇지 않으면 이루지 아니하리라 하고 두 사람이 행하며 말하더니 홀연히 불수레와 불말들이 두 사람을 격하고 엘리야가 회리바람을 타고 승천하더라

(열왕기하 2 : 7 - 11)

네게 어떻게 할 것을 구하라

　미국의 어느 코미디언이 세상을 떠나게 됐습니다. 숨거두기 직전 둘러선 가족들이 그에게 마지막 소원이 무엇이냐, 우리가 무엇을 해주었으면 좋겠느냐 물었습니다. 코미디언은 숨가쁜 시간 조용히 생각하더니 말합니다. "내가 죽거든 시체를 의과대학에 해부용실험 대상으로 기증해달라." 그런데 한 가지 추가된 소원이 있었습니다. 그것은 반드시 하버드대학 의과대학에 보내라는 것이었습니다. 왜 하필이면 하버드대학이냐? 그는 말했습니다. "내 젊었을 때 우리아버지의 소원이 내가 하버드대학 가는 것이었는데 이제 죽어서라도, 내 시체라도 하버드대학에 갔으면 해서…" 그랬다고 합니다. 정말 코미디언다운 마지막입니다.
　제2차세계대전이 막바지로 치닫고 있던 1945년 4월 12일 미국인들은 믿기 어려운 뉴스를 듣게 됩니다. 엄청난 충격을 받았습니다. 프랭클린 루스벨트 대통령이 급서했다는 것입니다. 이 전쟁 중에 말입니다. 가장 큰 충격을 받은 사람은 바로 그 뒤를 이어서 대통령이 되어야 할 부통령 해리 트루먼이었습니다. 루스벨트라고 하는 인물을 우리는 잘 모르고 있습니다마는 미국에서는 거의 신화적인 존재입니다. 미국역사상 처음으로 12년 동안 3회에 걸쳐서 연속 당선되어 대통령을 지낸 사람입니다. 미국민에게 그는 우선 1929년으로부터 시작된 미국의 경제대공황을 지혜롭게 풀어나간 역사적인 위인이요 은인입니다. 그는 그때 미국민에게 이렇게 호소했다고 합니다. '우리가 두려워해야 할 것은 두려움 그 자체입니다.' 두려워할 것은 경제공황이 아니라 그에 대한 두려움 자체라고 하여 국민을 격

려하고 그 유명한 뉴딜정책으로 경제공황을 풀어나갔습니다. 이것으로 그는 세계역사에 정치역사상 경제역사상 유명한 분이 되었습니다. 특별히 그는 소아마비를 앓았던 사람입니다. 휠체어를 타는 불편한 몸으로 대통령직을 12년이나 수행했습니다. 그는 늘 웃음을 잃지 않았습니다. 밝은 웃음으로 모든 사람을 대하는 그런 높은 인격의 사람이었습니다. 확실히 그는 세계의 지도자였습니다. 이런 분이 세상을 떠나고 트루먼 대통령이 그 자리를 잇게 될 때 트루먼은 이렇게 말했다고 합니다. '하늘과 달과 별, 모든 행성이 모조리 나를 향해 떨어지는 것같은 고통을 느낍니다.' 피할 수 없는 이 엄청난 일을 놓고 그는 감당할 수 없는 괴로움을 이렇게 호소했습니다. 그리고 국민 앞에 한 말은 역사적으로 유명한 얘기가 되고 있습니다. '여러분, 만약에 일생에 단 한 번이라도 기도해봤다면 지금 나를 위하여 기도해주십시오. 당신의 기도가 필요합니다.' 온국민을 향해서 일생에 단 한 번이라도 기도해본 일이 있는 사람이라면 지금 나를 위해 기도해주십시오 — 왜 그리했겠습니까. 하나님의 능력이 아니고는 이 어려운 일을 감당할 수 없다고 생각했기 때문입니다. 내 능력 내 지식 또 내 경력… 어느것도 당면한 문제를 해결할 수 없는 것입니다. 오직 하나님의 능력, 하나님께서 영적으로 주시는 힘 이것만이 이 어려운 일을 감당할 수 있을 거라고 생각해서 온국민을 향하여 이렇게 간절히 절절히 기도를 요청했습니다. 확실히 그는 또하나의 훌륭한 지도자였음을 우리에게 말해줍니다.

본문성경에는 큰 선지자요 큰 민족의 지도자였던 엘리야가 나옵니다. 그가 이제 하나님의 부르심을 받아 승천하는 시간입니다. 이로써 그의 제자인 엘리사가 계승해서 그 큰 선지자의 직분을 맡게 되는데 이렇게 마지막으로 헤어지는 장면 그 대목을 오늘본문에서 읽었습니다. 엘리사는 끝까지 엘리야를 따랐습니다. 선생되는 엘리야는 말합니다. '따라오지 말고 여기 머물러 있으라.' 그런데도 엘리사는 '아닙니다. 끝까지 따라갈 것입니다. 맹세코 따라갈 것입니다' 하고 끝까지 엘리야를 따라왔습니다. 성경을 자세히 읽어보면 길갈에서 벧엘로 벧엘에서 여리고로 여리고서 요단으로 계속 자리를 옮겨가며 엘리야는 말했습니다. 여기 머물러 있으라고. '아닙니다. 끝까지 따라갈 것입니다.' 그렇게 만류하는데도 엘리사는 따라갑니다. 맹세하며 스승된 엘리야를 따라갔습니다. 여기서 우리는 귀중한 것을 깨닫게 됩니다. 엘리사는 엘리야를 따라갔습니다. 하나님께서 갈라놓으실 때까지 끝까지 그는 따랐습니다. 맹세하고 따라갔습니다. 끝까지 쳐다보았습니다.

　기독교 영성학자인 케네스 리치는 그의 저서「True Prayer」라고 하는 책에서 성숙한 영성을 가진 사람, 그 인격에 대해서 특징을 이렇게 말하고 있습니다. 첫째, 경험의 사람이라는 것입니다. 즉 실천의 사람이라는 것입니다. 생각으로 배우는 것이 아니고 느낌으로 배우는 게 아니라 행동으로 배운다는 것입니다. 먼저 따라가고 먼저 행하고 먼저 희생하고 먼저 순종하고 그리고 생각하는 것입니다. 이것이 영적 인격의 살아 있는 모습입니다. 여러분, 깊이 생각해야 합니다. 우리는 생각하다 맙니다. 토론하다 맙니다. 이럴까 저럴까 주저하고 방황하다가 한 세상 다 보냅니다. 그러는 게 아닙니다. 믿음으로 먼저 실천하고 먼저 경험하고 몸으로 배우는 것입니다. 머리로가 아니라 몸으로입니다. 저는 가끔 이런 사람들을 봅니다. 왜 자전거를 타지 않습니까. 자전거 타는 거 그 이론으로 할 일이 아닙니다.

이론은 1분이면 됩니다. 하지만 그걸 몸에 익혀서 자전거를 타려면 무릎깨나 깨져야 됩니다. 올라타야 됩니다. 위험한 자전거에 올라타야 자전거가 내가 탈 수 있는 기구가 되는 거지 앉아서 생각하고 토론하고 이론을 일생동안 펴도 자전거운전 한 번을 못합니다. 무릎깨지면 어떡하나, 사고나면 어떡하나, 넘어지면 어떡하나, 목이 부러지면 죽는 거다… 언제 자전거 배우겠습니까. 자전거에 올라타야 됩니다. 말도 올라타야 탑니다. 그래야 말타는 것을 배웁니다. 또 익힐 수 있습니다. 그래야 요령을 익힐 수 있고 몸에 익힐 수 있습니다. 두 번째는 거룩함입니다. 그것은 곧 사랑으로 통합니다. 이제 가슴을 열고 모든 사람을 사랑하는 것, 그러면서 하나님께서 내게 주신 거룩함을 확장해나가는 것, 이것이 영성을 가진 인격의 모습입니다. 세 번째는 이제 분별력을 가지게 됩니다. 자신의 본분을 알게 되고 깨닫게 되고 내가 무엇을 할지 내가 무엇을 하고 있는지를 알게 됩니다. 이 이론을 다시한번 정리하면 이렇습니다. 맨먼저 행동을 합니다. 의지입니다. 그다음에 사랑을 합니다. 감성입니다. 그리고 분별력을 가집니다. 이것은 지성입니다. 지정의(知情意)라고 하지만 영성적 인격의 성장구도는 그렇지 않습니다. 의지가 먼저요 그다음이 감성이요 그다음이 지식입니다. 자연스럽게 지식이 따라옵니다.

오늘 엘리사는 엘리야를 따라갑니다. 이유 없습니다. 그냥 따라갑니다. '여기 머물라' 해도 안됩니다. '따라갈 것입니다.' 끝까지 행동적으로 경험적으로 전인격적으로 맹세하고 좇아갑니다. 쳐다봅니다. 그래서 후계자가 되었습니다. 두 번째는, 마침내 결정의 시간이 옵니다. 이제 엘리야가 엘리사에게 말합니다. 끝까지 따라오니까 이제서 묻는 것입니다. "내가 네게 어떻게 할 것을 구하라." 귀중한 말

쓺입니다. "어떻게 할 것을 구하라." 자, 이 마지막 헤어지는 시간에 스승된 내가 후계자 제자인 네게 어떻게 해주길 바라느냐?—다른 말로 말하면 '네 소원이 뭐냐?' 입니다. 네 소원이 뭐냐? 여러분, 이 걸 잊지 말아야 합니다. 주님을 따르는 제자에게 예수님께서 물으십니다. '내가 네게 어떻게 해줄까? 무엇을 원하느냐?' 무엇을 원하느냐고 물으십니다. 오늘도 물으십니다. 솔로몬 왕이 21살에 왕이 됩니다. 그러나 왕으로서 해야 할 그 많은 직무를 감당하기 너무 힘들었습니다. 삼권을 한 손에 쥐고 있으니까요. 입법 사법 행정을 다 해야 합니다. 너무 힘들어서 하나님 앞에 나아가 일천 번제를 드리고 기도할 때 하나님께서 그에게 물으십니다. '너는 내게 구하라. 내가 네게 무엇을 줄까?' 너는 내게 구하라, 내가 네게 무엇을 줄까?—참 중요한 시간입니다. 그때 솔로몬은 하나님 앞에 구합니다. '레이브 쉐미스(듣는 마음을 주시옵소서).' 지혜로운 마음이라고 번역합니다마는 히브리어에서 레이브란 마음이라는 말이고 쉐미스라는 말은 듣는다는 말입니다. 직역하면 '듣는 마음을 주십시오' 입니다. 그럴 때입니다. 제가 성경을 보면서는 이렇게 느껴보았습니다. '하나님께서 너무너무 좋아하시는구나.' 만족해하십니다. '아니, 장수를 구할 수도 있고 원수의 성을 구할 수도 있고 부귀영화를 구할 수도 있고… 구할 것이 많고많은데 어쩌면 고것을 달라고 했니? 지혜를 달라고 했니?' 성경은 이 솔로몬의 기도가 하나님의 마음에 맞은지라, 하였습니다. 하나님께서 주시고자 준비하신 것과 그가 달라고 하는 것이 딱 맞아떨어질 때 하나님께서 주시는데 전무후무하게 주셨다 합니다. 전무까지는 좋은데 왜 후무(後無)가 나오느냐—이래서 저는 이 대목에서 서운함을 느끼고 좀 마음에 안든다니까요. 전무후무하게 지혜를 주셔서 솔로몬은 지혜의 왕이 되었습니다. 40년 동안 나라를 평화로이 다스립니다. 온세계에 지혜의 왕이 됐습니다. 어쨌든 문제는 그의 소원입니다. 맨밑에 있는 소원, 이거 하나면 된다, 이거 하나만 있으면 된다, 더 바랄 것이 없다, 이거 하나만, 이거 하나만… 절대조건 절대소원입니다. 듣는 마음, 하나님의 음성을 들을 수 있는 마음, 양심의 소리를 들을 수 있는 마음, 백성의 소리를 들을 수 있는 마음, 무엇이 필요한지를 알 수 있는 바로 그 마음, 지혜로운 마음을 주세요—그래서 지혜의 왕이 됐습니다.

오늘본문에서 봅니다. 엘리사는 이제 중요한 시점에 있습니다. '내가 네게 어떻게 해줄 것을 네가 구하라. 소원이 뭐냐? 나를 따라오게 된 소원이 뭐냐?' 엘리야가 물을 때 그는 말합니다. '영감을 주십시오. 영적인 감동을 주십시오.' 그런데 좀 욕심이 있습니다. '당신에게 주신 영감보다 배의 영감을 주세요. 갑절을 주세요.' 여기서 그의 엘리사됨을 말해줍니다. 엘리야에게 주신 영감의 갑절을, 큰 것을 구했습니다. 엘리야는 말합니다. '그래 네가 어려운 것을 구했다. 그러면 내가 이제 승천할 때 끝까지 쳐다보라. 끝까지 쳐다보면, 안보일 때까지 끝까지 쳐다보면 하나님께서 들어주실 것이다.' 정말입니다. 그는 엘리야보다 더 큰 일을 했고 더 큰 영감의 사람으로 권세있게 선지자의 사명을 다한 것을 볼 수 있습니다. 왜 갑절을 원했겠습니까. 그는 생각합니다. 엘리야의 엘리야됨은 영감에 있다고요. 엘리야가 능력의 사람이 된 것은 영감에 있습니다. 영적 감동에 있습니다. 그의 지식도 아니고 그의 경험도 아니고 그의 능력도 아니고 그의 재산도 아닙니다. 권력도 아닙니다. 오직 영감, 여기에 마스터 키가 있다는 걸 알고 있었습니다. 여러분, 오늘의 우리에게 필요한 것이 무엇입니까? 영감이 있어야 하겠습니다. 요새는 흔히 말합니다. 창의력이 있어야 한다, 인스피레이션이 있어야 한다 합니다. 그렇습니다. 생각이 획 돌아가면 소용없습니다. 생각이 바로되고 창의력있는 생각, 바른 생각 의로운 생각, 생각이 문제입니다. 지도자의 생각이 문제입니다. 그 생각을 주관하는 것은 영감입니다. 하나님과의 만남의 관계에서 오는 그 감동, 이것이 있고야 큰일을 할 수 있는 것입니다. 그러면 무슨 일이든지 할 수 있습니다. 엘리사는 엘리야 스승의 스승됨이 영감에 있음을 알고 있었습니다. 그런고로 '당신에게 주신 영감의 갑절을 내게 주세요' 하고 욕심을 부립니다. 그 이유는 이렇습니다. 첫째는, 자기자신은 엘리야보다 부족하기 때문에, 자신의 부족을 알고 허물을 알기 때문에 그런고로 나는 더 큰 영감이 있어야 된다고, 나같이 부족한 사람은 더 큰 영감을 받아야만 일할 수 있다고 하여 더 큰 영감을 구한 것입니다. 또하나는, 세상이 점점더 악해지기 때문입니다. 엘리야때보다 엘리사때, 또 오늘이 점점더 험악해지니까 더 큰 영감이 필요합니다. 그래서 흔히들 이렇게 기도하지 않습니까. '엘리야에게 주셨던 영감의 갑절을 엘리사에게 주시고 엘리사에게 주셨던 영감을 칠배나 주십시오.' 이건 좀 욕심이 많은 것같습니다. 왜? 세상이 험하거든요. 점점더 악해지고 못돼지니까 이제야말로 영감의 사람이 되지 아니하면 분별을 할수가 없습니다. 판단을 할 수가 없습니다.

많은 사람이 제게 묻습니다. "목사님, 북한문제가 어떻게 될까요? 전쟁이 터진다고 하고 어떤 사람은 이민간다고 하는데요. 도대체 어떻게 될까요?" 누가 알아요? 여러분, 이제야말로 누구에게 묻겠습니까. 누구의 판단을 기다리겠습니까. 하나님의 판단, 하나님께서 주시는 말씀, 하나님께서 주시는 영감, 그것에 의해서 비로소 오늘 우리가 해야 할 일을 할 수 있는 것입니다. 우리는 꿈을 가져야 됩니다. 엘리사와 같은 욕심을 부려야 됩니다. '갑절을 주십시오.' 엘리야는 이 큰일을 엘리사에게 허락합니다. 문제는 영감입니다. 상황이 아닙니다. 감동입니다. 하나님의 음성이 들려와야 됩니다. 하나님의 음성이 계속 들려오고 들을 수 있는 그런 인격 그런 마음가짐이어야 한다는 것입니다. 말씀이 들려와야 됩니다. 여러분은 지금 설교를 듣고 있습니다마는 영적으로는 조용하게 하나님의 음성이 들려옵니다. 이것을 영감이라고 합니다. 말씀 속에서, 하나님께서 주시는 말씀으로부터 감동을 받아야 됩니다. 그래야 이 험악한 세상에서 승리할 수 있습니다. 노자(老子)의 생활철학이 있지요. '사람의 인격의 가장 중요한 것은 온순이다. 그리고 근면해야 한다. 그리고 겸손해야 한다.' 삼대윤리를 말하는데 다시 그는 말합니다. '온순하면 담대해진다.' 역설적이지요? 온순한 사람이 담대할 수 있습니다. '근면하면 자유로워진다. 부지런해야 자유인이 된다. 또 겸손해야 지도자가 된다. 교만하면 망한다.' 교만하면 마음이 어두워집니다. 교만하면 지혜도 흐려집니다. 겸손해야 됩니다. 오늘 우리는 성경을 통하여 배웁니다. '영감을 주십시오. 갑절의 영감을 주십시오. 뜨거운 영감을 주십시오. 그리고 영적인 감동 하나님의 말씀에 붙들려서, 사로잡혀서 그렇게 살게 해주십시오' 하는 소원입니다. 세상이 복잡하지마는 우리의 기도는 단순합니다. 오늘도 '주여, 영감을 주십시오. 그리고 바로 판단하게 해주십시오.' 기도하고 또한번 더 겸손한 믿음의 사람이 되어서 영적 감동으로 충만한 그런 생이 다시 시작되어야 할 것입니다. △

주여, 옳소이다

예수께서 일어나사 거기를 떠나 두로 지경으로 가서 한 집에 들어가 아무도 모르게 하시려 하나 숨길 수 없더라 이에 더러운 귀신들린 어린 딸을 둔 한 여자가 예수의 소문을 듣고 곧 와서 그 발 아래 엎드리니 그 여자는 헬라인이요 수로보니게 족속이라 자기 딸에게서 귀신 쫓아 주시기를 간구하거늘 예수께서 이르시되 자녀로 먼저 배불리 먹게 할지니 자녀의 떡을 취하여 개들에게 던짐이 마땅치 아니하니라 여자가 대답하여 가로되 주여 옳소이다마는 상 아래 개들도 아이들의 먹던 부스러기를 먹나이다 예수께서 가라사대 이 말을 하였으니 돌아가라 귀신이 네 딸에게서 나갔느니라 하시매 여자가 집에 돌아가 본 즉 아이가 침상에 누웠고 귀신이 나갔더라

(마가복음 7 : 24 - 30)

주여, 옳소이다

　중학교 재학 중 외상을 입어 망막박리로 실명을 한 후에 그로 인한 온갖 고통과 사회적 차별과 편견을 극복하고 한국인으로 최초의 맹인박사가 된, 그리고 미국 백악관 장애인차관보 자리에까지 오른 강영우 박사가 최근「도전과 기회: 3C 혁명」이라고 하는 책을 냈습니다. 많은 아픈 경험, 그가 몸으로 겪은 또 정신적으로 겪었던 많은 이야기들을 담아서 쓴 귀중한 책입니다. 그 책에 나오는 한 편의 이야기입니다. 지금은 성장하여 듀크대학의 안과전문의로 있는 그의 큰아들, 그 아들이 세 살 때입니다. 아침식사때 돌아가며 기도를 했는데 이 세 살배기가 손을 모으고 하나님 앞에 간절히 이렇게 기도를 합니다. "하나님, 제발 우리아버지 눈 좀 떠서 나와 같이 야구도 하고 운전도 하고 세발자전거도 타게 해주세요." 아들이 이렇게 기도할 때 아버지의 마음은 무너지는 듯 괴로웠습니다. 시간이 지나면 언젠가 눈을 뜨게 될 거다—이렇게 막연히 거짓말을 할 수도 없는, 실망감을 안겨주는 이런 아버지로 어떻게 하면 좋을까? 어떡하면 저 아들에게 희망을 줄까? 나는 이렇게 괴롭게 살지마는 아들만은 밝게 키우고 싶은데 어떻게 하면 좋을까? 많이 생각하다가 그는 지혜를 냈습니다. 그날부터 아이가 잠자리에 들면 머리맡에 앉아 성경을 읽어주고 동화책을 읽어주는데, 일부러 깜깜하게 불 끄고 읽어줍니다. 점자성경입니다. 동화책도 점자책입니다. 아들은 침대에 누워 깜깜한 중에 아버지의 음성만을 자세하게 들으면서, 귀로만이 아니라 가슴으로 들으면서 상상의 날개를 폈습니다. 상상력의 세계를 마음껏 넓혀갔습니다. 그리고 아버지는 말했습니다. "야구나 운전이나 자전거타는 것은 네 엄마가 하면 되고 나는 엄마가 못하는 것, 나만이 할 수 있는 것을 네게 해줄 수 있다. 깜깜한 밤에도 성경을 읽어 줄 수 있고 또 네 마음속에 그림을 그려줄 수 있지 않느냐? 이것은 아빠가 하는 일이다. 아니 아빠만이 하는 일이다." 이렇게 위로를 했다고 합니다. 얼마나 굉장한 이야기입니까.

「성공하는 사람들의 일곱 가지 습관」이라고 하는, 아주 유명한, 수년동안 지금까지도 세계의 많은 사람들이 읽고 있는 베스트 셀러가 있습니다. 저자인 스티븐 코비는 인간관계 속에서 내가 누구에게 손해를 끼치지도 내가 손해보지도 않고, 얻고 빼앗고 빼앗기고 죽이고 살리고 하지 말고, 너도 얻고 나도 얻는 소위 win-win의 관계, 승승의 관계를 만들어내는 사람은 어떤 사람일까? 어떻게 하면 win-win 인간이 될 수 있을까, 하고 세 가지 요건을 제시합니다. 하나는 성실성입니다. 내가 나를 믿을 수 있는 사람이라야 됩니다. 내면적인 가치가 충분해야 합니다. 내면적 존재가 허하면 꼭 남을 원망하게 되어 있습니다. 그런고로 내적 가치가 충실한 자기성실성이 먼저입니다. 두 번째는 성숙도입니다. 그는 성숙이란 용기와 배려의 균형이라고 말합니다. 내게 용기가 있습니다. 그러나 다른 사람을 배려할 줄 모르면 안됩니다. 다른 사람을 배려하려고만 하다가 자기존재를 잃어버리고 자기용기를 잃어버려서도 안됩니다. 우리가 늘 겪지마는 그렇지 않습니까? 깊이 생각해야 합니다. 나자신에 대한 확실한 정체감과 용기, 거기에 다른 사람들을 충분히 배려할 줄 아는 그런 균형이 있어야 win-win이 가능한 것입니다. 이제 세 번째 요건이 저는 더 귀하게 느껴집니다. 바로 풍요의 심리입니다. 나 스스로 풍요해서 '나는 넉넉하다, 나는 행복하다' 하는 그런 신념입니다. 그래서 말입니다. 모든것이 풍요하게 존재한다고 여기는 믿음의 사람만이 win-win전략에 성공하고 또한 나도 살고 남도 살릴 수가 있습니다. 제가 그래서 늘 말씀드리지 않습니까. '스스로 행복하지 못한 자는 남을 행복하게 할 수 없다. 혼자 살 능력이 없는 사람은 결혼하면 더더욱 못산다.' 아시겠습니까? 내가 못살아서 누구한테 의존하자는 것이 아닙니다. '이것도 못하고 저것도 안되니 에라 시집이나 가자.' 이거 안되는 것입니다. 이 사람은 남을 괴롭힙니다. 이걸 알아야 됩니다. 스스로 행복한 사람만이 남을 행복하게 할 수가 있는 것입니다. 그래서 말입니다마는 우리가 뭐 가정을 어떻게 하고 행복하게 하고 자녀교육이 어떻고 부부관계가 어떻고… 그 복잡한 거 다 몰라도 괜찮습니다. 스스로 행복하면 됩니다. '나는 행복하다. 나는 충분하다. 내가 사는 처지는 만족스럽다.' 이런 풍요의 심리를 가져야 됩니다. 그런 사람만이 win-win의 일원이 될 수가 있는 것입니다.

오늘본문에는 아무리 봐도 인간치고 가장 불행한 축에 드는, 참으로 불쌍한 한 여인이 나타납니다. 내가 아프고 괴로운 것도 괴로운 것이겠지만 역시 자녀가 아프면 내가 더 아픈 법입니다. 차라리 대신 죽을 수도 없지 않습니까. 자녀가 아플 때 그걸 지켜보는 어머니, 얼마나 괴롭습니까. 저는 이것을 잊지 않습니다. 참 오래전얘기입니다. 1959년, 제가 신학대학을 졸업하고 전도사로 신당동중앙교회에 근무하고 있을 때, 그때 전도사의 의무는 무조건 심방입니다. 하루종일 새벽부터 밤까지 심방하는 게 본분인데 하루는 어느 집에 일여덟 명 일행과 같이 심방갔는데 그 집에 소아마비 아이가 하나 있었습니다. 그 어머니 얘기는 이 소아마비 아이가 물리치료를 해서 지금 많이 나아졌다는 것입니다. "좀 걸을 수도 있고요…" 다들 잘됐다고 말했습니다. 거기까지만이었으면 좋았을 것을 어머니는 "내가 한번 애 걷는 거 보여드릴께요" 하고 나온 것입니다. 이름을 부르니까 아이가 나옵니다. 물론 불편한대로 겨우겨우 걷습니다. 그런데 몇발짝 걷다가 푹하고 쓰러졌습니다. 쓰러지는 순간 그 어머니의 눈에서 눈물이 주루룩 쏟아집니다. 정말 뭐라고 위로할 수 없는 그런 장면이었습니다. 오늘의 성경본문을 보면 늘 그 여집사님이 생각납니다. 아이가 귀신들렸습니다. 이게 불속에 들어가고 물속에 들어가고 정신을 못차립니다. 멀쩡한 아이가 이러고 있으니 그 어머니 얼마나 힘들겠습니까. 우리 주변을 보면 어느 어머니들은 내 아이가 대학을 가고 못가고 일류대학 이류대학 삼수 사수… 이런 얘기 합니다. 그러나 미안합니다. 우리소망교회에 정신박약아가 백여 명이 있습니다. 그 아이들의 어머니들은 말을 이렇게 합니다. 아이고, 내 아이가 중학교입학이라도 하는 걸 봤으면 소원이 없겠다고요. 남들은 대학을 가느니 못가느니 하는데 중학교라도 입학하는 걸 보았으면 나는 행복하겠다고요. 이것이 어머니마음입니다. 하물며 사랑하는 딸이 귀신들려가지고 천방지축 헤매고 있으니 그 어머니, 얼마나 그동안 애를 썼겠습니까. 뭐 이제 무슨 일인들 못하겠습니까. 소문을 듣고 예수님 앞에 와서 무릎을 꿇습니다. "내 딸이 귀신들렸나이다" 합니다.

자, 중요한 시간입니다. 그러나 이상하게도, 뜻박에도 예수님의 대답은 도저히 상상조차 할 수 없는 그런 대답이었습니다. 어떻게 예수님의 입에서 이런 말씀이 나올까? 아무리 좋은 마음으로 읽으려고 해도 '너무하신다' 싶습니다. 그렇지 않아도 그 어머니는 지금 딸 때문에 괴로운데 이렇게나 마음아프게 하셔도 되나? 예수님, 물론 좋은 계획이 뒤에 있어서인지 ,모르겠지만 '너무하신다' 싶은 것입니다. '자녀의 떡을 취하여 개한테 주는 것이 마땅치 않다.' 이 무슨 말씀입니까. 나는 이스라엘사람들을 위해서 왔다, 먼저 이스라엘이다, 아직 이스라엘도 다 돌지 못했고 다 구원하지 못했는데 이방사람에게까지, 더군다나 이방여자에게까지 손이 미치지 못한다, 아주 바빠, 이거 하기도 바쁜데 그런 거 뭐, 중요한 일이 많은데 그까짓거 뭐… 안그렇습니까. 이런 정도로 이방여자를 죄송하지만 개취급 하는 거 아닙니까. 이건 이스라엘사람들의 일반적 편견입니다. 이스라엘사람들은 고고하게 깨끗하게 거룩하게 율법적으로 사는데 지금도 그렇습니다마는 이방말도 못합니다. 이방사람들, 윤리적으로 타락했고 정말 그 도덕성이 개처럼 살거든요. 도덕성이 개처럼… 그렇기 때문에 유대사람들은 이방사람들을 볼 때 개라고 그랬습니다. 개같은 종들… 이렇게들 늘 말을 했고 물론 이방사람들은 이게 기분이 나빴고… 그래서 이스라엘사람들의 그 고고한 자기우월감에 많은 사람들이 지금도 좋은 말을 아니하지요. 이스라엘사람들로부터는 이방사람들 더럽고 음란하게 살아서 개라는 말을 듣는다 합시다. 그렇다고 예수님의 입에서까지 이 말씀이 나오다니요. 사랑의 예수님이신데 어찌 이러신단말입니까. 아주 잘못된 편견 중의 한마디입니다. 많은 사람이 이방사람을 개같은 사람이라고 말합니다. 그러나 예수님의 입에서 이 말이 나옵니다. '자녀의 떡을 취하여 개한테 줄 수 없다.' 많은 뜻이 있는 말씀인 줄 압니다. 자, 그런데 놀라운 것은 이 여자의 대답입니다. '옳습니다' 그러지 않습니까. '주여 옳습니다. 주여 옳습니다.' 내 생각에 여느 보통여자였다면 아마도 이랬을 것 같습니다. '자녀의 떡을 취하여 개에게 줄 수 없다니요. 정 개취급

하신다면 아, 내 딸 죽으면 되잖아요? 사람을 뭘로 알고 개니뭐니 하는 거요? 아니, 메시야라는 사람의 입에서 그런 말 나와도 되는 거예요?' 여러분도 한번 생각해보십시오. '옳습니다' 하게 되었습니까. 그런데 놀랍게도 이 여자는 말합니다. '주여 옳습니다. 주여 옳습니다. 내 딸이 귀신들린 것도 맞고 개취급 받는 것도 옳습니다.' 백 퍼센트, total acceptance입니다. 전적으로 수락하는 것입니다. '옳습니다. 병든것도 맞고 도덕적으로 타락한 것도 맞고 죽어마땅한 것도 옳습니다. 주여 옳습니다.' 대단히 중요한 말입니다. '주여 옳습니다.' 이것은 당연하게 여기는 것이요 주의 말씀을 인정하는 것이요 수긍하는 것이요 백 퍼센트 다 그대로 수용하는 것입니다. 여러분, 이 얼마나 중요한 얘기입니까.

지난 6개월 동안 TV를 장식했던「해신」이라는 드라마, 그 마지막장면에서 아주 귀중한 이야기를 듣게 됩니다. 정화 아가씨가 체포되어서 죽게 됐습니다. 장보고 그 애인은 구출할 능력이 없습니다. 바로 그 순간 정화는 유명한 말을 합니다. "사랑이란 내가 사랑하는 자의 판단과 결정을 전적으로 신뢰하는 것입니다." 아, 감동적인 말입니다. 여러분은 사랑하는 분의 판단과 결정을 완전히 신뢰하십니까? 신뢰가 다 무엇입니까. 말도 안되는 얘기다, 택도 없다, 그러지 않습니까. 사랑이 뭔데요. 사랑은 부모를 사랑하면 부모의 판단과 결정을 신뢰하는 것입니다. 남편을 사랑하면 남편의 판단과 결정 옳습니다. 이게 사랑입니다. 오늘 이 이방여자, 훌륭합니다. '주여 옳습니다.' 좌우간 내 딸이 병들었건 귀신들렸건 내가 개취급을 받건 이 상황 이대로 전적으로 주여 옳습니다—아, 너무너무 귀한 말씀 아닙니까.

나폴레온 힐이라 하는 유명한 교수가 있습니다. 그분의 「You can work your own miracle」이란 저서가 있습니다. 유명한 책입니다. 자신 안에 기적을 키워라, 기적을 깨워라—그런 말인데 무슨 말인고 하니 성공의 에너지는 언제나 긍정적인 자세에 있고 기적이란 바로 여기에 있다는 것입니다. 그래서 PMA라는 말을 합니다. Positive Mental Attitude. 다시말하면 어떤 상황에 있더라도 반드시 유익한 결과가 될 거다, 지금 이 상황은 여기서 어려운 것같아도 반드시 유익한 결과가 올 것이다, 라는 믿음, 또 열심히 일을 하면서 가치있는 일을 하겠다고 하는 용기 그리고 자신의 능력에 대한 신뢰입니다. 내가 나를 믿지 않는다면 누가 나를 믿겠습니까. 자신에 대한 용기 그리고 신뢰, 그것이 오늘 성경에 이같이 나타납니다. '주여 옳습니다.' 그 다음말씀은 더욱 놀랍습니다. '개도 제주인의 상에서 떨어지는 부스러기를 먹습니다.' 개라는 말을 부정하지 않습니다. '개라고 합시다. 그래도 주인의 개입니다. 주인 앞에 있는 개입니다. 주인의 밥상에 가까이 있는 개입니다. 개도 주인의 상에서 떨어지는 부스러기를 먹습니다. 그렇다면 나는 개입니다. 부스러기라도 주십시오. 부스러기 은혜라도 주십시오.' 참 너무너무 귀합니다. 더 감동케 하는 것은 예수님의 대답말씀입니다. '네가 이렇게 말하였으니' 하십니다. '네가 이렇게 말하였으니, 네가 이 말을 하였으니, 그 믿음을 가지고 그 수용성을 가지고 이 말을 하였으니 네 딸은 나을 것이다.' 이 두 마디 말씀을 깊이 새겨봅시다. '옳습니다. 주여 옳습니다.' '네가 이 말을 하였으니 네 딸이 나을 것이다.' 능력이 나타나고 집에 가보니 깨끗이 나았더라 합니다. 오늘성경이 주신 말씀입니다. 예수님, 겟세마네동산에서 기도하십니다. 그 어려운 십자가를 앞에 놓고 기도하십니다. 그러나 주님께서는 말씀하십니다. "아버지께서 주신 잔을 내가 마시지 않겠느냐." '내 뜻대로 마옵시고 아버지의 뜻대로' 하실 때 거기에 크고 놀라운 능력이 나타난 것입니다. 사도 바울은 육체에 가시가 있었습니다. 사단의 사자가 있었습니다. 한평생 자기를 괴롭히는 장애가 있었습니다. 그러나 주께서 '네게 있는 내 은혜가 족하다' 말씀하실 때 그대로 받아들입니다. '나는 약할 때 강한 것이다. 그리스도로 내 안에 머물게 하는 것이다. 이 핸디캡은 내게 필요한 것이다. 나를 겸손하게 하기 위하여, 은혜로 은혜되게 하기 위하여 꼭 필요한 것이다' 하고 받아들입니다. 받아들일 때 사도 바울은 확실히 능력의 사람이 되는 것입니다.

'주여 옳습니다.' 바로 그 믿음으로 나갈 때 주님 말씀하십니다. '이 말을 하였으므로 네 소원대로 되리라.' △

순종의 신앙적 속성

 사무엘이 가로되 왕이 스스로 작게 여길 그 때에 이스라엘 지파의 머리가 되지 아니하셨나이까 여호와께서 왕에게 기름을 부어 이스라엘 왕을 삼으시고 또 왕을 길로 보내시며 이르시기를 가서 죄인 아말렉 사람을 진멸하되 다 없어지기까지 치라 하셨거늘 어찌하여 왕이 여호와의 목소리를 청종치 아니하고 탈취하기에만 급하여 여호와의 악하게 여기시는 것을 행하였나이까 사울이 사무엘에게 이르되 나는 실로 여호와의 목소리를 청종하여 여호와께서 보내신 길로 가서 아말렉 왕 아각을 끌어왔고 아말렉 사람을 진멸하였으나 다만 백성이 그 마땅히 멸할 것 중에서 가장 좋은 것으로 길갈에서 당신의 하나님 여호와께 제사하려고 양과 소를 취하였나이다 사무엘이 가로되 여호와께서 번제와 다른 제사를 그 목소리 순종하는 것을 좋아하심 같이 좋아하시겠나이까 순종이 제사보다 낫고 듣는 것이 수양의 기름보다 나으니 이는 거역하는 것은 사술의 죄와 같고 완고한 것은 사신 우상에게 절하는 죄와 같음이라 왕이 여호와의 말씀을 버렸으므로 여호와께서도 왕을 버려 왕이 되지 못하게 하셨나이다
　　　　　(사무엘상 15 : 17 - 23)

순종의 신앙적 속성

성경 외경에 나오는 아주 재미있는 이야기 한토막입니다. 어느 더운 날, 아주 걷기에도 지치는 몹시 더운 날에 예수님께서는 하필이면 높은 산에 올라가자고 제자들에게 명령을 하셨습니다. 그것도 그냥 올라가는 게 아니라 큰 돌을 둘씩 가지고 올라가자 하십니다. 베드로는 그저 말씀대로 큰 돌을 한 손에 하나씩 들고 그 높은 산을 땀 뻘뻘 흘리면서 올라갑니다. 가룟 유다는 처음엔 큰 돌을 들었다가 '참 예수님도 답답하시다. 아니, 이 더운 날 빈손으로 올라가기도 힘든데 왜 하필이면 돌을 들고 올라가라시는 거냐?' 그래서 큰 돌 내려놓고 작은 돌로 바꿔들었습니다. 바꾸어들고 올라가는데도 또 힘듭니다. 그래 그걸 또 내려놓고 더 작은 돌로 바꾸고 다시 바꾸고 하다가 마지막에는 조그마한 자갈돌 두 개를 주머니에 달랑 넣고 올라갔습니다. 다들 올라가자 예수님께서는 다들 둘러앉아라 하고 쭉 앉히신 다음에 식사기도를 하십니다. 기도하시고나니 돌들이 변해서 떡이 됐습니다. 그래 베드로는 큰 떡을 두 개 얻게 되어 먹고 남아서 남에게 나눠주기도 했는데, 가룟 유다는 주머니에 입만 감질나게 자갈돌만한 떡이 있었다고 합니다. 제 선친으로부터 늘 들은 얘기가 있습니다. 무슨 말씀을 하실 때 절대로 내가 거기에 무슨 말을 하고 들면 안됩니다. 변명을 붙이거나 뭔가 설명을 하거나 하면 안됩니다. 아버지의 지론은 그렇습니다. 소금 섬을 물로 끓여라 해도 끓이는 것이 순종이요 그것이 효도라는 것이었습니다. 설명을 붙이지 마라, 이의를 달지 마라, 그냥 순종하라는 것입니다. 그것도 좋은 마음으로 순종하는 것입니다. 소금 섬을 물로 끓이라는 기막힌 명령이라

해도 고분고분 따라 끓여야 합니다. 소금 섬을 물로 끓이면 어떻게 되겠습니까. 소금 다 없어지는 거지요. 그러나 그대로 따라야 된다는 것입니다. 그렇게 배워왔습니다.

여러분, 순종의 덕을 몸에 익히지 못하는 것은 참으로 불행한 일입니다. 순종의 아름다움을 배우지 못한다면 어쩌면 한평생 아름다움을 보지 못하고 말 것입니다. 순종의 참평화를 경험하지 못한다면 한평생 평화가 뭔지를 모르게 될 것입니다. 순종이 주는 내 영혼의 자유, 참자유를 항상 경험하고 사는 것이 그리스도인입니다. 이런 사람은 결정적으로 불행하다고 저는 생각합니다. 첫째, 순종을 하면 자기가 무너지는 줄 아는 사람입니다. 어느 순간에라도 누구의 말이라도 순종을 하면 자기가 작아지고 없어지는 줄 아는 사람입니다. 심지어는 부모의 말씀을 순종할 때도 순종하면 내가 없어진다고, 아내의 말을 들어주면 내가 증발해버린다고, 남편의 말을 들어주고 순종하면 자존심이 상하는 사람, 이건 구제불능입니다. 이런 사람, 어디 가서 평화를 얻겠습니까. 또한 존경 없이 평생을 순종해야 하는 사람입니다. 그래서 간혹 저는 이런 얘기도 해봅니다. 뭐, 지론이랄 것까지는 없습니다. "어떤 사람하고 결혼할까요?" 물으면 "사랑은 뒤에 해도 된다. 그를 존경하는 마음이 없으면 그와 결혼 안하는 게 좋다"하고 말해줍니다. 왜요? 존경하는 마음이 없이 순종한다는 거, 이건 굴욕이거든요. 굴종이라는 것입니다. 존경 없이 한평생을 순종할 수밖에 없는 운명의 사람, 얼마나 비참하겠습니까. 또한 믿음 없이 순종해야 한다는 것, 불행한 일입니다. 믿어지진 않는데 순종해야 합니다. 맹종입니다. 이것은 노예적 맹종이라는 것입니다.

그러면 참으로 행복한 사람은 어떤 사람이겠습니까. 순종하며 자유를 느끼는 사람, 순종하며 행복을 느끼는 사람입니다. 왜요? 나를 순종케 하는 자를 내가 기뻐하니까요. 나를 순종케 하는 자에게 영광을 돌리고 그 영광 속에 내가 함께하니까요. 내가 순종해서 그가 기쁘다면 그 기쁨은 곧 나 자신의 기쁨이다—이렇게 알고 사는 사람은 멋지게 사는 사람입니다. 왜요? 항상 자유하니까요. 항상 행복하니까요. 그런데 요새사람들은 이상하게도 개성시대니 자유주의니 해서 반항을 일삼고 있습니다. 조금이라도 뭔가 순종한다고 하면 자기존재가 아주 없어지는 것처럼 착각을 하고 그렇게 괴로워합니다. 그 체질자체가 문제입니다. 이런 인생은, 이거야말로 다시 중생하지 않으면 그는 행복이라곤 경험할 수가 없을 것입니다. 신학자 본훼퍼의 유명한 말이 있습니다. '믿는 자만이 순종하고 순종하는 자만이 믿게 되는 것이다.' 믿고 순종하면 이제 순종을 따라서 큰 믿음을 얻게 됩니다. 시성 괴테는 이렇게 말합니다. '내 영혼은 순종함에 따라 언제나 정점에 이르러서 점점 더 훌륭한 자유를 찾아 맛보았노라.' 점점 더 훌륭한 자유를 맛보았다—얼마나 소중한 얘기입니까. 그래서 순종과 자유는 이원론적인 것이 아닙니다. 하나로 이어지는 것입니다. 그것을 깨닫는 데까지가 문제인 것입니다.

 순종이라는 말은 히브리말로 '샤마' 입니다. 이 말의 원뜻은 '듣는다' 입니다. 사무엘은 곧 '샤마엘' 입니다. '하나님의 음성을 듣는다'—이것이 사무엘입니다. 샤마—듣는다, 과연 옳은 말입니다. 우리도 '말듣는다' 할 때 청각으로 듣는다는 얘기가 아니지요. 그 말을 들어 순종한다는 뜻입니다. 말 잘듣는다, 안듣는다, 이것이 행동이지 귀로 듣는 것만 말하는 게 아니지 않습니까. 듣는다—참으로 귀중한 말씀입니다. 듣는 마음 듣는 순종 듣는 겸손 듣는 믿음 또 듣는 자세⋯ 아주 중요합니다. 인생을 바로 사는 철학이 여기 있다고 저는 생각합니다. 가만보면 안듣는 사람 정말 있습니다. 아예 안듣기로 작심한 사람이 있습니다. 누구말이라도 들어주면 죽는 줄 압니다. 이런 사람은 구제할 대책이 없습니다. 또한 청각으로 듣기만 하는 사람이 있습니다. 듣고 행동을 하지 않습니다. 예수님께서도 이런 사람을 이렇게 비유해서 말씀하십니다. 두 아들이 있는데 한 아들에게 '너 포도원에 가서 일하라' 하니까 대답은 시원시원하게 '예' 해놓고는 안가는 것입니다. 이건 안들은 것입니다. 그러나 한 아들은 '안가겠습니다' 하곤 뒤에 뉘우치고 갔습니다. 그것도 안간 것입니다. 처음부터 간다고 그러고 가지 중간에 무슨 생각이 났는지 가긴 갔는데, 그것도 아버지에게 합당치 않습니다. 내 생각같아서는 아들이 하나 더 있었으면 좋겠습니다. '예' 하고 선뜻 가는 그런 아들 말입니다. 여러분은 어느 쪽입니까? 듣기만 하는 사람이 있고 형식만 따르는 사람이 있습니다. 가라면 가요. 오라면 와요. 그것뿐입니다. 왜 가는지도 모르고 가서 무엇을 할는지도 모릅니다. 형식만 충족시키는 그런 잘못된 순종이 있습니다. 또하나는 마음은 딴 곳에 있고 딴 목적으로 순종을 하는 것입니다. 순종이 목적이 아니라 자기의 어떤 목적을 달성하기 위해서 순종의 형식을 취하는 것입니다.

다섯 번째로, 참으로 기쁨으로 순종하는 그런 순종이 있다고 생각합니다. 말씀하시니 감사하고 나를 쓸만한 것으로 생각하시니 감사하고 또 말씀 속에 약속이 있으니 감사하고⋯ 여러분, 이 얼마나 중요한 얘기입니까. 순종함으로 자기존재를 찾고 삶의 의미를 찾습니다. 순종하는 자만이 나를 순종케 하는 자의 제자가 됩니다. 또는 그 자녀가 됩니다. 그리고 나를 순종케 하는 자의 능력과 지혜를 내

것으로 삼습니다. 여러분 내가 나대로 생각하고 결정하려고 하면 얼마나 힘이 듭니까. 그러나 그가 결정하고 내가 따라가는 동안에 결국은 그의 결정이 내 결정이 되고 그의 지혜가 내 지혜가 되는 것입니다. 여러분, 근 2년동안 우리예수소망교회의 공개된 비밀이 하나 있는 것 아십니까? 설교본문제목을 내가 택하거든요. 그리고 아들은 순종하는 것입니다. 그래 내가 "이제는 고만하자. 네가 택하라" 해도 그리 안하겠다 합니다. 왜요? 대답이 아주 명답입니다. "아버지 40여년 동안 해오신 노하우로 결정해주시고 그걸 내가 따르니 얼마나 좋습니까. 본문제목 하나 택하는 게 얼마나 힘든 일인데요. 아버지가 해주세요." 그래 가만히 생각해보니 그게 진짜효도인 것입니다. 나는 나대로 그게 좋습니다. 그는 그대로 좋고. 자, 보십시오. 본문제목을 내가 택했거든요. 아들은 따라만 오면 잘 택한 거 되지 않습니까. 오늘본문같은 게 보통본문입니까. 이게 보통제목입니까. 그냥 따라하면 되는 것입니다. 따라하면—이걸 알아야 합니다. 순종하면 나를 순케 한 자의 권세와 능력과 지혜를 다 내것으로 삼는 것이 됩니다. 얼마나 쉬운 길입니까. 얼마나 멋진 생입니까. 얼마나 자유합니까. 그런데 이걸 모르고들 사니 참 답답한 일 아닙니까. 현대젊은이들이 이걸 모른단말입니다.

아리스토텔레스는 옛날 철학자이지만 그는 이렇게 말합니다. '악인은 두려워서 순종하고 선인은 사랑으로 순종한다. 악인은 노예적으로 순종하고 선한 사람은 스승에 대하여 부모님께 대하여 사랑하기 때문에 순종한다.' 성 프란체스코는 제자를 선택할 때 그랬다고 합니다. 시험을 보는데 우리처럼 앉아서 종이에 쓰는 게 아니고 이모저모로 시험을 보아서 제자로 받았습니다. 어떤 날은 배추모종을 합니다. 배추씨를 뿌려서 배추를 작게 키워가지고 다시 옮겨서 넓은 곳으로 옮겨 모종을 하는데 그 일을 시키면서 성 프란체스코가 제자되겠다고 온 사람들에게 '거꾸로 심어라' 했습니다. '뿌리를 하늘로, 줄기를 땅으로 심어' 했습니다. 그런데 많은 사람들이 왔지만 오직 한 사람만이 거꾸로 심었더랍니다. 나머지는 다 '프란체스코가 뭘 착각한 거겠지' 하고 제대로들 심었다는 것입니다. 결국 다 떨어지고, 거꾸로 심으라니 거꾸로 심은 그 사람만이 합격하여 이 수도의 길을 갈 수가 있었다는 것입니다. 며칠전 제가 혼자서 두고두고 웃었습니다. 실수를 하나 했습니다. 대구에서 집회인도를 하고 수요일저녁 집회를 끝내고나니까 9시반 인데 그때 거기를 떠나서 차를 몰고 창원으로 갑니다. 창원가서 자고 그 다음날 아침 10시에 강연을 해야 하기 때문에 아침에 가기보다는 차라리 밤중에 거기 가서 편안히 쉬고 강연을 하리라 생각을 하고 창원으로 갈 참인데, 창원에 있는 제자목사님에게 약도를 보내라고 했더니 약도를 보내왔습니다. 그래 보내온 약도 고것만 딱 보고 차를 몰고 밤길을 가는데 아, 가다보니 좌우간 창원이 있습니다. 창원쪽으로 가야지… 가다보니 창원에 남창원이 있고 남마산이 있더라고요. 그런데 이 약도는 뭐라고 했는가하니 '남마산으로 내려오십시오' 그랬더라고요. 아, 이 사람이 실수했구나. '내가 창원가는 것이니 남창원으로 가야 맞지 남마산이라는 게 말이 되나? 안되지. 이 사람이 글자 잘못 썼구나.' 그러고 남창원으로 갔습니다. 가고봤더니 내가 가려고 하는 곳까지 족히 한 시간을 헤매게 된 것입니다. 밤중에요. 그래 열한 시반이나 되어서야 호텔에 도착했습니다. 아침에 설명을 들어보니 '남마산쪽으로' 오면 바로 고기라는 것입니다. 아니, 남이 제대로 써놓은 걸 내가 왜 실수했다고 합니까. 내가 지금 창원으로 가고 있지만 마산으로 오라면 마산으로 가야지 내 나름대로 판단하고 잘난 척하다가 혼난 것입니다. 제자의 말에도 순종해야 된다, 이 말입니다. 이걸 알아야 합니다.

오늘본문에 사울 왕이라는 사람이 나옵니다. 하나님의 명령을 받았습니다. '말씀을 들으소서. 아말렉을 진멸하소서. 옛날 여리고 성을 칠 때처럼 아주 소와 양까지 남녀노소 할것없이 몽땅 진멸하소서. 왜? 이스라엘이 출애굽할 때 이 사람들이 오는 길을 방해했기 때문입니다. 이제 깨끗이 진멸하소서.' 나가서 싸우려고 했는데 계산해보니 어림도 없습니다. 저쪽은 20만이고 이쪽은 만 명, 이십 분의 일입니다. 그러나 하나님명령이므로 나가서 쳤는데 이겼습니다. 진멸했습니다. 다 진멸했습니다. 그런데 치면서 보니 살찐 소와 양… 아깝거든요. 그래서 소와 양 같은 걸 많이 남겨놓았습니다. 그럴 때 사무엘선지가 와서 '이 양의 울음소리가 왠일이요? 다 진멸했는데 왜 소가 여기 있는 거요?' 합니다. 오늘성경을 자세히 읽어보십시오. '청종하소서.' 사무엘이 말하니까 '청종했습니다'라고 사울이 대답합니다. 청종은 했는데 남겼습니다. 다 진멸하라 했는데 남겼습니다. 우리, 여기서 깨달아야 합니다. 사울의 실수는 형식만 순종했다는 것입니다. 그리고 자기힘으로 이긴 것처럼 기념비를 세웠습니다. 여러분, 기념비 세우는 일 조심해야 합니다. 나는 그래서 기념사업이니뭐니 하는 걸 별로 좋아하지 않습니다. 이번에도 일본여행 하는데 "목사님, 책을 많이 쓰셨는데 기념사업 좀 합시다" 하기에 "노우" 했습니다. 우찌무라 간조 기념관을 가봤습니다. 거기를 나오면서 여러 목사님들이 "아 이거 우찌무라 간조도 이렇게 기념관이 있는데 목사님도 기념관 만듭시다" 하기에 "아서요, 아서. 그거 만들면 나 망합니다. 하나님 하신 일에 웬 기념관 웬 기념비가 있을 수 있어요?"

또한 사울은 탈취에만 급급했습니다. '웬 소와 양이 여기 있습니까?' 하니 '아, 하나님 앞에 제사드리려고…' 거짓말까지 합니다. 제사는 자기것가지고 드려야지 노획물가지고 드릴 건가? 도대체 이 사람 정신 못차리는 사람입니다. 순종은 몸으로 순종하고 마음으로 순종하고 이성 판단도 순종하고 도덕적 판단도 순종해야 합니다. 의심도 순종해야 합니다. 온힘, 나아가서는 운명까지 순종해야 합니다. 순종의 결과는 묻지 마십시오. 이렇게 순종한다면 어떻게 되느냐―내가 알 바 아니요 나를 순종케 한 분이 책임질 것입니다. 이게 순종이라는 것입니다. '그러면 어떻게 됩니까' 라고 묻지 마십시오. 순종해서 순종이 아닙니까. 순종이라는 것은 나를 순종케 한 자에게 내 운명을 다 맡겨버리고 결과를 다 맡겨버리는 것입니다. 그래서 사무엘이 말씀합니다. '왕이 스스로 작게 여길 때 하나님께서 높여 왕이 되게 하셨지만 스스로 크다고 생각하기에 왕되지 못하게 하셨나이다.' 가장 행복한 순간은 온전한 순종 바로 거기에 있는 것입니다. 토레이 박사는 이렇게 말합니다. '권능은 하나님께 속했다. 그런데 그 권능을 받는 오직 한 가지 조건은 절대순종이다.' 우리가 잘아는 아브라함의 믿음이 뭡니까? '오로지 순종' 이었습니다. 이것이 그의 믿음이었습니다. 온마음까지 다 바쳤습니다. 조금도 불평이 없습니다. 온운명까지 다 맡겼기에 조그마한 필요도 없이 그렇게 살아갔습니다.

성도 여러분, 명령을 들으십니까? 진심으로 순종합시다. 침묵도 말씀입니다. 침묵하는 가운데 말씀하십니다. 말씀을 들어 순종합시다. 혹 말씀이 들려오지 않습니까? 너무 오랫동안 있었던 불순종 때문에 귀가 어두워진 것입니다. 순종하시면 더 큰 은혜를 받고 더 큰 말씀을 듣게 되고 그 말씀하시는 속에 내가 흡수돼들어가는 그런 환상의 세계를 경험하게 될 것입니다. 순종이 제사보다 나은 것입니다. △

능력으로 강건하게

이러하므로 내가 하늘과 땅에 있는 각 족속에게 이름을 주신 아버지 앞에 무릎을 꿇고 비노니 그 영광의 풍성을 따라 그의 성령으로 말미암아 너희 속 사람을 능력으로 강건하게 하옵시며 믿음으로 말미암아 그리스도께서 너희 마음에 계시게 하옵시고 너희가 사랑 가운데서 뿌리가 박히고 터가 굳어져서 능히 모든 성도와 함께 지식에 넘치는 그리스도의 사랑을 알아 그 넓이와 길이와 높이와 깊이가 어떠함을 깨달아 하나님의 모든 충만하신 것으로 너희에게 충만하게 하시기를 구하노라

(에베소서 3 : 14 - 19)

능력으로 강건하게

　자기자신이 가장 잘나고 잘생기고 가장 똑똑하다고 생각하는 한 소년이 있었습니다. 잭이라고 하는 이 교만한 소년은 자기가 볼 때 가장 멍청하고 바보같은 친구 하나가 있는 것을 보고 그를 놀리고 골탕먹이는 재미로 살았습니다. 만날 때마다 "야 바보야 그것도 몰라? 이 멍청아!" 입버릇처럼 이러면서 그 친구를 괴롭히고 저 잘난 척하는 그 재미로 사는 잭 소년, 많은 친구들 앞에서 그는 또한번 시위를 했습니다. "너희들 바보가 뭔지 알고 싶으면 다 이리 모여라. 내가 실제로 멍청한 녀석을 보여줄께." 그러고는 아이들 앞에서 땅에다 쇠돈을 몇 개 던졌습니다. 니켈로 만든 미국돈 5전짜리와 은으로 만든 10전짜리였습니다. 10전짜리는 다임이라고해서 은전입니다. 그건 작습니다. 5전짜리는 크고 10전짜리는 작습니다. 잭은 이렇게 10전짜리 5전짜리를 죽 늘어놓고 어빈이라고 하는 이 멍청한 아이에게 "네 마음대로 가지고 싶은대로 가져라" 했습니다. "네가 집는 것은 네거다" 했것다, 어빈은 한참동안 물끄러미 그것들을 살펴보다가 다임이라고 하는 10전짜리는 놔두고 5전짜리 니켈을 다 주웠습니다. 어빈이 이렇게 집는 순간 교만한 잭은 이렇게 말합니다. "네가 집은 건 네거야. 가져가." 어빈은 알았다, 고맙다, 하고 가져갑니다. 잭은 많은 친구들 앞에서 흥을 봅니다. "저 멍청한 게 10전인지 5전인지도 모르고 그저 크게 보이는 것만 가지고 가잖니. 저거 얼마나 한심한 인간이야?" 다들 웃고 재미있어했습니다. 멀리서 이 장면을 보던 어른이 혀를 찼습니다. 멍청하다해서 남을 이렇게 괴롭히면 안되지 않습니까. 어른은 어빈에게 다가가서 "얘야, 네가 가진 5전은 크게 보이지만 그건 어디까지나 5전짜리고 저 작은 건 은전인데 그건 10전짜리야. 너는 오늘 아주 손해봤다. 아 곱배기로 더 가질 수 있는 건데 왜 5전짜리만 집었느냐?" 하고 말했습니다. 그랬더니 이 어빈 하는 소리가 이랬습니다. "누가 그걸 모르나요? 하지만 내가 10전짜리 다음을 집으면 이다음부터는 내 앞에 동전을 내놓지 않을 거 아녜요? 저 친구는 내 앞에 동전을 내놓고 내가 멍청한 것처럼 5전짜리를 줍는 거 보면서 즐기고 있잖아요. 그래 마음껏 즐기라고 내가 바보짓을 한 거죠. 내가 이렇게 바보짓을 해서요, 벌써 1불을 모아놨어요." 잭과 어빈, 누가 똑똑한 것입니까? 잭이라는 녀석은 괜히 제가 잘난 척하지만 이 녀석이야말로 진짜바보요 어빈은 바보라고 놀림받고는 있으나 속이 꽉찬 녀석입니다. 누가 뭐래도 나는 나대로 생각을 가지고 있는 지혜로운 소년이었다, 하는 말씀입니다.

「뉴스위크」에 이런 글이 있었습니다. 'A Nation of the Quick and the Dead Tired' 라는 제목의 글입니다. 나라 전체가 '더 빨리 더 빨리' 를 추구하다가 지쳐서 죽어가고 있다 하는 제목입니다. 여러분, 지금 우리는 큰 것을 찾는다고 하면서 중요한 것을 잃어버리고 있습니다. 많은 것을 얻는다고 하다가 생명까지 잃어버립니다. 가치관에 큰 문제가 있습니다. 보십시오. 미국사람들, 이 「뉴스위크」의 보고에 의하면 86%가 만성 스트레스라고 하는 병에 시달리고 있다는 것입니다. 적어도 네 명 중 하나는 스트레스로 인해서 서서히 죽어가고 있다는 것입니다. 몸만이 그런 게 아닙니다. 마음만도 아닙니다. 영혼이 죽어가고 있으며 모든 인간관계, 사회까지도 함께 죽어가고 있다—이렇게 말하고 있습니다. 특별히 질병의 40%가 스트레스로 인해서 온다고 스트레스 전문가인 로버트 앤더슨은 말하고 있습니다.

아마도 지금은 90%가 스트레스관련 질병일 거라고 말합니다. 여러분, 우리는 무엇을 얻고 무엇을 잃었습니까. 계속 이렇게 죽어가고 있으면서도 죽는 줄 모르고 병들고 있으면서도 병드는 줄 모릅니다. 만성질병에 계속 시달리고 있는 것입니다. 언제까지입니까.

오늘성경은 말씀합니다. "속사람을 능력으로 강건하게 하옵시며…" 사도 바울의 위대한 기도입니다. 에베소서에만도 바울의 기도가 세 번 나옵니다. 그 중 대표적인 기도입니다. '하나님이여, 속사람을 강건하게 해주세요.' 이것은 정치적인 기도도 아니고 경제적인 문제도 아닙니다. 환경을 바꾸어달라는 그런 기도가 아닙니다. '속사람을 강건하게 해주세요.' 왜요? 이것이 최우선적이고 가장 근본적인 것이기 때문입니다. 겉사람을 강건하게 해서 속사람을 강건하게 만들 수가 없습니다. 이것을 알아야 합니다. 제가 이름은 대지 않겠습니다만 여러분도 알 법한 어느 분이 건강을 위해서 운동을 했습니다. 정구를 쳤습니다. 나에게 자랑도 했습니다. "내가 이렇게 정구를 잘합니다. 젊은사람들하고 어울려도 뒤지지 않습니다. 이렇듯 건강합니다." 내게 자랑한 며칠 뒤 그는 정구치다가 죽었습니다. 그날 따라 정구가 잘 안되어서 자기친구한테 계속 졌습니다. 계속 지니까 한번 더 한번 더 하고 얼굴이 노래지는데도 불구하고 억지부리다가 죽은 것입니다. 보십시오. 육체적으로는 건강한 것같으나 속사람이 형편없습니다. 지면 어떻고 이기면 어떻습니까. 요새 유행어가 하나 있지요. "까짓 대충대충…" 이거 가만히 생각해보니 꽤나 중요한 진리입니다. 대충 사십시오. '그깟 대충' 하십시오. 뭘 이기겠다고 기를 씁니까. 한번 이기면 뭘합니까. 내일도 기회가 있는데 뭘 그렇게 '한번 더' 하다가 죽느냐 말입니다. 내 아는 사람만 해도 그런 식으로 여러 사람 죽었습니다. 한심한 사람들입니다. 육체의 건강은 챙기면서 속사람은 텅비었더라고요. 아무것도 아닌 것입니다. '속사람을 강건하게' ─ 이걸 잊지 말아야 합니다. 내적 존재가 건강해야 된다, 그 말씀입니다. 내면에 인간의 충실이 있어야 됩니다. 실례지만 왜 시각장애자 보고 시각장애자라고 말하면 화내지 않습니까. 무식한 사람 보고 무식하다고 말하면 싸우자고 대듭니다. 그러나 유식한 사람 보고 '에이 이 멍청한 것' 하고 말해도 절대로 화를 안냅니다. 왜요? '네가 나를 모르는구나' 그러면 그만이 아닙니까. 무식하다고 말할 때 화내는 사람은 다 무식한 사람입니다. 아시겠습니까? 이걸 알아야 합니다. 속이 꽉차고보면 "그까짓것 대충 하지 뭘 시비하겠는가, 하찮은 일에"하고 나옵니다. 별일도 아닌 것에 뭘 화까지 내고 운명까지 걸고 명예가 어떻고 가문이 어떻고 하는 것입니다. 정말 멍청합니다. 사람이 이렇듯 못돼먹었습니다. 형편없습니다.

최근의 신간에 린다 윌로우라고 하는 분의 「Calm My Anxious Heart」라고 하는 베스트 셀러가 있습니다. 우리말로는 간단하게 「만족」이라 했습니다. 문제는 풍요의식 결여입니다. 만족감의 문제입니다. 만족이 아니라 만족감, 만족하게 느끼느냐의 문제이지 만족이란 없는 것입니다. 만족을 느끼는 지혜와 기술이 있어야 됩니다. 자, 우리가 풍요를 느끼지 못하는 이유가 어디 있습니까. 첫째는 탐욕 때문입니다. 끝없는 탐욕 때문입니다. 얼마나 더 가지면 되겠습니까? 끝도 없는 것입니다. 둘째는 잘못된 관점 때문입니다. 관점, insight, 어떻게 보느냐가 문제입니다. 나는 나 나름의 가치관을 가지고 있어야 합니다. 이걸 절대적 가치, 창조적 가치라고 합니다. 나 나름의 충실한 가치관이 있어야 합니다. 그런고로 다른 사람하고 비교하지 말 것입니다. 요새 우리사회에 유행하고 있는 유명한 책이 있습니다. 「Blue Ocean」입니다. 「블루 오션 전략」이라는 책입니다. 요새 이 책을 못봤다고 하면 무식하다고 웃을 정도입니다. 그만큼 유명합니다. 제가 한번 이걸 정식으로 잘 읽어봤습니다. 간단하게 말해서 이거 별것 아닙니다. 모방하지 말고 경쟁하지 말라 하는 것입니다. '남 한다고 따라가지 마라. 너는 너고 저는 저다.' 또 경쟁하지 말라는 것입니다. 적어도 이 책을 읽은 사람이라면 그간 흔히 많이 듣던 말 경쟁력강화, 누가 말하든지 그거 말하는 사람은 무식한 사람입니다. 왜 그렇겠습니까. 경쟁하면 다 죽으니까 그렇습니다. 경쟁하면 너 죽고 나 죽고 다 죽는 것입니다. 안될 일이라는 것입니다. 그런고로 '가치창조를 통해서 모방을 하지 마라' 합니다. 여러분 다 보지 않습니까. 남 사업 한다고 그거 따라 하다가 망합니다. 얼마나 부끄럽습니까. 미국사회에서 어느 동네에 우리 교포사회 한국사람 하나가 장사하러 왔다 하면, 가령 세탁소를 한다 하면 그 동네사람들 다 걱정을 합니다. '아이고 우린 다 망했다.' 왜요? '저 한국사람들은 부지런하니까, 우린 6시에 문닫는데 저 사람들은 10시까지 일하니까, 새벽부터 밤까지 일하니까 우린 도저히 저 사람들 상대가 못된다. 우리 가겐 다 망했다.' 그런다고 합니다. 이제 그 옆에 한국사람 하나가 또 들어왔습니다. 그러면 이런답니다. '됐다, 이제는.' 왜요? "저 인간들 저희끼리 경쟁하다가 둘 다 망할 거니까." 어쩌다가 이런 민족이 됐습니까. 여러분, 이건 상식입니다. 남 잘된다고 하면 꼭 그 옆에다가 똑같은 것 또 만들거든요. 모방, 이건 나 죽고 남 죽이고 다 망하는 짓입니다. 그런고로 모방? 안됩니다. 경쟁? 안됩니다. 자, 이 블루 오션 챌린지가 얼마나 중요합니까. 적어도 이 책을 읽고는 경쟁력이라는 말을 쓰면 안됩니다. 그런 말 쓰면 바보입니다. 다 망하는 일이니까요. 나 나름의 가치관이 있습니다. 나만이 할 수 있는 일이 있습니다. 세계는 넓습니다. 남 죽여서 나 사는 Red Ocean이 아니고 Blue Ocean입니다. 피바다가 아니고 푸른 바다입니다. 우리는 그런고로 생각해야 합니다. 비교하지 말아야 합니다. 비교하면 처참해집니다. 아니, 비교하면 교만해집니다. 교만해지든지 절망하든지 둘 중의 하나입니다. 비교하지 마십시오. 특별히 요새는 참 이상해졌습니다. 옛날에는 남자 여자는 잘 비교 안했거든요. 이거는 남자가 할 것, 이거는 여자가 할 것… 그랬잖습니까. 요새는 이게 뒤틀려서 남녀간에도 비교를 합니다. 남자를 두고도 설겆이 잘하느냐 못하느냐? 허 참! 아니, 그게 왜 남자의 문제입니까. 요새는 이것도 경쟁이라고 합니다. 밥을 누가 더 잘하느냐? 경쟁해보십시오. 다 비참해집니다. 경쟁과 비교, 이건 사람을 죽이는 것입니다. 셋째는 쓸데없는 염려 때문입니다. 사소한 일에 목숨을 걸지 마십시오. 「사소한 일에 목숨을 걸지 마라」라는 책도 있지요. 정말입니다. 그야말로 '그까짓것' 해버리십시오. 끝없는 근심걱정, 해보나마나입니다. 왜? 이성을 잃었거든요. 이성적으로 생각하면 이 근심은 아무 소용 없다는 걸 압니다. 내게도 소용없고 일도 안되고 더 나빠지고 건강도 잃어버리고… 아, 누가 그걸 모르나요? 그건 이성이 살았을 때 또 속사람이 건강할 때의 얘기이지 속사람이 병들면 뭐가 다르냐? 쓸데없는 걱정을 하거든요. 정말로 백퍼센스 쓸데없는 것입니다. 백해무익입니다. 그런데도 열심히 걱정하는 것입니다. 그렇지 않습니까? 이 얼마나 어리석은 노릇입니까. 특별히 요새 보니 자식들 군대 내보내놓고 또 걱정을 합니다. 유학보내놓고 잠을 못자는 어머니도 있습니다. 아 그럼 안보내면 될 거 아닙니까. 이게 무슨 짓입니까. 이런 모든 염려가 속사람을 병들게 합니다.

　그래 오늘성경은 우리에게 귀중한 진리를 말씀합니다. 속사람이 어떻게 건강해질 수 있느냐? 오직 성령으로입니다. 이건 물질로 되는 게 아닙니다. 이건 땅에서 되는 게 아닙니다. 위로부터의 신비로운 역사로써입니다. 예수님 말씀하십니다. '바람이 임의로 불매 어디로 왔다 어디로 가는지 모른다. 성령의 임함은 이와 같으니라.' 신비롭게 신비롭게 하늘로부터 오는 성령의 역사만이 속사람을 강건하게 할 수 있습니다. 성령은 자유의 영입니다. 죄와 사망으로부터 우리를 자유케 합니다. 성령은 우리가 하나님의 자녀됨을 확증해줍니다. '어떤 경우에도 너는 내 아들이다. 너는 내 딸이다. 내 사랑하는 아들이요 내 사랑하는 딸이다' 라고 성령은 계속 일깨워줍니다. 이제 또한 사죄를 믿게 해줍니다. '네 죄 사함받았느니라.' 그런고로 과거로부터 벗어나 중생케 하고 성화케 하는 신비로운 역사… 다시 말합니다. 신비로운 역사로 인하여 속사람은 강건해지는 것입니다. 보십시오. 베드로라는 사람, 결정적인 순간에 예수님을 세 번이나 모른다고 부인했습니다. 부끄럽기 그지없는 사람입니다. 숫제 얼굴을 들 수 없습니다. 그러나 그렇게 예수님 부인한 지 불과 며칠도 안됐는데 3000명 앞에서 회개를 외치고 설교를 합니다. 그가 과거에 매였다면 이게 할 수 있는 일입니까. 저는 이런 생각도 해보았습니다. 그때 뒤에 있던 사람이 무슨 말 했을까? '저 사람이 며칠전에 도망갔다며? 저 사람이 예수님을 세 번이나 모른다고 했다며? 그 사람 참 뻔뻔하구만. 어디서 저렇게 소리를 지르는 거야?' 그것이 성령입니다. 베드로는 그리 할 수 없습니다. 그러나 성령은 합니다. 자, 성전

미문에서 앉은뱅이를 일으킵니다. 벌떡 일어날 때 그는 성령이 충만하게 됩니다. '주님께서 나와 함께 계시다. 부활하신 주님께서 나와 함께 계시다. 오늘 나를 통해서 역사하신다' 할 때 그는 엄청난 영적 능력의 사람이 됐습니다. 이 사실을 절대로 잊지 말 것입니다. 그리고 오늘 다시 말합니다. 성령 안에서 그리스도의 사랑을 알아야 합니다. 그리스도의 사랑을 알 때 속사람이 건강해집니다. 아가페의 사랑을 재확인하면서 건강해집니다. 오직 사랑으로만 건강해집니다. 슈바이처 박사는 유명한 말을 했습니다. '사람의 가치는 그가 지닌 사랑에 있다. 그 사랑의 가치는 그 사랑으로 인한 희생에 있다. 그 희생의 가치는 그 희생 안에서 얼마나 기쁨을 느끼느냐에 있다.' 여러분, 그리스도의 사랑을 알 때 내 속사람이 강건해집니다. 여기서 약속을 바라보게 됩니다. 미래가 보입니다. 약속의 땅이 보입니다. 그런고로 나는 소중하고 현실은 소중합니다. 저 약속의 땅을 향해서 가는 프로세스, 과정이기 때문입니다.

여러분, 영적으로 건강해야 마음이 건강합니다. 마음이 건강해야 육체도 건강합니다. 육체가 건강해야 가정과 사회생활도 건강해집니다. 문제는 영입니다. 속사람입니다. 속사람은 세상것으로 인해서 돈으로 인해서 출세로 인해서 사람들의 칭찬으로 지지로 인해서 건강해질 수 없습니다. 이것은 하나님께서 인정하셔야 합니다. 하늘로부터 주시는 축복만이 속사람을 강건하게 할 수 있습니다. 이걸 잊지 말아야 합니다. 하나님과 나와의 관계가 그리스도 안에서 새로워질 때, '십자가 외에는 내가 알지 아니하기로 작정했노라' 하는 사도 바울의 말씀대로 십자가를 중심할 때 강건한 사람이 되고 십자가를 잃어버릴 때 나는 두렵고 떨게 됩니다. 고린도전서 2장에서 사도 바울은 그렇게 말씀하고 있습니다. 여러분, 여러분의 건강을 한번 진단해봅시다. 영적 건강을 진단해봅시다. 거울을 보고 자신에게 물어봅시다. 성경을 보며 물어봅시다. 기도하면서 물어봅시다. 과연 나는 건강한 것입니까? 그리스도의 사랑으로 충만해 있습니까? 하나님께서 나를 사랑하시는 것이 확실합니까? 시간시간 내가 만나는 경험 속에서 순간순간 감사하고 있습니까? 겸손한 자가 감사하고 감사하는 사람에게는 마귀도 시험을 걸지 못합니다. 영적으로 건강할 때, 사랑 안에서 건강할 때에야 이제 요새 말하는바 '웰빙' 역사는 이루어지게 될 것입니다. △

그 능력을 알아보리라

어떤이들은 내가 너희에게 나아가지 아니할 것같이 스스로 교만하여졌으나 그러나 주께서 허락하시면 내가 너희에게 속히 나아가서 교만한 자의 말을 알아 볼 것이 아니라 오직 그 능력을 알아 보겠노니 하나님의 나라는 말에 있지 아니하고 오직 능력에 있음이라 너희가 무엇을 원하느냐 내가 매를 가지고 너희에게 나아가랴 사랑과 온유한 마음으로 나아가랴

(고린도전서 4 : 18 - 21)

그 능력을 알아보리라

　삼민주의를 제창했던 손문 선생의 글에는 인생을 세 종류로 구분하고 있습니다. 첫째유형은 선지선각자입니다. 먼저 알고 먼저 깨닫는 사람입니다. 인간의 인간다움은 경험 이전에 알아야 한다는 데 있습니다. 다 지난 다음에 아는 것은 인간답지 못합니다. 공부를 한다는 게 뭡니까. 내버려둬도 언젠가는 다 경험하게 되겠지만 경험하게 되기 전에 먼저 알아야 되겠기 때문입니다. 가끔 결혼생활이 힘들다고 제게 찾아오기도 하고 전화를 하는 분들이 있습니다. 얘기를 듣다듣다 저는 이렇게 질문을 할 때가 있습니다. "결혼을 어떤 것이라고 알고 했는가?" 물어봤더니 하나같이 대답하는 말이 그것을 모르겠다는 것입니다. 결혼이 뭔지 남자가 뭔지 여자가 뭔지 전혀 생각한 바가 없이 그냥 결혼한 것입니다. 그냥 부딪친 것입니다. 그러니 인간답지 못하지요. 둘째유형은 후지후각자입니다. 언제나 부딪친 다음에야 깨닫습니다. 그저 지나간 다음 다 망가지고 그랬으면 좋았을 걸 항상 뒤에가서 깨닫고 뒤에가서 후회하고, 그런 후회와 뉘우침으로 그렇게그렇게 인생을 살아가는 것입니다. 셋째유형은 부지불각자입니다. 알지도 깨닫지도 못합니다. 먼저도 후에도 깨달음은 없습니다. 그저 살다가 갑니다. 도대체 생각없이 살다가 생각없이 죽습니다. 이런 사람을 우리는 인간적인 인간이라 말할 수가 없습니다. 굳이 명명한다면 '동물적 인간이다' 라고 하겠습니다.
　예일대학교 교수 로버트 J. 스턴버그(Robert J. Sturnburg)의 「Successful Intelligence」라고 하는 유명한 저서가 있습니다. 그 속에서 그는 '성공을 위한 성공지능' 이라는 말을 합니다. 우리가 흔히 지능지수니 감성지수니 의지지수니 행복지수니 하는 말들을 하는데 이 사람은 성공지수라는 말을 합니다. 도대체 성공가능성, 그 지수가 어디에 기준되느냐 하는 것입니다. 그 첫째가 뭐냐하면 부정적인 기대치에 도전하는 사람이어야 한다는 것입니다. 다른 사람들이 내게 좋은 말을 잘 해주지 않습니다. 좋은 기대치가 없습니다. 여러 가지 이유에서 그렇지만 대체로 보면 그 중에서 가장 무서운 것은 생존경쟁이라고 하는 경쟁의식 때문이고, 그보다 더 추하고 못된 것은 질투 때문입니다. 다들 아시는대로 남들이 나에 대해서 또 성공하려는 사람에 대해서 좋은 말은 해주지 않습니다. 좋은 말 해주리라고 기대하지 마십시오. 내 어머니가 잘해줄까? 잘 안해줍니다. 좋은 말 해주지 않습니다. 그렇다면 성공지수란 어디 있느냐? 부정적인 기대치에 도전하는 마음이 있어야 됩니다. 그러면 환경을 탓하지 않습니다. 그러면 '다른 사람들이 나에 대해서 뭐라 하느냐?'에, 그 나쁜 부정적 비판에 대해 신경을 쓰지 않습니다. 그래야 성공하는 것이지 이 사람이 이렇게 말한다고 이래 생각하고 저 사람이 저렇게 말한다고 저래 하고… 이런 사람에게는 아무것도 기대할 것이 없습니다. 성공지수는 바로 여기에 있다는 것입니다. 두 번째는 장애물을 예상하고, 그리고 반드시 장애물은 있는 것이니 그 있는 장애물을 극복하고 장애를 성공의 기회로 삼는 사람이어야 합니다. 이런 사람만이 성공을 할 수 있습니다. 장애물을 만나 쓰러지는 게 아니라 장애물을 역동적으로 내게 주어지는 좋은 기회로 아는 그 사람이 성공지수가 높은 사람입니다. 예전에 제가 소망교회에서 목회할 때 예배당을 짓는데 아, 방해가 많더라고요. 아니, 예배당짓는데 왜 방해를 할까? 이유는 간단했습니다. 도대체가 교회가 커지는 걸 싫어하는 것입니다. 커지면 복잡해진다는 것입니다. 주차장도 모자라고 또 뭐가 어떻고 어떻고… 그래서 교회성장을 정면적으로 반대하는데, 이 안되겠습디다. 그래 제가 어느날 설교할 때 이런 말을 한마디 해가지고 전국적으로 유명해졌습니다. 여러분 다 잊어버렸을 것입니다. '개는 짖어도 기차는 간다' 한 것입니다. 아, 내가 생각해도 이 말 신통했습니다. 어떻게 그런 생각을 했을까? '개는 짖어도 기차는 간다.' 아니나다를까 예배당짓는 거 반대했던 한 분이 날 찾아와서는 "왜 나더러 개라 하는 거요?" 하고 항의를 합니다. 나는 "당신 보고 개라고 한 일 없소. 나는 개 보고 개라고 했소." 사람이 돼서 기차에 올라타지 왜 개가 돼서 앞에서 짖을 생각을 하느냐—그렇게 묵살해버렸습니다. 말 안되는 말은 듣지 말고 말같지 않은 말에는 신경쓸 필요가 없습니다. '개는 짖어도 기차는 간다.' 이 말이 전국적으로 소문나서 만나는 사람마다 "아, 목사님이 그런 말을?" 하고 나옵니다. "아, 그거 내가 지은 말은 아니오. 옛날 우리아버지한테 들은 말같은데… 그러나 좌우간 이 상황이 그렇소." 여러분, 개 짖는다고 기차 안가는 거 봤습니까? 적어도 이만한 마음이 있어야 성공할 수 있는 것입니다. 성공지수가 거기 있습니다. 또하나는 자신의 능력을 신뢰하는 사람이어야 합니다. 내가 나를 믿지 않는다면 누가 나를 믿겠습니까. 누가 나를 향하여 '너는 할 수 있다'라고 말할 수 있는 사람이라야 합니다. 내가 나를 향해서 거울을 향해서 '야, 이 형편없는 놈아, 너는 한심하다. 다 망가졌다' 한다면 끝난 것입니다. 우리가 그리스도 안에서 하나님의 큰 은총 안에 있는 나를 생각합니다. '너는 할 수 있다.' 그 사람이 할 수 있는 사람입니다.

최근신간에 재미있는 책이 나왔습니다. 사업하시는 분들은 꼭 한번 읽었으면 하는, 권하고 싶은 책입니다. 「Leadership Virus」라고 하는 책입니다. 세 명의 교수가 공동으로 쓴 것인데, 소위 좀 성공한 사람들, 리더십을 가진 사람들에게 바이러스가 있다 하는 내용입니다. 바이러스와 박테리아는 다른 것입니다. 병균하고 바이러스는 다릅니다. 박테리아는 현미경으로 볼 수 있습니다. 그런데 바이러스는 의식할 수도 없고 볼 수도 없습니다. 다만 그 결과만 압니다. 감기가 왜 무섭습니까. 감기는 바이러스거든요. 그러므로 감기가 어떤 감기냐를 알려면 적어도 일주일을 조사해야 합니다. 병균을 키워가지고 저항력이 생기는 걸 보아서야 본색을 알 수 있습니다. 그 자체는 볼 수가 없습니다. 현미경으로도 못봅니다. 그런데 정신의 세계와 물질의 세계 사이에 바이러스가 있다고까지 말합니다. 무슨 말인고하니 안보인다, 그 말입니다. 의식하지 못합니다. 자기도 모르는 사이에 들어옵니다. 내가 언제 감기들었는지 모르게 걸리는 것처럼 말입니다. 또 언제 내가 암에 걸렸는지 모르게 걸리는 것처럼 이 바이러스라고 하는 것은 무서운 것인데, 소위 성공한 사람들, 정치 경제 문화 모든 면에서 좀 성공했다 할 때 이 바이러스가 옳거니하고 찾아오는 것입니다. 자기도모르게 이 병에 걸립니다. 이제 그 진단 다 이야기 하고 싶지 않습니다마는 그게 그렇습니다. 부하직원들을 의심하기 시작하는 것입니다. 이거 병입니다. 또 귀에 좋은 말만 듣고 약이 될 달갑잖은 말은 안들으려고 합니다. 인기에 대해서 신경을 쓰기 시작합니다. 감정에 기복이 생깁니다. 그게 심해집니다. 척 보면 다 안다고 하는 교만이 듭니다. '내가 곧 회사다' 라는 착각을 합니다. 자기 자신에 대한 환상에 빠져버리고 마침내 고집을 부립니다. 이게 바이러스입니다. 이렇게 되면 망합니다. 이 중에서 두 가지를 강조하고 싶습니다. 하나는, 척 보면 다 안다는 것입니다. 자기가 다 안다는 것입니다. 다 안다면 끝났지요. 이제 새로운 지식은 들어올 수가 없습니다. 새로운 생각은 그 속에 없습니다. 난 다 안다, 다 경험했다 ― 요샛말마따나 잘난 척하는데, 그게 바이러스입니다. 이래서 망가지기 시작합니다. 그래서 고집이 생깁니다. 자, 어떻습니까? 몰라진다는 것입니다. 이제부터는 모르는 것입니다. 알 수가 없어집니다. 그래서 기어이 형편없는, 있을 수 없는 실수를 저지릅니다. 왜? 자기는 다 할 수 있다고 생각했거든요. 자기는 다 안다고 생각했었거든요. 이것이 모르게 찾아오는 의식보다 더 깊은 무의식 속에서 찾아오는 바이러스다, 여기서 망가지는 것이다 ― 이 책은 그렇게 말하고 있습니다.

사도 바울은 고린도교회를 뒤흔드는 분파주의, 잘못된 지도자들을 지적하는 메시지를 보내고 있습니다. 고린도전서 그 속에서 오늘 주는 핵심되는 메시지입니다. 보십시오. '오직 그 능력을 알아보리라.' 말이 아니라 능력을 알아보리라 ― 무슨 말씀입니까. 나는 너희들과 말씨름하지 않겠다, 그 말씀입니다. 여러분, 말하는 사람에게 말로 대항하는 것처럼 어리석은 짓이 없습니다. 그만합시다. 말로 문제를 해결하려고 하는 거, 그거 안됩니다. 가끔 부부싸움 하는 분들도 보십시오. 부부싸움 말로 끝나는 거 봤습니까? "내 말 좀 들어봐. 고만하고 내 말 좀 들어봐." 서로가 자기소리만 하다가 터지는 것입니다. 그렇게 문제될만한 것이 있거든 당분간이라도 말 좀 그만두십시오. 말을 멈추고 아예 생각도 멈춰요. 그러고 얼마간을 지나가는 가운데서 문제의 해결을 볼 수가 있는 것입니다. 말에서 말로, 말로 끝을 보려고듭니다. 이론에 반론 없는 이론이 없습니다. 토론을 하면 할수록 결론이 나오는 게 아니라 점점 더 의심이 많아집니다. 아시겠습니까? 공부라는 것은 더욱 그렇습니다. 가끔 어느 대학에 가서 설교를 하고나면 이런 얘기를 합니다. 목사님, 성경에 이러저러한 얘기가 있는데 목사님은 그거 어떻게 생각하십니까? — "나 그거 모르겠는데" 하면 "목사님은 그것도 몰라요?" "아, 모르지." "목사님은 그럼 의심이 없습니까?" "학생 잘들어. 자네보다 내가 더 의심이 많아. 알았나? 왜? 공부를 더 많이 했으니까." 공부를 많이 할수록 의심은 더 많아지게 돼 있지 공부를 많이 했으니 생각이 깨끗해지고 확신이 생긴다? 그건 거짓말입니다. 아니그렇습니까? 말에서 말로… 끝도 없는 것입니다. 그래서 오늘성경은 아주 중요한 대답을 합니다. '하나님의 나라는 말에 있지 아니하고 오직 능력에 있느니라. 그런고로 나는 능력을 알아보리라.' 뒤나미스를 알아보리라 — 파워, 파워… '말싸움하지 않겠다. 끝없는 말싸움 안하고 다만 행동을 보자. 능력을 알아보리라.' 말이란 추상적인 것입니다. 끝없는 토론, 토론에서 의심이 더 많아지는 법입니다. 말은 지식을 만들고 지식은 교만하게 만듭니다. 교만하고 자기상실에 빠지고 다른 사람을 정죄하게 되고 결국에는 분쟁하게 됩니다. 고린도교회를 보니 어떤 사람은 현재의 목회자인 아볼로 편이라고 '난 아볼로파다. 나 아볼로 통해서 예수믿는 사람이다" 하고 다른 사람은 '나는 바울파다. 나는 너보다 먼저 믿었다. 나는 바울 선생님이 여기 오셨을 때 예수믿게 된 사람이야, 내가…' 이렇게 자랑을 하고 또다른 사람은 '무슨 소리야? 나는 저 예루살렘에 가서 베드로 만나고 예수믿게 된 사람이다. 나는 게바파다' 하고 또다른 사람은 '베드로가지고 되냐? 나는 예수님을 본 사람이다. 나는 예수파다' 이러고 나오는 것입니다. 보십시오. 이 소리들 속에서 어찌 결론이 나겠습니까. 누가 더 잘믿는 것입니까? 누가 더 바른 신앙의 사람입니까? 이제 할 수 있는 말은 딱 한마디, 사도 바울의 명언입니다. "능력을 알아보리라." 그래 어떻다는 얘기냐? 오래 믿고 있다고 어떻다는 얘기냐? 네가 예수를 만나보았으니 어떻다는 말이냐, 지금? 자, 오늘 네가 가진 능력이 뭐냐? So what? 아주 중요한 얘기 아닙니까.

"능력을 알아보리라." 성경공부 많이 했어요. 그래, 능력을 알아보리라. 기도생활 많이 했어요. 그래, 네게 있는 능력이 뭐냐? 사도 바울이 참 귀중한 말씀을 합니다. "능력을 알아보리라." 능력은 행동입니다. 능력은 믿음에서 나는 헌신입니다. 아브라함은 하나님을 믿었습니다. 그런고로 고향을 떠났고 그런고로 순종했고 그런고로 아들을 하나님께 바쳤습니다. 오로지 순종이라고 하는 능력의 길을 갔습니다. '하나님나라는 말에 있지 않다. 오직 능력에 있다.' 예수님 이땅에 오신 것, 인카네이션, 말씀이 육신이 되어 이땅에 오신 것 그 자체가 행동입니다. 오셨고 사람이 되셨고 십자가에 죽으셨습니다. 크나큰 능력입니다. 예수님 평소에 아주 복잡한 문제가 많았습니다. 자, 병을 고치려고드니까 뭐가 어쩌고저쩌고⋯ 또 병고치는데 안식일이냐 아니냐, 따지고들어갑니다. 그러나 예수님께서 밀어붙이셨습니다. '안식일에 사람을 살리겠느냐 죽이겠느냐?' '하나님께서 일하시니 나도 일한다.' 그들의 끝없는 안식일토론을 물리치시고 밀어붙이심으로 안식일에 병자를 고치신 연후에 오는 많은 핍박을 그대로 감수하시는 그 예수님의 권세있는 모습을 보십시오. 능력은 믿음이요 또 능력으로 행하게 되면 겸손해집니다. 권능이 있는 자는 용서할 수 있습니다. 능력이 있는 사람은 관용합니다. 여유가 생깁니다.

힘의 여유가 있을 때 모든 사람을 여유있게 이해할 수도 있고 현재가 아닌 저 앞을 바라보면서 온유와 겸손의 마음으로 사람을 포용할 수 있게 되는 것입니다. 마태복음 11장에 보면 예수님 말씀하십니다. '내 멍에를 메고 내게 배우라. 내가 메고 가는 멍에를 너도 같이 메고 행동 속에서 배우라. 말로 배우는 게 아니라 사건 속에서 행동 속에서 배우라.'

1997년 9월 5일 테레사 수녀가 하나님의 부르심을 받아 세상을 떠나게 됩니다. 그를 존경하던 많은 사람들, 세계의 언론들이 그분의 생전에 한 말들을 모아서 어록집을 내기도 했습니다. 그분의 대표적인 말 한두 마디만 인용하고 싶습니다. '진정한 사랑은 이것저것 재지 않습니다. 그저 줄 뿐입니다. 아플 때까지 줄 뿐입니다.' '기도하면 믿게 될 것입니다. 믿으면 사랑하게 될 것입니다. 사랑하면 섬기게 될 것입니다.' 테레사 수녀의 간단한 어록이요 신앙고백입니다. '나는 모든 인간에게서 하나님을 봅니다. 내가 나환자의 상처를 씻을 때 예수님을 돌보는 듯한 느낌을 갖습니다.' 어찌 아름다운 경험이 아니겠습니까. 행동할 때 헌신할 때 그 속에서 그리스도를 만나고 하나님의 음성을 들었습니다. 책상머리에 앉아가지고 된 게 아니고 토론하면서 된 게 아니고 가르치고 배워서 된 게 아닙니다. 행동하며 희생하며 능력으로 행할 때 그 속에서 더 깊디깊은 경험을 하게 됐다고 말합니다.

고린도교회는 말로써 분쟁하고 있었습니다. 해결의 길은 오직 하나, 능력뿐입니다. 아우구스티누스의 유명한 말이 있습니다. '에포케'라는 말입니다. 판단중지라는 말입니다. 이럴까 저럴까 저럴까 이럴까 머리를 아무리 굴려봐도 이것으로는 해결나지 않습니다. '판단중지.' 그리고 행동으로 밀어붙일 때 능력 속에서 한 가지 두 가지 깨닫게 됩니다. 가만히 보니 그런 것이 많이 보입니다. 결혼이 뭘까? 사랑이 뭘까? 그거 생각굴리다가 노처녀돼가지고 늙더라고요. 그냥 결혼하십시오. 살다보면 알 것입니다. 희생도 하고 참기도 하고 수고도 하고 부부싸움도 좀 하고 그러다보면 이제 '이것이 사랑이다' 하게 될 것입니다. 자식을 낳아 키우면서 '이것이 행복이다'라고 이제서 뭔가 알 것같게 됩니다. 행동과 사랑과 섬김과 희생… 이제 "그 능력을 알아보리라." 오직 능력, 말씀은 능력입니다. 성령의 능력, 나를 이기고 세상을 이기고 그리고 원수를 이기는 큰 능력, 그 능력이 나타날 때 모든 문제가 자연스럽게 풀릴 것입니다. 사도 바울은 다시 말씀합니다. "하나님의 나라는 말에 있지 아니하고 오직 능력에 있음이라." △

인내로 구원 얻으리라

　또 이르시되 민족이 민족을, 나라가 나라를 대적하여 일어나겠고 처처에 큰 지진과 기근과 온역이 있겠고 또 무서운 일과 하늘로서 큰 징조들이 있으리라 이 모든 일 전에 내 이름을 인하여 너희에게 손을 대어 핍박하며 회당과 옥에 넘겨 주며 임금들과 관장들 앞에 끌어가려니와 이 일이 도리어 너희에게 증거가 되리라 그러므로 너희는 변명할 것을 미리 연구치 않기로 결심하라 내가 너희의 모든 대적이 능히 대항하거나 변박할 수 없는 구재와 지혜를 너희에게 주리라 심지어 부모와 형제와 친척과 벗이 너희를 넘겨 주어 너희 중에 몇을 죽이게 하겠고 또 너희가 내 이름을 인하여 모든 사람에게 미움을 받을 것이나 너희 머리털 하나도 상치 아니하리라 너희의 인내로 너희 영혼을 얻으리라

　　　　　　　(누가복음 21 : 10 - 19)

인내로 구원 얻으리라

　이스라엘 전설에 나오는 유명한 이야기입니다. 어느날 저녁 아브라함이 장막 바깥에 나가서 바람을 쐬고 앉아 있었습니다. 그때 멀리서 한 80세는 되어보이는 노인 하나가 가까이가까이 걸어오고 있었습니다. 다리를 약간 절룩거리는 노인은 피곤에 지쳐 있는 듯했습니다. 굶주려 몹시 배가 고프고 그래서 힘이 빠진 노인이었습니다. 아브라함에게 다가오자 노인은 이렇게 묻습니다. "하룻밤 쉬어갈 수 있을까요?" 아브라함은 흔쾌하게 허락을 했습니다. 아브라함 그의 덕목 중 가장 큰 것이 평소 낯선 손님을 잘 대접한 것이었습니다. 그래 성경은 '부지중에 천사를 대접했다'라는 말씀까지 합니다. 그만큼 손님 잘 대접한 사람으로 성경에 나타나 있습니다. 아브라함은 물을 떠가지고 와서 노인의 발까지 손수 씻어주었습니다. 이어서 음식을 준비하고 같이 앉아서 절도있게 저녁식사를 하려고 하는 참이었습니다. 아브라함이 먼저 서서 하나님 앞에 기도합니다. 기도한 다음에 식사를 하는 것이 그들의 식사예법입니다. 그러나 기도하려다가 보니 그 노인은 기도도 없이 벌써 식사를 시작하는 것이 아닙니까. 아브라함은 어이가 없었습니다. "아니, 하나님 앞에 기도드리고나서 식사를 해야 될 거 아니오?" 그러나 노인은 "하나님이요? 나에게는 음식이 바로 하나님입니다"라고 말하는 것이었습니다. 아브라함은 이 말에 더 화가 났습니다. 그래서 이 사람을 내쫓았습니다. "그대같이 하나님도 모르고 고마운 줄도 모르고 감사할 줄 모르는 사람을 내가 대접한 것이 잘못이오. 썩 나가시오." 이 사람은 별수없이 문밖을 나섰습니다. 그날밤이었습니다. 하나님께서 아브라함에게 나타나셨습니다. "아브라함아." "예 하나님, 제가 여기 있습니다." "오늘밤 너희집에 손님이 왔었지?" "예, 왔었습니다." "그런데 왜 내쫓았느냐?" "음식이 바로 내 하나님이라고 말하는 게 괘씸해서 그랬습니다. 그런 고약한 사람에게 음식을 줄 수가 없어서 내쫓았습니다." 하나님께서 아브라함에게 말씀하십니다. "아브라함아, 나는 그 사람을 80년이나 참았는데 너는 하룻저녁, 아니, 한 시간도 참을 수가 없었더란말이냐?" 순간 아브라함은 털썩 무릎을 꿇었습니다. 깊이 참회의 기도를 하였습니다. 참으로 뜻깊은 이런 전설이 전해지고 있습니다.

사람은 임종이 가까우면 세 가지를 후회한다고 합니다. 하나는 '좀더 베풀 걸' 하고 후회하는 것입니다. 인색하지 않게 좀더 주면서 살았어야 되는데… 인색하게 산 데 대한 후회가 우리 앞에 있다는 것입니다. 두 번째는 '좀더 즐길 걸' 하고 후회하는 것입니다. 아무리 없다없다 해도 내가 그런 중에도 행복하게 살 수가 있었는데 고만 잘못 생각해서 즐기지 못했다 하는 후회가 있다는 것입니다. 며칠전 신문에 난 거 여러분도 보았을 것입니다. 노숙자인데 병이 들었습니다. 병원에 가서 진찰을 받고 돈 삼만 원을 꺼내기 위해서 보따리를 끌렀습니다. 허리에 띠고 왔던 보따리에는 놀랍게도 무려 삼천만 원이 들어 있었습니다. 노숙자로 있으면서 사람들이 조금씩 주는 돈을 모았고 만 원이 되면 만 원짜리로 바꾸고 또 만 원이 되면 만 원짜리로 바꾸고 해서 모은 돈입니다. 삼천만 원 보따리를 낮에는 허리에 띠고 밤에는 베고 잤습니다. 그거 모으는 데 삼십 년 걸렸다고 합니다. 허 참! 여러분, 이렇게 살아야 되겠습니까? 좀더 즐기고 살아도 되는데 그러지 못한 이 사람, 물질의 노예가 되어서 여기서 헤어나지 못하는 대표적인 인물이 아니겠습니까.

　또하나 가장 무거운 후회는 '좀더 참을 걸' 하는 것입니다. 지난 1년을, 아니, 일생을 돌아보면 거의가 참지 못한 데서 잘못된 것입니다. 참지 못하고 말해버리고 참지 못하고 행동해버리고, 참지 못하고… 이 모든 일들이 임종이 가까웠을 때 큰 후회와 뉘우침으로 우리가슴을 짓누른다는 것입니다. 여러분, 깊이 생각할 문제가 아니겠습니까?

　필리프 사시에라고 하는 분이 쓴「왜 똘레랑스인가」라는 책이 있습니다. 이 똘레랑스라는 말은 라틴어 톨레라레(Tolerare)에서 나온 말로 프랑스인들의 깊은 사상적 기조를 이루고 있습니다. 영어에서는 tolerance라고 말합니다. 관용과 아량과 인내를 뜻하는 것입니다. 평범하면서도 다시한번 생각해야 될 귀중한 윤리기준입니다. '똘레랑스' 한다는 말은 무슨 말이냐? 이 책에서 말합니다. 우리에게 지워지는 부담을 견디는 것을 말합니다. 다시한번 들어보십시오. 내가 동의하지 않는 생각, 내 마음에 안드는 일을 상대방이 나에게 요구할 때, 내가 보건 듣건 행하건 내맘에 안드는 일이 있을 때 그것을 그대로 용인하고 수용하고 참아주는 것입니다. 이것이 똘레랑스입니다. 이것이 인내라는 것입니다. 내 마음에 안드는 일이 있을 때 바로 그것을 내가 얼마나 수용하느냐 하는 것입니다. 세상이 내맘대로만 됩니까. 듣는 것이 내맘대로 들려집니까. 보는 것이 내맘대로입니까? 이걸 탓하기로들면 정말로 화가 나서 못삽니다. 소위 스트레스라고 하는 것이 무엇입니까. 내마음대로 안되는 일을 수용할 능력이 내게 없는 것입니다. 넉넉한 인내력이 없단말입니다. 그래서 문제가 됩니다. 오늘성경은 우리에게 말씀합니다. "너희의 인내로 너희 영혼을 얻으리라." 마지막에 가서는 인내로 결판이 난다는 것입니다. 그렇습니다. 인격도 능력도 수완도 인내로 결판이 납니다.

왜 인내하지 못할까? 무엇보다도 우선 두려워서입니다. 두렵기 때문이 아닙니다. 나약하기 때문입니다. 내가 넉넉하면 두려움은 충분히 소화할 수 있는데 내가 약하니까 자연히 두려움이 앞서는 것입니다. 여러분, 개가 자꾸 짖지 않습니까? 그런데 사실은 짖는 개는 비겁한 개라고 합니다. 겁이 많대요, 개가. 겁이 많아서 그렇게 짖는다고 합니다. 잠깐 눈을 감으면 호랑이가 오는 꿈을 꾸고 눈을 뜨면 누가 나를 죽일 거같다는 것입니다. 그래서 자꾸 짖는다고 합니다. 두려움 그건 나약함에서 오는 것입니다. 또하나는, 미래에 대한 불확실성 때문입니다. 앞에 무슨 일이 있을는지 어떤 일이 터질는지 모르겠는 것입니다. 근자에 영국 런던에서 폭탄테러가 일어났습니다. 그러자 우리는 '런던 다음에는 어디일까? 서울일지도 몰라' 합니다. 그래서 밤새 잠을 못잤습니까? 이 모든 일이 끝도 없는 것입니다. 걱정하기로들면 만사가 불확실합니다. '기다' 라고 할 사람도 없지만 '아니다' 라고 할 사람도 없습니다. 항상 불안전하고 불확실한 것입니다. 또한 이 컨텍스트에 대해서, 상황에 대해서 여러 말들을 하는데, 이런 이성적 예측지식이 문제입니다. 그래서 똑똑한 사람이 문제입니다. 아이큐 90을 밑도는 사람은 천하에 걱정되는 일이 없습니다. 물론 스트레스도 없습니다. 왜요? 생각이 없으니까요. 도대체 머리좋은 사람들이 문제인 것입니다. 이렇게 하면 고렇게 되고 고렇게 되면 저렇게 될 거다─미리 생각해놓고 '망했다' 합니다. 그게 문제입니다. 망할 때 망해도 되고 죽을 때 죽어도 바쁘지 않습니다. 미리 판단할 거 없습니다. 그런데 미리부터 생각 속에서 다 해결됩니다. 여기서 고민을 하게 되는 것입니다. 그런고로 인내는 어디서부터 오는 것인가? 인내의 뿌리는 믿음입니다. 믿음이 중요합니다. 믿고 하나님께 의존하는 길밖에 없습니다. 어차피 우리생명은 하나님의 것입니다. 우리의 염려와 걱정, 소용없습니다.

또한 좀더 멀리 보는 그런 시각이 있어야 됩니다. 눈앞엣것만 보지 말고 그 다음 그 다음을 볼 줄 알아야 합니다. 이 마음이 없으면 두려움에 떨 수밖에 없습니다. 이것을 잊지 말아야 합니다. 보다 멀리 봐야—요한복음 16장에 보면 예수님께서 초연한 모습을 우리에게 보여주십니다. 제자들에게 말씀하시기를 '조금 있으면 너희가 나를 못보겠고 조금 있으면 나를 보리라' 하십니다. 조금 있으면 못보겠고 조금 있으면 보리라—이게 무슨 말씀입니까. 조금 있으면 십자가를 지겠고 조금 있으면 부활하리라는 말씀입니다. 부활의 아침 저기까지 바라보고 계십니다. 그러면서 십자가를 지신 것입니다. 그러니까 참으실 수가 있었습니다. 또, 제자들을 볼 때도 예수님께서 발을 씻겨주실 때 베드로가 '내 발은 영원히 못씻기십니다' 어쩌고 할 때 예수님 말씀하시기를 '지금은 모르지만 이후에는 알리라' 하십니다. 얼마나 넉넉한 말씀입니까. 지금은 철딱서니없이 '발 못씻기신다' 했다가 그 다음에는 온몸 다 씻겨달라고 했다가… 이러지만 예수님께서는 '그래그래 그럴 거다. 그러나 얼마후에는 너희가 다 깨닫고 나를 위해 충성할 뿐더러 나를 위해 십자가를 질 것이다' 하십니다. 멀리 내다보고 계십니다. 그런고로 제자들의 어리석은 망동까지도 다 참아주실 수가 있었습니다. 여러분 가정에서 어린아이들 얼마나 참 때때로 속을 썩입니까? 그래도 어른은 참습니다. 왜? 몰라서 그러는 거니까요. 할아버지한테 손자가 이새끼 저새끼 하고 덤비지만 할아버지는 좋다고 안아주는 것을 보았습니다. "이런 고연놈을 봤나!" 누가 옆에서 이랬더니 그 할아버지 말이 "애가 새끼가 뭔지 할아버지가 뭔지 모르거든. 아, 모르고 하는 소리를 내가 나무랄 수 없지 않는가?" 합니다. 언젠가는 다 알게 될 테니까 말입니다. 그렇지 않습니까? 좀더 멀리 바라보는 여유, 이 여유가 있어야 하는 것입니다. 부부간도 그렇지요. 여유가 있는 남편은 아내가 잔소리를 하고 뭐라고 해도 그저 "음악소리로 듣는다" 합니다. 음악소리로—그 소리가 없으면 좀 이상해진다고 합니다. 이거 얼마나 여유가 있습니까. 그런데 그 말 한마디를 놓고 싸우고 그러면 그건 병아리끼리 사는 것입니다. 한쪽이라도 좀 넉넉해야 되겠는데 그렇지 못하니 문제가 되는 것입니다.

또한 가장 중요한 것이 겸손입니다. 겸손하면 참을 수 있습니다. 똘레랑스에 대해서 말씀드리지 않았습니까. 내가 생각하는 것과 다른 생각, 내가 동의하지 않는 생각을 어떻게 수용한단말인가—수용할 수 있습니다. 내 생각도 반드시 옳은 것은 아니니까요. 이걸 알아야 합니다. 남의 생각 비판하기 전에 내가 생각하는 이것도 자신없거든요. 완전한 소견이 어디 있습니까. 그런고로 나의 생각도 온전한 것이 아니다, 라고 생각할 때 다른 사람의 생각을 넉넉하게 수용할 수 있는 것입니다. 겸손이 문제입니다. 또하나는 최후승리입니다. 최후승리, 최종결국을 믿는 믿음, 끝에는 반드시 합동하여 선을 이룰 것이다 라고 믿는 믿음이 있을 때 충분하게 참아낼 수 있습니다. 가장 귀중한 것은 하나님의 약속을 믿는 것입니다. 하나님의 약속이 나와 함께 있고 그 약속과 시나리오 속에 내가 있다는 걸 알면 넉넉하게 참아낼 수 있는 것입니다.

예수님께서는 한 단 더 나아가 설명하십니다. 깊이 이해하여야 됩니다. "이 일이 도리어 너희에게 증거가 되리라." 이 사건이 이렇게 터짐으로 증거가 되리라, 재난이 있고 환난이 있고 핍박이 있고 너희가 순교를 당하고… 모든 사건이 맘에 안들지만 그러나 이런 일이 도리어 증거가 되리라, 저희의 악함의 증거가 되고 너희의 선함의 증거가 되고 너희가 하나님의 사람이라는 것의 증거가 되고 저들은 심판을 받았음에 증거가 될 것이다―얼마나 당당한 말씀입니까. 그런고로 주님 더욱 여유있는 말씀을 하십니다. '너희가 끌려갈 때 가서 무슨 말을 할까 미리 연구하지 않기로 결심하라.' 결심하라고 하실 것까지는 없는데 그렇게 말씀하십니다. 미리 걱정 안하기로 결심했습니다. 가서 무슨 말을 할까 미리 준비하지 않기로 결심하라―하나님께 생각까지 다, 이성의 판단까지 다 맡겨버리는 바로 거기에 진정한 여유와 인내가 있으며, 가서 무슨 말을 할는지 지혜와 총명을 하나님께서 주시리라 하십니다. 하나님께서 다 주시리라 하십니다. 아브라함 링컨은 부인과의 사이가 이렇다할 말썽 없이 원만했다고 합니다. 그러나 살아온 배경이 달랐습니다. 링컨은 가난하게 살았고 그 부인은 좀 여유있는 가정에서 살았습니다. 그래서 간혹 좀 어려움이 없지 않았다고 합니다. 그 부인 토드 여사가 충동적이고 성급한 반면 링컨은 조용하고 신중한 사람이었습니다. 부인이 생선을 사러 시장에 나갔다가 생선가게주인하고 고기가 물이 좋으니나쁘니 비싸니싸니 한바탕 싸웠습니다. 생선가게 주인이 너무 화가 나서 그 남편 링컨을 찾아가 "당신 마누라가…" 하고 또 한바탕 해댔습니다. 그러자 링컨은 껄껄 웃으면서 "나는 15년을 참고 사는데 주인양반은 그 15분도 못참습니까?" 하고 말했다 합니다. 그 가정이 원만

했던 것은 링컨의 여유있는 인내덕분이었지요. 조화가 있었던 것도 눈높이가 맞아서가 아니었습니다. 성격이 맞은 게 아닙니다. 링컨의 드넓은 인내가 그 가정을 바로 끌어갔다는 말씀입니다.

해럴드 서먼이라고 하는 분의 「실패를 성공으로 바꾸는 법」이라는 책이 있습니다. 인내를 기르는 법에 대해서 말하고 있습니다. 첫째, 옳다고 생각하는 일은 포기하지 말라는 것입니다. 인내가 이(利)를 부인하는 게 아닙니다. 문제는 이권에 끌리면 안된다는 것입니다. 옳다고 생각하는 것은 꾸준하게 밀고나갈 뿐만 아니라 부딪치면서 기다리는 것입니다. 절대 포기하지 않는 것입니다. 그래야 오히려 인내를 이룰 수가 있습니다. 또한 자신을 위협하는 것은 결코 다른 사람이 아니라 나 자신이라는 것입니다. 세상을 탓하지도 않고 원망하지도 않으면서 넉넉하게 참아나갈 수 있는 영적인 여유, 내 힘이 넉넉한가, 거기에 문제가 있는 거지 상대방에게 문제가 있는 게 아닙니다. 또한 모든 성공에는 실패가 있다는 것입니다. 역경을 통하지 않고 오는 성공은 없습니다. 그렇다면 내가 지금 당하는 이 역경은 성공으로 지향하는 과정일 뿐입니다. 이 과정을 다 치르지 못하면, 이 커리큘럼에 걸려 넘어지면 안되는 것입니다. 이건 내가 반드시 통과해야 될 터널입니다. 그래야 넉넉히 이길 수 있는 것이다, 하는 말입니다.

히브리서 12장 2절로 3절에 보면 예수 그리스도를 말씀합니다. '십자가를 참으사 영광을 얻으셨다.' 예수님의 인내를 두 가지로 말씀합니다. 십자가를 참으시고 거역한 자를 참으십니다. 예수님의 제자들, 예수님을 배반했습니다. 그것도 참으십니다. 모든 사람이 예수를 거역했지만 거역한 자를 참아 제자를 삼으십니다. 그런 곳에 진정한 인내가 있는 것입니다. 참는다는 것은 침묵한다는 것만 뜻하는 게 아닙니다. 흔히들 입다무는 게 참는 것인 줄 압니다마는 상대방이 믿어져야 참는 것입니다. '모든 사람의 사랑이 식어지리라.' 그렇습니다. 사랑이 식어지지 않아야 참는 것입니다. 우리가 입만 다물고 있다고 참는 게 아닙니다. 믿어주고 끝까지 사랑하는 거기에 참인내가 있습니다. 오늘본문말씀 17절로 19절을 다시한번 보아야 하겠습니다. "너희가 내 이름을 인하여 모든 사람에게 미움을 받을 것이나 너희 머리털 하나도 상치 아니하리라." 그런고로 참으라 하십니다. "너희의 인내로 너희 영혼을 얻으리라." 마지막 승부는 인내로 결정됩니다. 여러분, 십자가를 참으신 예수님을 바라봅시다. 거역한 나를 참으신 주님을 생각합시다. 그러면 이제 넉넉하게 참아나갈 수 있을 것입니다. 그 인내의 열매는 아주 단 것입니다. △

은혜를 잊어버린 사람들

이스라엘 자손의 온 회중이 엘림에서 떠나 엘림과 시내산 사이 신 광야에 이르니 애굽에서 나온 후 제 이월 십오 일이라 이스라엘 온 회중이 그 광야에서 모세와 아론을 원망하여 그들에게 이르되 우리가 애굽 땅에서 고기 가마 곁에 앉았던 때와 떡을 배불리 먹던 때에 여호와의 손에 죽었더면 좋았을 것을 너희가 이 광야로 우리를 인도하여 내어 이 온 회중으로 주려 죽게 하는도다 때에 여호와께서 모세에게 이르시되 보라 내가 너희를 위하여 하늘에서 양식을 비같이 내리리니 백성이 나가서 일용할 것을 날마다 거둘 것이라 이같이 하여 그들이 나의 율법을 준행하나 아니하나 내가 시험하리라 제 육 일에는 그들이 그 거둔 것을 예비할지니 날마다 거두던 것의 갑절이 되리라 모세와 아론이 온 이스라엘 자손에게 이르되 저녁이 되면 너희가 여호와께서 너희를 애굽 땅에서 인도하여 내셨음을 알 것이요 아침에는 너희가 여호와의 영광을 보리니 이는 여호와께서 너희가 자기를 향하여 원망함을 들으셨음이라 우리가 누구관대 너희가 우리를 대하여 원망하느냐 모세가 또 가로되 여호와께서 저녁에는 너희에게 고기를 주어 먹이시고 아침에는 떡으로 배불리시리니 이는 여호와께서 자기를 향하여 너희의 원망하는 그 말을 들으셨음이니라 우리가 누구냐 너희의 원망은 우리를 향하여 함이 아니요 여호와를 향하여 함이로다

(출애굽기 16 : 1 - 8)

은혜를 잊어버린 사람들

　어느 젊은 집사님 댁에서는 식사할 때마다 5살배기 꼬마아이에게 식사감사기도를 늘 하게 했습니다. 이 꼬맹이가 대표기도 하는 것이 귀엽기도 하고 어찌생각하면 어린아이의 기도니까 꼭 들어주실 것만 같은 것입니다. 그래서 늘 꼬맹이가 식사감사기도를 대표로 하게 됩니다. 아침에도 저녁에도 그랬는데 어느날은 온식구가 다같이 어느 식당에 가서 외식을 하게 됐습니다. 집에서 못보던 맛있는 음식이 많이 나왔습니다. 그런데 차려진 식탁을 척 보자마자 이 녀석이 허겁지겁 먹기 시작하는 것입니다. "기도하고 먹어야지? 아, 네가 기도해야 우리가 다같이 먹지 않느냐?" 했더니 아주 점잖게 대답하는데 "아빠, 오늘은 하나님께 감사기도 할 필요가 없어요. 왜냐하면 이제 먹은 다음에 아빠가 돈을 낼 것 아닙니까? 돈을 내고 먹는데 왜 감사기도 합니까?" 그 아버지가 이걸 설명하는 데 많은 시간이 걸렸습니다. 여러분, 여러분은 어디까지 감사해야 한다고 생각하십니까? 어떤 일에 감사하고 있습니까? 은혜라는 것은 절대적인 것입니다. 아니, 절대적이어야만 합니다. 우리는 상대적이라는 생각에 그대로 휘말려들어갈 때가 많습니다. 그래서 음식으로 말해도 참 좋은 냄새가 나면 감사기도가 좀 길어지고 음식이 시원치 않으면 감사기도 해도 그다지 뜨겁게 하지 못하고 말이지요. 어느 목사님은 목사님인데도 식사기도를 잘 안합니다. 그래서 한 교인이 물었습니다. "목사님께서는 식사기도를 안하고 식사하실 때가 많습니다그려." "허, 그거요? 이 메뉴는 많이 기도한 메뉴입니다. 그러니 또 할 필요가 없지요." 그랬다고 합니다. 감사는 절대적이어야 하는데 자, 맛이 있다고 감사가 나오고 맛이 없다고, 그날따라 또 입맛이 없다고 감사기도를 안해도 되겠습니까?

앗시시의 성자 프란체스코에게 제자가 물어보았습니다. "선생님, 어떻게 해야 그토록 겸손한 마음으로 늘 감사하며 살 수 있을까요?" 성자는 간단하게 대답했습니다. "하나님을 한번 쳐다보아라. 그리고 십자가를 쳐다보아라. 그러면 감사하게 될 것이다." 절대적 은혜—생각해야 합니다. 여러분은 절대적 은혜의 기점을 어디에 두고 있습니까? 각각 나름대로 절대적 은혜에 감격했던 때가 있겠지요. 저는 뭐 한평생 여러 가지로 하나님께 감사할 일이 많을 뿐더러 정말 드라마틱한 일들을 겪고 살아왔습니다마는 특별히 제가 그대로 무릎을 꿇고 하나님 앞에 특별감사기도를 한 때가 있습니다. 전쟁때입니다. 총격전이 있을 때 총소리가 따꿍 쿵 따쿵 하면 그것에는 뭐 아무렇지도 않습니다. 그 소리 들으면서 잠도 잘잡니다. 그러나 총소리가 퓽하면 문제가 다릅니다. 퓽퓽하면 내가 엎드리고 있는 자리 옆에 총알이 땅에 박히면서 먼지가 팍팍팍팍 일어납니다. 이 정도 되면 정신이 하나도 없습니다. 그래서 한번 퓽퓽퓽하고 지나간 다음에는 으레 내가 살아 있나 죽었나 살펴봅니다. 그런데 한번은 퓽하는 순간 뭐가 왼쪽팔 딱 잡아당기는 걸 느꼈습니다. 팔 없어졌구나 하고 만져보니 팔은 있는데 옷에 총구멍이 나서 찢어졌습니다. 어떻게 했겠습니까? 그대로 엎드려가지고 "하나님 감사합니다. 그저 하나님께 온생을 바치겠습니다" 그랬지요. 그런데 생각해보십시오. 그 마음 그대로 가지고 일생을 살면 얼마나 좋겠습니까. 그런데 그 마음이 오래가지 못하는 것입니다. 뭐 불만도 있고 또 뜻대로 안된다고 걱정도 하고 그런 것입니다. 하나님께서 이렇듯 나를 보호해주시고 사랑해주시는구나, 감격할 때가 있는 것입니다. 이, 절대은혜라는 것입니다. 절대감격―이건 상대적인 게 아닙니다. 그 다음에 무슨 일이 있어도 상관없습니다. 절대은혜에 감격하며 그렇게 살았으면 얼마나 좋겠습니까. 헬라의 철학자 아리스토텔레스는 이렇게 말합니다. '인간은 아무리 생각해도 이성적 존재이긴 하지만 합리적 존재는 되지 못한다.' 그렇습니다. 이성적 존재이긴 한데 이성에 맞도록 사는 건 아니다, 이것입니다. 그렇지 않습니까? 이치를 생각하면서도 이치에 맞도록 생각하고 맞도록 느끼고 맞도록 행동하느냐입니다. 따지고들면 우리가 한평생 감사해도 끝이 없지만 그대로 합리적으로 살아가지 못하더라 하는 얘기입니다. 그래서 사람에게 소중한 이성이라는 기능을 주셨는데 그 이성의 비판기능을 통해서 비판하다가 원망하고 이 이성의 기능을 따라 추리하다가 절망하고… 결국은 이성적 존재는 되지 못한다, 말을 하게 됩니다.

성도 여러분, 나는 이 출애굽 역사를 볼 때마다 참 납득이 가지 않고 어떤 때는 여기 나오는 사건들을 보면서 이 사람들을 비판도 하고 원망도 해봅니다. 그처럼 큰 은혜를 맞지 않습니까. 이스라엘이 애굽에서 나온다는 게 엄청난 은혜가 아니겠습니까. 400여 년을 노예생활 했습니다. 그러니까 노예로 태어나서 노예생활 하다가 노예로 죽을 사람들입니다. 하나님의 특별한 은혜가 아니고는 자유라는 것을 상상도 할 수가 없습니다. 그런데 하나님께서 특별한 은혜로 저들을 구원하셨습니다. 그래서 출애굽하게 됩니다. 그 출애굽의 엄청난 감격을 경험했습니다. 그러면 그 감격 그대로 살아야 되지 않습니까. 그런데 왜 그렇게 원망이 많습니까. 그래서 은혜를 배반하고 배역하고 배신하고… 결국은 모처럼 애굽에서 구원받은 이 많은 사람들 상당수가 광야에서 죽었습니다. 왜요? 원망하다가 죽었습니다. 사도 바울은 고린도전서 10장에서 딱 한마디로 요약합니다. '광야에 엎드러져 죽었느니라.' 이유는 원망죄입니다. 원망… 우리는 이걸 알아야 합니다. 안믿는 사람들이 짓는, 하나님을 모르는 사람들이 범하는 부도덕 비윤리적인 죄를 말하는 것이 아닙니다. 원망죄는 하나님을 믿는 사람들이 범하는 죄입니다. 이게 다른 것입니다. 애굽에서 지은 죄가 아닙니다. 구원받아 광야에 나와서 지은 죄입니다. 이런고로 우리 믿는 사람이 범하는 죄, 신학적으로 말하여 하나님을 믿는 사람, 은혜를 아는 사람, 은혜를 경험한 사람들이 결정적으로 범하는 죄가 원망죄입니다.

성경은 말씀합니다. '원망하다가 광야에 엎드러져 죽었느니라. 그런고로 너희는 원망하지 마라.' 그렇습니다. 원망한 데는 물론 이유가 있었지요. 출애굽해서 나가는 길에 적이 나타났습니다. 이 적에 맞설 힘이 없습니다. 그런고로 하나님을 원망합니다. 그런가하면 홍해가 앞에 있다고 또 원망을 합니다. 이스라엘백성이 애굽에서 나와 광야로 나올 때 사실은 북쪽으로 가서 동쪽으로 가야 합니다. 그런데 하나님께서는 동쪽으로 동쪽으로 홍해의 광야길로 인도하십니다. 이렇게 가면 홍해하고 딱 맞닥뜨리게 됩니다. 직면하게 되는 것입니다. 하나님께서 일부러 그쪽으로 인도하셨습니다. 홍해로 말입니다. 그래 홍해가 딱 가로놓이니까 이 사람들이 원망을 합니다. 뒤에는 애굽군대가 따라오지, 앞에는 홍해가 있지, 좌우는 절벽이지… 그야말로 독 안에 든 쥐와도 같습니다. '이젠 죽었다.' 모세를 향하여 원망합니다. 이 사람들은 원망을 하면서도 위트가 있더라고요. 애굽에 공동묘지가 없더냐, 왜 우리를 데려다가 여기서 죽이느냐 합니다. 못됐습니다. 원망을 합니다. 그러나 자세히 성경을 읽어보면 하나님께서 왜 이들을 이리로 인도했는지를 알 수 있습니다. 그건 하나님의 계획이었습니다. 하나님의 세밀한 계획, 신학적 용어로 말하면 섭리가 있었습니다. dispensation이었습니다. 왜? 이 사람들이 육지로 해서 쉽게 가나안으로 가게 되면 조금만 어려운 일 당해도 되돌아가자 할 거라는 것이지요. 하나님께서 그걸 아시고 No return, 돌아가지 못하게 하시고자 홍해를 건너가는 경험을 하게 하셨습니다. 이중삼중의 목적이 있었습니다. 홍해가 갈라지는 기적을 봅니다. 홍해 가운데를 지나가는 통쾌함을 누리게 됩니다. 애굽군대가 빠져죽는 것을 보기도 합니다. 그리고 온백성이 일어서서 하나님을 찬양합니다. 이런 큰 감격의 시간을 경험하게 하셨단말입니다. 이제 홍해가 다시 합쳐지는 것을 보고 이제는 되돌아갈 생각 못하게 하기 위해서 이렇게 홍해의 광야길로 인도하셨다고 성경은 분명히 설명해 주고 있습니다. 그건 하나님께서 정하신 코스요 하나님의 교과과정, 커리큘럼이었습니다. 그냥 믿고 따라가면 좋았을 걸, 그냥 믿고 따라갔으면 됐을 걸 고 사이를 못참아가지고 원망을 했습니다. 홍해 앞에서 저들이 원망을 합니다. 여기까지는 이해하겠습니다. 홍해를 건넌 다음에 이제 보니 물이 없습니다. 먹을 물이 없다고 또 원망을 합니다. 그것까지도 뭐 목마르니까 그렇겠지, 이해가 됩니다. 또 양식이 없다고 원망을 해서 하늘에서 만나를 내려주십니다. 여기까지는 내가 쉽게 이해를 하겠는데, 고다음원망이 문제입니다. 고기가 없다고 원망을 합니다. 고기먹고 싶다고… 아 이 피란민주제에 고기까지… 안그렇습니까? 살아남는 것만도 고맙지. 원망을 하되 또 한다는 소리가 애굽에서 노예생활이긴 했지마는 고기가마에서 몰래 주인네 고기 꺼내먹는 재미가 있었는데, 하고 고기먹을 생각이 난다, 이것입니다. 이런 원망을 합니다.

　그것만이 아닙니다. 한술 더 어이없는 원망도 있었습니다. 민수기 11장에 나옵니다. 마늘과 부추가 없다고 원망을 합니다. 마늘과 부추라… 나는 부추먹을 때마다 이거 생각납니다. 이스라엘백성이 부추 없다고 원망했다는데, 왜요? 마늘과 부추가 없으니 정력이 떨어진다는 것입니다. 원망도 가지가지입니다. 아니, 지금 피란민신세인데 정력 따지게 됐습니까. 그러나 같잖게도 마늘과 부추가 없다고 하나님을 원망한 것입니다. 내가 옆에 있었으면 그냥 한대씩 쥐어박아버리겠는데… '뭐 이따위 인간들이 다 있나?' 그렇지 않습니까? 그런데 이렇게 원망을 한 이유가 뭡니까. 그 깊은 곳에 있는 것은 다른 게 아닙니다. 은혜에 대한 건망증 때문입니다. 하나님께서 10가지 재앙으로 이스라엘 구원하시는 모습을 보잖았습니까. 또 홍해가 갈라지는 기적을 보잖았습니까. 하나님을 찬양하는 그 순간이 있잖았습니까. 그 모든 은혜에 대한 감격을 너무 쉽게 잊어버린 것입니다. 오늘본문에도 처음 1절 2절에 나오지 않습니까. 애굽에서 나온 지 얼마냐고요? 고작 한 달입니다. 성경은 분명히 이렇게 말씀하고 있습니다. "제 이월 십오일이라." 한 달밖에 안되었거든요. 출애굽한 후 정확히 보름밖에 안되었는데 말입니다. 고 사이에 이렇게 원망을 하게 됐습니다. 은혜를 잊어버린다는 것, 가장 무서운 죄입니다. 우리 믿는 사람들이 은혜를 잊어버리면 안됩니다. 사람에게나 하나님께나 최소한 은혜를 배반하는 자는 되지 않아야 될 것입니다. 은혜를 잊어버렸기 때문에 원망하게 됐습니다.

　또한 과거를 끊지 못했습니다. 여러분, 옛날생각 하는 거 참 조심해야겠습니다. 나이가 들면 더 그러는 경향이 있습니다. 나이들면 새로운 것, 새로운 뉴스, 정보에 대해서는 입력장치가 잘 작용이 안됩니다. 기억이 안됩니다. 그리고 옛날 건 전부 되살아납니다. 그래 노인이 되면 옛날얘기만 합니다. 옛것에 대해서는 또 정신이 좋아서 점점 더 생각이 납니다. 한경직 목사님이 97세때 그 말씀을 하시더라고요. 영어 그 동안에 배웠던 거 다 잊어버렸대요. 하나도 생각이 안난대요, 한 단어도. 그리고 옛날에 어머니하고 얘기하던 것이 다 생각난대요. 정말입니다. 꿈을 꿔도 고향꿈을 꾸고 어렸을 때 다녔던 골목길까지 다 생각이 납니다. 그러니 항상 옛날얘기만 하는 것이지요. 그런데 옛날생각 하는 게 반드시 나쁜 건 아니지요. 옛날로 돌아가자니까 문제지요. '애굽으로 돌아가자' 합니다. 노예생활 하던 것 다 잊어버립니다. 노예로 고기가마 곁에서 고기 훔쳐먹던 그 시간 생각을 하고 오늘 자유인의 고통을 감수하지 못하고 있단말입니다. 선택의 기준입니다. 자유인으로 죽는 게 낫지 노예생활에서 배불리 먹는 게 낫겠습니까? 노예적으로 배부르기보다는 차라리 자유인으로 굶어죽자―이런 선택기준이 있어야 하는 것입니다. 부정으로 부자되기보다는 그저 정직하게 가난을 택하자―이게 바른 선택이 아니겠습니까. 요새도 보면 양심에 가책되는 일들을 많이 해놓고 말입니다. 좀더 출세하고 좀더 돈벌고 좀더… 말년에 가서 가슴을 칩니다. 다 소용없습니다. 노예적인 부귀보다 자유인의 가난과 고통을 선택하는 바른 기준이 돼 있어야만 원망하지 않을 수 있는 것입니다.

또한 미래에 대한 믿음이 희미해졌습니다. 미래에 대한, 가나안 땅으로 향하는 약속에 대한 믿음이 희미해졌기 때문입니다. 보십시오. 홍해의 광야길로 인도하시는 하나님의 섭리를 말입니다. 또 만나를 주시는데, 왜 만나냐? 왜 매일아침 거두게 하시느냐? 저들의 믿음을 시험하시는 것입니다. 왜 안식일에는 거두지 말라 하시느냐? 저들의 믿음을 시험하시는 것입니다. 하나님의 말씀에 순종하나 안하나 바라보시는 것입니다. 신명기 8장 3절과 출애굽기 13장 18절에서 자세히 말씀하고 계십니다. 여러분, 자유인의 감격으로 살아가야 합니다.

정말 그런 생각들 많이 해보았습니다. 피란 시절 그저 이리저리 다니면서 고생을 했으나 마음대로 들어가서 예배드릴 수 있으니까… 주일날이면 예배드릴 수 있으니까, 아무 데서나 찬송할 수 있으니까, 그저 예배만 드릴 수 있게, 교회 출석하며 살 수 있다면 더 바랄 것이 없었습니다. 그런 단순한 마음들이 있었거든요. 그런데 어느 사이에 물질의 노예가 되고 이 감격이 다 없어졌단말입니다. 그래 오늘성경은 귀중한 말씀을 줍니다. 원망의 속성을 말씀해줍니다. 모세가 말씀합니다. 저들이 모세를 원망하는 것은 하나님을 원망하는 것이라고요. 이 점을 잊지 말아야 합니다. 모세를 원망하고 모세를 죽이겠다고 하고 왜 모세가 우리를 인도했느냐 하고 원망하는데, 모세를 원망하는 것은 하나님을 원망하는 것입니다. 이 성격을 분명히 알아야 합니다. 또 환경을 원망하는 것은 하나님을 원망하는 것입니다. 여러분, 혹시라도 너무 덥더라도 너무 덥다고 호들갑들 떨지 마십시오. 그것도 죄입니다. 여름에 덥지 그럼 추운가. 안그렇습니까? 그런가하면 좀 비가 많이 오면 그래서 또 난리고… 말조심하십시오. 누구를 향해서 원망하는 것입니까. 그러는 것이 아닙니다. 어느 때 보니 내일 결혼을 할 신부인데 그날 비가 오니까 저보고 하는 말이

"목사님 목사님, 내일아침에는 비 안오면 좋겠어요" 하기에 그 기도만은 하지 말라 했습니다. 비 안맞도록 우산이나 쓰고 가라 그러고 말았습니다. 여러분 그 일기에 대해서, 추위에 대해서 유난히 호들갑을 떠는 사람이 있습디다. 그래서 내가 "아예 더운 지방에 가서 사슈. 그대신에 잊지 말우. 평균수명 40이오. 당신나이로 볼 때는 벌써 갔어. 알았어?" 해줬습니다. 더운 지방 사람들 다 오래 못살거든요. 추운 지방으로 가야 오래 살지. 아무쪼록 여러분은 일기에 대해서 환경에 대해서 뭐, 정치에 대해서 그렇게 원망하지 마십시오. 이만하면 괜찮아요. 아시겠습니까? 밥술 먹고살면서 뭘 그러십니까. 하나 더 중요한 게 있습니다. 원망은 버릇이 된다는 것입니다. 그리고 성품이 됩니다. 원망은 원망을 낳습니다. 한번 보십시오. 자식이 말 안듣는다고 원망하면 자식은 부모를 향해서 왜 낳아줬느냐고 원망을 합니다. 저들도 할말이 많지요. 자기들도 살기 어려운 세상에 왜 나까지 낳아가지고 고생하느냐고, 고생시키느냐고… 따지자면 그쪽이 더 할말이 많습니다. 그런데 뭘 가지고 누굴 원망하겠다는 것입니까. 아이들 요새 똑똑합니다. "제자식 낳아서 제가 키우면서 말이 많아." 안그렇습니까? 절대 원망하지 맙시다.

영성가요 신학자인 헨리 나우언의 「Sabbatical Journey」라고 하는 유명한 책이 있습니다. 여기서 말합니다. 우리가 조심해야 할 것 — '남의 선망의 대상이 되고자 하느냐? 그렇다면 너는 고독한 생을 살아야 할 것이다. 자기자신에 몰입하고 있느냐? 그렇다면 보장받을 수 없는 불행을 가지고 살아야 한다. 불필요한 근심, 앞으로 있을 수도 있고 없을 수도 있는 것을 두고 쓸데없는 걱정을 하고 사느냐? 그렇다면 그것은 모든 악의 동기가 될 것이다.' 바른 생활의 비결은 오직 은혜에 대한 오직 감사입니다. 겸손한 마음에서 은혜를 알고 감사할 때에 감사하는 자는 마귀도 유혹하지 못합니다. 오직 자유인의 감사입니다. 오늘성경말씀을 보면 이렇게 어이없는 원망을 하지마는 참 귀한 말씀이 있습니다. 하나님께서는 이 원망을 들어주셨습니다. 고기먹고 싶다고 하니까 먹어보라 하셨습니다. 먹이셨습니다. 물이 없다고 하니까 물을 주셨습니다. 배고프다고 하니까 만나를 주셨습니다. 보십시오. 원망도 들어주시는 자비하신, 좋으신 하나님, 참으로 감사합니다.

우리가 원망을 극복할 수 있는 길은 원점으로 다시 돌아가서 절대은혜에 감사하고 그리고 앞에 있는 저 하늘나라를 바라보며, 요단강 건너의 가나안땅을 바라보며, 그리고 하나님께서 나와 함께하시는 강한 손길을 느끼게 될 때 오늘도 자유인으로 감사하게 되는 것입니다. 오직 감사만이 원망을 이길 것입니다. △

천국에 들어가는 부자

예수께서 제자들에게 이르시되 내가 진실로 너희에게 이르노니 부자는 천국에 들어가기가 어려우니라 다시 너희에게 말하노니 약대가 바늘귀로 들어가는 것이 부자가 하나님의 나라에 들어가는 것보다 쉬우니라 하신대 제자들이 듣고 심히 놀라 가로되 그런즉 누가 구원을 얻을 수 있으리이까 예수께서 저희를 보시며 가라사대 사람으로는 할 수 없으되 하나님으로서는 다 할 수 있느니라
 (마태복음 19 : 23 - 26)

천국에 들어가는 부자

　이스라엘사람들의 지혜를 모았다고 하는「탈무드」에 나오는, 심오한 진리가 담긴 이야기입니다. 한 척의 배가 많은 사람을 태우고 가다가 큰 풍랑을 만납니다. 풍랑이 너무 심해서 마침내 항로를 벗어나게 됩니다. 이 풍랑에 시달리던 끝에 아침이 되면서 바다는 고요해졌고 배는 이름도 알 수 없는 무인도에 기착합니다. 밤새 너무들 고생을 했기 때문에 이 무인도에서 잠깐 쉬고나서 다시 출발하기로 선장은 결심을 했습니다. 닻을 내리고 사람들은 이제 무인도에 잠깐 상륙을 해서 마음을 좀 윤택하게 하고 그리고 다시 출발을 하기로 한 것입니다. 이 무인도는 많은 꽃이 피어 있고 이름모를 새도 많고 많은 과일도 있는 그런 아름다운 섬이었습니다. 이러한 상황에서 다섯 가지 유형의 사람이 드러나더라 하는 것입니다. 첫째, 섬에 상륙한 다음에 다시 큰 풍랑이 몰아칠까봐 무서워서 배를 내리지 않는 사람입니다. 그대로 배 안에 머물렀다가 빨리 갔으면 좋겠다고 생각하는 것입니다. 두 번째는 빨리 움직여 이 섬에 내려가지고 새소리도 듣고 과일도 따먹고 민물에 세수도 하고 발도 담그고 그리고 빨리 돌아와 배를 타고 목적지로 가기를 바라는 그런 사람입니다. 세 번째는 섬에 상륙해서 재미있게 놀다가 출항 직전에 허둥지둥 돌아오느라 가지고 갔던 소지품도 다 잃어버리고 오는 사람입니다. 그런가하면 네 번째는 선원들이 멀리서 닻을 올리고 있고 빨리 배에 타라고 소리치는 것을 보면서도 그저 여유를 부리다가 가까스로 배에 올라타면서 몸에 상처까지 입는 미련한 사람입니다. 마지막 다섯 번째는 섬의 아름다움에 취해서 배가 있는지 떠나는지 모른 채 섬구경 하고 과일 따먹고 하다가 그만 배를 놓치고 밤에 맹수의 습격을 받고 뱀에 물리고 곤충에 쏘여서 죽어가는 한심한 사람들입니다.

우리, 이 다섯 가지 유형의 사람을 생각해봅시다. 나는 그 중 어느 유형에 속하는 것입니까? 문제는 이것입니다.

세계적인 경제학자 A. 마샬은 그의 「경제학 원리」에서 말합니다. 오랜 역사를 연구해보니까 인류의 생존과 발전에 가장 큰 영향을 준 것은 종교와 경제라는 것입니다. 종교윤리가 바로서고 경제윤리가 바로서는 나라가 민족이 다 흥왕하고, 종교윤리가 빗나가고 경제윤리가 탈선하면 망하더라 합니다. 이런 중요한 결론을 얻고 있습니다. 여러분, 바른 기독교―어디서 찾겠습니까. 무엇으로 평가할 수 있겠습니까. 신앙 그것을 측정할 수 있는 바로미터는 무엇입니까. 그것이 바로 물질이라는 것입니다. 그래서 옛날부터 돈쓰는 걸 보면, 돈을 어떻게 다스리는지 돈 앞에서 어떻게 되는지를 보면 사람됨을 알 수 있다는 거 아닙니까. 이런 옛날얘기가 있습니다. 사돈을 맞으려고 할 때, 아들 장가를 보낼 때 며느리될 사람쪽을 어떻게 떠보았느냐? 밤에 그 집 앞에 가서 몰래 담 너머로 굴비 몇개를 던져놓습니다. 그러면 그 집에서 아침에 나와 보고 굴비가 있으니까 '이거, 밥도둑놈 왔다' 하고 밖으로 내던지는 사람이 있습니다. 그건 합격입니다. 이거 웬떡이냐 하고 거두어 먹어치우는 집이면 불합격이라 합니다. 좌우간 옛날사람도 물질을 사람 평가하는 기준으로 삼았다는 것, 아주 지혜롭다 생각합니다.

신학자 샬론 달로스파크스라는 분이 있습니다. 그의 저서 「Practicing Our Faith」에서 우리의 믿음을 어떻게 훈련할 것이냐 하는 문제를 놓고 말합니다. 현대인의 특징―분주하고 고뇌스러운 것이다 합니다. 현대인은 다 바쁩니다. 그리고 고통의 원인은 뭘까? 너무도 평범한 얘기입니다. 그러나 신중한 결론입니다. 첫째, 더 많이 가지려고 발버둥칩니다. 그만하면 됐다 싶은데 이 한계를 긋지 못합니다. 돈버는 것, 여러분은 얼마까지 벌면 되겠습니까? 그런데 이 돈이 돈만이 아니고 돈 위에 명예가 있거든요. 명예 위에 권세가 있거든요. 권세 위에 또 족보가 있더라고요. 이렇게 자꾸 부풀려서 돈의 가치를 너무 크게 생각하니까 돈번다는 게 돈만이 아닌 것입니다. 명예가 고개를 쳐듭니다. 돈 있으면 양반이고 돈 없으면 서민입니다. 돈 없으면 사람구실 못한다는 것입니다. 그런고로 어느 정도는 가져야 되겠는데 그러나 더 가지려고 덤빕니다. 거기에는 물질생각만 있는 게 아닙니다. 물질 이상의 것을 생각한 것입니다. 그래서 더 가지려고 또 더 가지려고 하다보니까 더 일을 많이 해야 되고 더 바쁘게 살아야 되고 마지막에는 더 피곤해지고 더 일찍 죽어야 되고… 뭐, 그런 것입니다. 그래서는 아, 형제관계도 이 돈 때문에 원수관계가 되고요 부자간도 원수간이 됩니다. 차라리 돈 없었으면 더 좋았을 걸 그 좋은 집안인데 돈 때문에 망조가 든 거라고요. 이것도 모르고 더 더 더… 이게 돈이 주는 유혹이요 매력이라는 것입니다. 둘째, 이미 가진 것을 지키려고 합니다. 여러분, 돈이란 게 지켜지는 것입니까? 그래서 우리한국사람들에게만 있는 특징이 있습니다. 그저 돈만 벌면 땅 사는 것입니다. 은행은 못믿어, 정치도 못믿어, 땅만 사면 돼, 땅값은 내려가는 법이 없어, 우리나라는 조그만 나라이기 때문에 어디다 사놔도 땅값은 오르게 마련이다―여러분, 돈없는 사람은 뭐 하루하루 살기가 어려워서 그까짓 거 생각할 겨를 없습니다. 그러나 돈있는 사람은 땅에다가 저축을 하려듭니다. 이래서 지켜보려고 합니다. 그러나 지켜집니까. 내가 죽어야 되는데요. 아니, 영구 보존할 수 있는 땅이 있느냐고요. 그런 물질이 있느냐고요. 내가 병들면 아무 소용 없는데요. 물질은 지킬 수 있는 성격이 못됩니다. 돌고돌다가 언젠가는 내손을 떠나게 되어 있는 것입니다. 결코 내것 아닙니다. 언젠가는 그 누구, 다른 사람에게로 돌아가게 되어 있습니다. 그런데도 불구하고 이걸 움켜쥐고, 움켜쥐어보겠다고 몸부림을 치는 것입니다. 어느 돈많은 부자가, 돈이 너무 많아 죽을 때 아까워 못견디겠는지라 한 백만 불 가지고 갔으면 좋겠는데 이걸 그냥 두고 가다니… 해서 내 관 속에다 넣어야겠다 생각을 하고 변호사 목사 의사 세 사람을, 이런 정도의 사람들이면 약속을 지키겠지 하고 불러다놓고 백만 불씩을 줬습니다. "나 죽은 다음에 관에다가 좀 넣어주시오." "아, 그러지요." 약속을 했습니다. 그 부자가 죽어 장례식을 하고 돌아올 때 세 사람이 같이 차를 타고 왔습니다. 그래 돈들 다 관에다 넣었나, 서로 확인합니다. 목사님이 말씀합니다. "아무래도 십일조는 떼야 될 거같애서 십일조만 뗐습니다." 의사는 말합니다. "내가 지금 병원을 개조하고 있는데 그저 병원에 희사한 셈치고 50%를 뗐소." 변호사는 펄쩍띕니다. "그게 어떤 약속인데 어겨요? 다 집어넣어야지 그렇게 뼁땅치면 되나요." 그리고 하는 말이 "나는 수표로 넣었소" 하는 것입니다. 성도 여러분, 못알아들었습니까? 두고두고 생각해보십시오. 변호사가 언제나 머리를 잘 굴리는 편입니다. 아무튼 돈이란 지킬 수 있는 것이 못됩니다. 죽어서 지고 갈 수가 없습니다. 사람들이 왜 그걸 모를까? 여기에 문제가 있는 것입니다. 셋째, 장래에 대한 두려움이 있습니다. 이상합니다. 돈있는 사람 돈이 없는 사람, 어느 쪽이 두려움이 많을 것같습니까? 누가 잠을 편히 잘 것같습니까? 이걸 잊지 말아야 됩니다. 없는 사람의 마음은 절로 자유합니다. 한끼 먹으면 됩니다. 이리 살다 가면 되는 것입니다. 그러나 돈있는 사람은 불안합니다. '저게 누구손에 갈 건고? 아고, 아까워라. 저게 어떻게 될 건고? 주가가 올라갈라나 내려갈라나?' 여러분, 주가 오르락내리락한다고 난리들 치지만 저는 흥미 가져본 역사가 없습니다. 뉴스듣다가도 주가얘기 나오면 꺼버립니다. 까짓거, 나와 무슨 상관 있습니까. 오르든내리든 나는 자유합니다. 돈이 있으면 두려움이 함께 따라온다—이렇게 이 신학자는 말하고 있습니다.

　오늘본문에 나타난 말씀의 배경을 우리는 잘 압니다. 젊은사람이 예수님께 와서 말합니다. '어떻게 하면 영생을 얻겠습니까?' '율법을 지켜라.' '제가 어려서부터 율법을 다 지켰습니다.' '그래? 그러면 온전하고자 할진대 너 있는 것을 다 팔아 가난한 자에게 주라. 그리고 나를 좇으라' 하시니 이 젊은사람이 '심히 근심하며 가니라' 합니다. 왜? 영생은 얻어야겠는데 돈을 버리라니 버릴 수도 없는 것입니다. 그래 걱정만 더 하면서 집으로 돌아갔다는 것입니다. 그 돌아가는 모습을 보고 예수님께서 하신 말씀입니다. 간단합니다. '부자는 천국에 들어가기 어렵다.' 여러분, 문자대로 받아들이세요. 부자가 예수 잘믿기 어렵다—이걸 인정해야 됩니다. 왜? 보십시오. 오랜만에, 10년 20년만에 친구 만나보십시오. 모처럼 만나서 보면 그대로 반가운 사람이 있는가하면 목에 힘주는 사람이 있습니다. 돈푼이나 벌었다고 그렇습니다. 친구도 없습니다. "자네 잘 있었나?" 그걸로 끝입니다. 그 돈 몇푼이 사람을 이렇게 만들었더라, 이것입니다. 부자, 천국에 들어가기 어렵습니다. 가끔 이런 사람들을 봅니다. 모처럼 보는 교인에게 요새 교회 잘 안나온다고 말하면 "목사님, 요새 사업이 잘되어가지고 워낙 바빠서 교회 못나옵니다" 합니다. 내 속으로 뭐라고 하겠습니까. '좀 덜 바빠져야 되겠구만…' 안그렇습니까? 이 신앙생활에도 말입니다, 부라고 하는 거, 돈이라고 하는 게 거추장스러운 것입니다. 여러분, 부자돼서 더 잘믿게 된 겁니까, 부자돼서 잘믿던 사람이 안믿게 된 것입니까? 그 착하고 좋던 사람이 더 좋아진 것입니까, 아니면 오만하게 된 것입니까? 친구도 없어지고… 돈의 매력이 이런 것입니다. 사람을 교만하게 만듭니다. 그래서 예수님께서 말씀하십니다. 마태복음 5장에 나옵니다. "마음이 가난한 자는 복이 있나니…" 부하면서도 마음이 가난한 자가 있고 가난하면서도 마음이 부한 자가 있더란말입니다. 마음과 부가 완전히 별개시되어서… 그저 여러분 잊지 마십시오. 있으나 없는 듯이 없어도 있는 듯이 부족해도 다 쓰지 못할 듯이 그렇게 사는 것이 그리스도인입니다.

보니 '부자가 천국에 들어가기 어렵다' 하시는데 어렵다는 말은 (잘 들으세요.) 불가능하다는 말은 아닙니다. 어렵다는 것입니다. 어려운 것과 불가능한 건 다른 것입니다. 어렵습니다. 역시 부자가 예수믿기 어렵습니다. 바른 신앙생활 하기 어렵습니다. 이건 인정을 해야 됩니다. 예수님 말씀하십니다. '부자가 천국 들어가기란 약대가 바늘귀 들어가기보다 어렵다.' 어린아이들이 수수께끼를 합니다. "코끼리가 냉장고에 들어갈 수 있나?" 어른들은 "택도 없지, 어떻게 들어가냐" 합니다. 하지만 아이들은 다릅니다. 간단합니다. 발상을 바꾸면 됩니다. "커다란 냉장고 만들면 되잖아?" 그렇지요? 약대가 바늘귀로 들어가려면 (간단하지요.) 약대가 작아지고 작아지고 작아져서 바늘귀로 쏙 들어갈 만큼 작아지면 되지요. 아, 간단하지 않습니까. 작아지면 되는 것입니다. 그래서 옛날부터 내려오는 바늘귀에 관한 전설적인 해석이 하나 있습니다. 예루살렘 큰 성이 있고 성에 문이 있는데 아침에 열었다가 저녁에 닫습니다. 그 문 옆에 조그마한 비상구가 있습니다. 늦게 밖에서 돌아오는 사람들을 들어오게 하기 위한 조그마한 문입니다. 문이 너무 작아서 바늘귀라 합니다. 자, 이제 낙타를 타고 온 사람이 있습니다. 여기서 내려야 됩니다. 그리고 사람만 들어와야 됩니다. 짐을 지고 왔습니다. 짐도 못들어옵니다. 사람만 들어와야 됩니다. 이것이 '바늘귀'라는 이름을 가진 성문입니다. 비상구입니다. 자, 그건 해석이고요, 분명한 것은 하나님께서 가능하다 하신 것입니다. 누가 천국에 들어가겠습니까. 예수님말씀이 하나님께서는 하실 수 있다 하십니다. 무슨 말씀이겠습니까. '바늘귀로 들어갈 만큼 작게 만들어서 들어가게 하신다.' 작게 만드시는 이걸 잊지 말아야 됩니다. 여러분, 물질이 있으나 물질로 인해서 부해지지 마십시오. 어깨에 힘주지 마십시오. 남 멸시하지 마십시오. 아무것도 없는 듯이 바늘귀로 들어갈 만큼 작은 마음을 가지세요. 그래야 들어갈 수 있습니다. 저는 목사된 입장에서 이런 사람 저런 사람 많이 만나봅니다. 가끔 이런 생각이 납니다. 부하면서도 아주 겸손한 사람이 있고 뭐 별로 넉넉지도 못한 것같은데 그저 뭐 돈 몇푼 때문에 참 문제가 많은 사람이 있습니다. 그런 걸 많이 봅니다.

제가 제일 답답하게 여기는 때가 어떤 때인고하니 아들하고 또 며느리될 사람하고 연애가 됐습니다. 그런데 그 며느리될 사람의 집이 가난합니다. 아주 가난합니다. 아들의 어머니가 내게 찾아와서 두 사람 연애하는 걸 좀 말려서 못하게 해달라고 말합니다. "아, 둘이 서로 좋아하는 거같은데 왜 그러세요?" 하면 저 집이 이렇게이렇게 가난합니다, 저 집에서 어떻게 감히 우리집을 넘봅니까, 어떻게 우리집며느리가 되겠다는 겁니까, 하고 나옵니다. 그럴 때 내가 '큰 일났구나' 하고 무슨 생각 하는지 아십니까? 그때마다 옛날 내가 형편없을 때 나를 사위로 맞아주신 장인께 감사하는 것입니다. 아이고, 그런 논리로 말하면 저 장가못갔습니다. 여러분, 사람 이렇게 보지 맙시다. 그 마음 가지고는 천당 못갑니다. 천당 못가는 것만이 아니라 마음의 평안도 없습니다. 그 집안이 평안하지도 않습니다. 이걸 알아야 됩니다. '부자가 천국에 들어가기가 어렵다.' 어렵습니다. 사실로 어렵습니다. 두루 보니까 그렇습니다. 겸손하기 어렵고 진실하기 어렵고 열심내기 어렵고 정말 소박하던 그옛날모습이 안보일 때가 많습니다. 그럴 때 '아, 어떡하면 좋단말인가' 합니다. 하나님만이 하십니다. 작게 만드십니다. 프란시스 베이컨의 유명한 말이 있습니다. '돈은 최선의 종이요 최악의 주인이라.' 주인으로 섬기면 최악의 주인이요 잘 다스리면 참 좋은 종이 된다는 말입니다. 여러분, 내가 못하는 것 하나님께서 하십니다. 하나님께서 친히 하십니다. 천국에 들어갈 수 있도록 하십니다. 작게작게작게 만드셔서 바늘귀로 쏙 들어가게 만드신다는 걸 잊지 마십시오. 이걸 알고 살아야 합니다. 보면 어려운 때에 착한 일 하던 사람 좀 넉넉해지면 안합니다. 전에는 은혜를 알던 사람이 오늘은 은혜가 어디 갔는지 모릅니다. 왜요? 몇푼 안되는 돈이 사람을 이렇게 만들었습니다. 어찌하면 좋겠습니까? 하나님편에 서서 생각하십시오. 저 사람을 하늘나라에 들여야겠으니 부득불 무슨 방법으로든지 꺾고 낮추고 비우고 마지막에 조그마한 바늘귀같은 구멍으로 쏙들어갈 때까지 하나님께서 역사하신다는 걸 잊지 마십시오.

　여러분 잘 아시는 골프천재 타이거 우즈라는 사람은 신실한 교인입니다. 그는 5살 때 '내가 돈을 벌면 불쌍한 사람들을 위해서 일생을 살리라.' 그렇게 결심을 했더랍니다. 아버지와 같이 TV를 보는데 에티오피아의 난민들 모습이 나왔습니다. 다섯 살배기 우즈는 "저걸 어떡하죠? 저 배고픈 어린아이들을 어떡하죠?" 하면서 웁니다. 아버지가 "그러지 마라. 내 대학동창 친구가 의사인데 저기 가서 지금 저 사람들을 위해서 봉사하고 있다" 하니까 이 다섯 살배기가 제방에 들어가서 그동안에 정성껏정성껏 모아놓은 돈을 작은 가방에 넣고는 "이거 저 아이들에게 줬으면 좋겠어요" 하고 건넵니다. 그리고 이 다섯 살배기는 결심을 했습니다. 그래 지금도 그는 직업이 골프선수입니다만 상금을 받을 때마다 반드시 삼등분합니다. 내가 쓸 것, 저축할 것, 그리고 불쌍한 사람을 위해 쓸 것… 꼭 삼등분을 해 놓는데 변함없이 그대로 실천하고 그렇게 산다고 합니다. 여러분, 여러분은 수입을 어떻게 등분하고 있습니까? 하나님께서 다 버리게 하시고 작게 만드신다는 걸 잊지 마십시오. 하나님께서 손을 쓰시어 작게 만드실 때 우리에겐 아픔이 있습니다. 나 스스로 나를 작게 만들 때 내게 행복과 자유함이 있습니다. 스스로 작게 만들어서 항상 바늘귀로 들어가는, 언제나 들어가는 그런 자세 그런 마음으로 그렇게 살아야 하겠습니다. 공산주의는 이데올로기에 매여서 시달리고 있고 자본주의는 돈이라고 하는 맘몬우상에 붙들려서 많은 사람들이 시달리고 있습니다. 제정신이 없습니다. 주님께서 하신 말씀 '하나님께서는 하실 수 있느니라.' 깊이 새겨 그 은혜 안에 자유하는 신앙생활이 되기를 바랍니다. △

예수의 휴식 양식

이 때에 제자들이 돌아와서 예수께서 여자와 말씀하시는 것을 이상히 여겼으나 무엇을 구하시나이까 어찌하여 저와 말씀하시나이까 묻는 이가 없더라 여자가 물동이를 버려두고 동네에 들어가서 사람들에게 이르되 나의 행한 모든 일을 내게 말한 사람을 와 보라 이는 그리스도가 아니냐 하니 저희가 동네에서 나와 예수께로 오더라 그 사이에 제자들이 청하여 가로되 랍비여 잡수소서 가라사대 내게는 너희가 알지 못하는 먹을 양식이 있느니라 제자들이 서로 말하되 누가 잡수실 것을 갖다 드렸는가 한대 예수께서 이르시되 나의 양식은 나를 보내신 이의 뜻을 행하며 그의 일을 온전히 이루는 이것이니라 너희가 넉 달이 지나야 추수할 때가 이르겠다 하지 아니하느냐 내가 너희에게 이르노니 눈을 들어 밭을 보라 희어져 추수하게 되었도다 거두는 자가 이미 삯도 받고 영생에 이르는 열매를 모으나니 이는 뿌리는 자와 거두는 자가 함께 즐거워하게 하려 함이니라 그런즉 한 사람이 심고 다른 사람이 거둔다 하는 말이 옳도다 내가 너희로 노력지 아니한 것을 거두러 보내었노니 다른 사람들은 노력하였고 너희는 그들의 노력한 것에 참예하였느니라

(요한복음 4 : 27 - 38)

예수의 휴식 양식

저는 지난주 월요일에 미국 버밍햄 앨라배마신학교에 가서 월화수목 나흘 동안 아침 8시 30분부터 저녁 6시까지 집중적인 강의를 하고 어제저녁 15시간 비행기를 타고 돌아왔습니다. 늘 이같이 여행을 하게 되니까 가끔 여러분들이 제게 물어봅니다. "목사님은 시차로 인한 피곤이 없습니까?" 저는 대답합니다. "나는 거의 시차를 느끼지 않습니다." "그 비결이 뭡니까?" "잠을 잘자기 때문입니다." 여러분, 이 잔다고 하는 것은 먹는다는 것 못지않게 중요합니다. 잠을 잘자고 깊이 자야 건강합니다. 아침에 정신이 안나고 얼떨떨한 것은 잠을 잘 못잤기 때문입니다. 잠이라고 하는 휴식, 완전한 휴식을 얻고나면 아침부터 밝은 마음 건강한 마음으로 건강한 몸으로 일할 수 있습니다. 그래서 시편 127편 2절에서는 "그 사랑하시는 자에게는 잠을 주시는도다" 하였습니다. 그러나 잠이라 해도 예배시간에 자는 건 예외입니다. 사랑하시는 자에게 잠을 주시는도다―여러분, 먹을 것 주시는 것만이 복이 아닙니다. 잠을 잘자게 해주시는 것, 복입니다. 침대가 좋다고 잠이 오는 게 아닙니다. 그저 어디 누우나, 북한 사투리로 귀때기만 대면 잠이 오는 것입니다. 그렇게 잠을 잘자면 시차가 문제 안됩니다. 잠이란 건강의 상징입니다. 건강해야 잠을 자고 잠을 자야 건강합니다. 병들면 잠도 제때 잘 수 없습니다. 또 평안한 마음에서 잠이 오는 것입니다. 불안과 공포에 떨면 눈을 감고도 밤을 새웁니다. 또한 잠은 자유의 징표입니다. 내 마음과 영혼이 자유할 때만이 어디서나 평안한 잠을 잘 수가 있습니다. 언젠가 한번 비행기를 타고 보니까 옆에 앉은 분이 그 긴 시간에 한잠도 안자는 것입니다. 먹지도 않고 발발떨고만 있습니다. 왜 그러느냐 물으니 죽을까봐 그런다는 것입니다. 그래 내가 '과히 걱정하지 마십시오. 나하고 같이 가니까요" 하고 말해줬습니다. 적어도 죽을까봐 걱정하는 사람은 잠을 잘 수가 없습니다. 모든 염려를 다 내버리고 하나님께 맡기고야 편히 쉴 수가 있는 것입니다.

　가장 힘든 것 두 가지가 있습니다. 하나는 할일이 없이 노는 것이요 하나는 쉬지 못하고 일하는 것입니다. 둘 다 힘듭니다. 두 친구가 산에 올라가서 나무를 찍었습니다. 하루종일 일을 하는데 한 사람은 쉬지 않고 계속 나무를 찍었습니다. 친구보다 더 많이 찍으려고요. 그래서 주인으로부터 칭찬받으려고요. 또 한 친구는 중간중간 쉬면서 일을 했습니다. 저녁에 결과를 보니 쉬면서 일한 사람이 훨씬 더 나무를 많이 찍어놨습니다. 쉬지 않고 일한 친구, 슬그머니 질투가 나서 "아니, 자네는 쉬면서 했는데 어떻게 나보다 나무를 더 많이 찍었는가?" 하고 물었습니다. 그 친구는 이렇게 대답합니다. "자네는 뭔가 잘못생각했거든. 내가 쉬는 줄 알았지? 쉬면서 도끼날을 세웠거든. 쉴 때마다 도끼를 갈아서 날을 세웠기 때문에 더 능률적으로 많은 나무를 찍을 수 있었던 것이야." 휴식이 결코 시간낭비가 아닙니다. 재충전입니다. 특별히 성경이 말씀하고 있는 안식, 안식일이라는 것은 하나님께서 정하신 창조의 원리입니다. 일하고 쉬고—영원한 안식의 예표입니다. 목적은 일이 아닙니다. 안식이 목적입니다. 그걸 잊지 말아야 합니다. 안식은 하나님께서 정하신 창조의 원리일 뿐만 아니라 쉬면서 영을 새롭게 하고 또 실제적으로 쉬면서 일상생활에서 잃어버리기 쉬운, 일상적인 타성에서 잃어버리기 쉬운 경건을 재정비하는 것입니다. 그런고로 안식은 매우 중요한 생명력의 공급원이 됩니다. 쉰다 할 때 우리는 그냥 앉아 놀면 쉬는 줄 압 니다만 그렇지 않습니다. 육체를 움직이면서 일한 사람은 움직이는 걸 쉬는 게 쉬는 것입니다. 그러나 가령 컴퓨터를 마주하거나 주로 정신노동을 하는 사람은 몸을 움직이는 것이 쉬는 것입니다. 쉰다는 것의 개념을 현대적으로 바꿔야 합니다. 보십시오. 오늘아침에도 아침 일찍 여기 오면서 보니 골프채들 들고 운동하러 가느라고 주차장에 나와가지고 서두르는 사람들을 봅니다. 그래서 등산도 하고 골프도 하고 수영도 하고 운동을 합니다. 이게 쉬는 것이니까요. 저는 토요일저녁에 비행기를 내리면 저녁을 먹고 밤 아홉 시 반에 가서 운동을 합니다. 땀이 날 때까지 운동을 실컷 하고나서 잠을 자면 잠이 깊이 듭니다. 그리고 그 다음날 아침에 아무렇지도 않습니다. 쉰다는 것은 침대에 누워 있다는 것만이 아닙니다. 움직여야 되고 운동을 하는 것이 오히려 쉬는 것임을 깊이 생각해야 합니다. 또 하나는 일을 함으로 쉬는 것입니다. 즐거운 일을, 하고 싶은 일을 하는 것입니다. 늘 하고 싶은 일을 즐거운 마음으로 아주 미쳐가지고 하면 그게 곧 휴식입니다. 특별히 예수님의 논법대로 보면 선한 일 하는 것이 쉬는 것입니다. '저희가 안식일에 선한 일 하겠느냐, 악한 일 하겠느냐? 사람을 살리겠느냐, 죽이겠느냐?' 예수님말씀입니다. 선한 일 하는 것 그 자체가 휴식이 되는 것입니다. 휴식은 중요한 시간입니다.

오늘본문 보면 예수님께서 좀 피곤하십니다. 제자들도 다같이 피곤합니다. 모름지기 목도 마르고 갈증도 나고 배도 고프고… 시장했던 것같습니다. 그래서 야곱의 우물가를 지나가는데 깊은 우물은 있지만 두레박이 없습니다. 그래 제자들이 '주님 여기 좀 앉아계십시오' 하고 예수님 혼자 우물가에 앉아계시게 하고 수가 성이라는 한 5리쯤 가야 있는 동리에 음식을 마련하러 갔습니다. 우물가, 예수님 혼자 계시는 바로 그런 순간입니다. 그런데 제자들이 음식을 가지고 돌아왔습니다. 와서 '예수님 잡수십시오' 했더니 예수님 하시는 말씀이 '내가 먹는 양식은 따로 있다' 하십니다. 벌써 예수님께서는 피곤한 기색이 다 사라지고 없었습니다. 배고프신 것같지도 않았습니다. 목마르신 것같지도 않았습니다. 완전히 refreshment, 기분전환이 다 돼 계십니다. 아주 생기가 넘치십니다. 그래 오늘 성경말씀에 보면 난센스가 있습니다. "누가 잡수실 것을 갖다드렸는가?" 합니다. 그러나 실상 예수님께서는 음식을 잡수시지 않았습니다. 그러나 예수님께서는 지금 배고프지 않으십니다. 목마르지도 않으십니다. 아주 완전하게 휴식을 취하셨습니다. 그 어떤 휴식인가? 한번 이야기를 해볼까요? 먼저는 아주 고독하고 불쌍한 여자를 만나셨습니다. 단 둘이서요. 그리고 그 여자와 이야기를 하셨습니다. 이 여자는 사람만나기를 꺼리는 사람이었습니다. 그래서 이 대낮 뜨거운 때 물 길러 혼자 왔습니다. 아침저녁 서늘할 때 오지 않고 왜 이 뜨거운 때에 혼자 왔느냐? 사람만나는 게 싫어서입니다. 그래 혼자서 왔다가 예수님을 만나게 됩니다. 예수님께서 이 불쌍한 여자를 만나주십니다. 그리고 그와 더불어 이야기를 하십니다. 사람을 피해다니면서도 사람을 꼭 만나고 싶은 사람. 사람만날 필요를 절대적으로 느끼는 고독한 여인 바로 이 사람을 만나십니다. 고독하기도 할 것이 18절에 보면 예수님께서 이 사람 보고 "네가 남편 다섯이 있었으나 지금 있는 남자는 네 남편이 아니니…" 하고 말씀하십니다. 팔자가 기구한 여자입니다. 이 불쌍한 여자를 만나주신 것입니다. 저와 더불어 이야기함으로 예수님께서는 휴식을 얻으십니다. 여러분은 어떤 사람을 만나는 거, 그리고 만나서 얘기함으로 얻는 휴식을 맛본 적 있습니까? 이는 중요한 일입니다. 언젠가 한번 우리집 쌍둥이인 손자손녀를 만나는데 현지라고 하는 손녀가 나보고 하는 말입니다. "할아버지 할아버지." "왜?" "나는 말이야 꼭 오빠하고 결혼을 하고 싶은데 그런데 오빠는 엄마하고 결혼한다고 그랬어. 나는 할수없이 아빠하고 해야 될까봐." 내가 그랬습니다. "그러렴." 이런 이야기를 주고받다보면 피로가 어디 있습니까. 피곤이 다 사라지는 것입니다. 참 사람과 마음을 트고 만난다는 것, 이 얼마나 깨끗하고 행복한 시간입니까. 먹는 것 자는 것보다 더 중요합니다. 휴식이 되는 것입니다.

또한 한 영혼을 구원하고 계십니다. 이 여자가 예수님을 만나면서, 자기의 허물과 깊은 비밀까지 다 아시는 주님을 보고 이 분이 바로 선지자요 메시야다, 깨닫게 되고 예배할 곳이 어디냐고 질문을 합니다. 그래서 예수님께서 '바로 지금이다. 신령과 진리로 예배할지니라' 하는 귀중한 말씀을 이 여자에게 하신 것입니다. 자, 한 영혼을 구원하셨습니다. 한 영혼을 자유케 하셨습니다. 그런 순간입니다. 예수님께서는 벌써 다 휴식을 얻으신 것입니다. 스티브 비덜프라고 하는 분이 쓴 「아이에게 행복을 주는 비결」이라는 작은 책이 있습니다. 어른들은 왜 행복하지 못한가에 대하여 얘기합니다. 같은 처지에 살면서 아이들은 행복한데 어른들은 행복하지 못합니다. 그 이유는 첫째, 과거에 대한 후회 때문입니다. 아이들에게는 과거가 없지 않습니까. 그러니까 그대로 행복한데 어른들은 무엇을 대하든지 과거에 대한 후회가 거기에 따라옵니다. 그러지 말았어야 했는데 아, 정말 그건 역사적인 실수였다, 내 운명을 바꿔놓는 실수였다―

이런 생각을 하게 될 때 오늘 현재의 소중한 의미를 잃어버리게 됩니다. 또하나는, 오래된 죄책감 때문입니다. 회개하고 죄사함받고 날려버렸어야 하는데 아직도 그 죄책감이 계속 따라옵니다. 이 죄책감, 이 어두운 마음 때문에 미래가 보이지 않습니다. 또한 해묵은 원망, 오래된 원망 때문입니다. 누구를 원망하고 누구를 원망하고 끝내는 부모를 원망하고 심지어 하나님까지 원망하는 아주 해묵은 이 원망이 아직도 도사리고 앉아 있습니다. 그에게는 휴식이 없습니다. 이 세 가지가 떠나갈 때, 이 세 가지를 날려버릴 때 비로소 휴식이 되는 것입니다. 본문의 이 여자는 예수님을 만나면서 과거에 대한 후회, 오래된 죄책감, 해묵은 원망, 그만 다 날려버리고 말았습니다. 자유해졌습니다. 부끄러운 줄 모르게 됐습니다. 동리에 들어가서 전도를 합니다. 바로 그런 사람이 됐습니다. 이것을 보심으로 예수님께서는 휴식이 됐습니다. 예수님의 마음에 휴식이 찾아왔습니다. 나로 인해서 행복해진 사람을 보며 함께 행복을 누리는 것보다 더 좋은 일은 없습니다. 여러분, 나로 인해서 불행해지는 삶 때문에 불행해지는 것을 아십니까? 아무리 변명해도 변명할 길이 없습니다. 나 때문에 불행해지는 자가 있기 때문에 나는 여기서 벗어나지 못하고 항상 무거운 마음을 가지고 살아야 됩니다. 반대로 나 때문에 행복해지는 사람 여기 있고 저기 있고 오늘도 내 앞에 있을 때 나는 자유로운 것입니다. 행복한 것입니다. 피곤이 다 날아가고 마는 것입니다.

좀더 본문을 읽어나가보면 수가 성에서 이 여자가 전도를 했더니 많은 사람들이 모여듭니다. 한 여자가 가서 전도를, 내가 메시야를 보았다 했더니 모여드는데, 우물가로 사람들이 나오는 것을 보면서 예수님 말씀하십니다. '추수할 때가 되었도다. 모든 사람의 마음이 이렇게 간절히 구원을 기다리고 있구나. 메시야를 기다리고 있구나. 복음을 기다리고 있구나.' 온동리사람이 예수님께 나오는 걸 보면서 예수님 말씀하십니다. "추수할 때가 되었도다." 예수님의 마음에는 큰 기쁨과 벅찬 행복이 가득합니다. 피곤이 다 사라졌습니다. 배고픔도 없고 목마름도 없습니다. 이 얼마나 놀라운 얘기입니까.

찰스 핸디라는 분이 「홀로 천천히 자유롭게」라고 하는 책을 씁니다. 여기서 그는 이렇게 삶의 지혜를 말해줍니다. '1등이 되려 하지 말고 좋아하는 일을 하라.' 우리는 1등이라고 하는 상태, 1등이라고 하는 포지션에 마음을 두었다가 망가졌습니다. 1등이든 3등이든 꼴찌든 묻지 마십시오. 좋아하는 일을 하면 그는 건강할 것입니다. '모방은 하지 말고 남과 비교하지 마라.' 하나님께서 내게 주신 은사는 다릅니다. 남은 크고 나는 작습니다. 비교할 것 없습니다. 남은 부자고 나는 가난합니다. 그것도 비교할 것 없습니다. 성공은 행복에 있는 것이기 때문입니다. '또 천천히 자기만의 일을 하라.' 좀더 천천히—그럴 때 오늘도 안식을 즐기며 살 수 있습니다. 교회에서 의료선교단이 봉사하러 여기저기 갑니다. 가만히 보면 1년에 두 번 세 번 가는데 교회에서는 그들의 여비를 주지 않습니다. 그들이 자비량해서 갑니다. 교회에서는 오로지 약품만 줍니다. 그걸 가서 봉사합니다. 그 1년에 몇번 소중한 휴가, 금같은 휴가를 거기다 바쳐버립니다. 여기 한번 따라가봤습니다. 몽골에 갔을 때 보니 아, 양반들이요 일생동안 한 번도 목욕을 안했대요. 이를 닦아본 일이 없대요. 이거 얼마나 냄새가 납니까. 제가 옆에 가까이 가보니까요 그 이상합디다. 비릿비릿한 냄새가 나는데요 아, 구역질이 올라옵니다. 아, 이런 사람들을 앞에 놓고 정성을 다해서 해가 지도록 치료를 합니다. 이렇게 며칠 동안 치료하고 돌아온 분의 이야기는 이렇습니다. "이때가 제일 행복합니다. 저는 이런 휴가가 제일입니다. 의사된 보람을 여기서 한번씩 느끼곤 합니다. 가장 큰 휴가 가장 큰 refreshment, revitalization, 생기가 넘칩니다. 그래서 돈을 모아가지고 휴가를 이런 식으로 합니다. 참으로참으로 존경스러운 이야기입니다.

휴식, 생명력의 재충전, 그것이 어디 있는가를 우리 다시한번 생각해봅시다. 금년 여름휴가 어떻게 하고 싶습니까? 좀더 예수님 스타일 예수님 휴가스타일로 한번 바꿔볼 마음 없습니까? 내 일생 가장, 가장 행복했던, 가장 의미있었던 휴가로 그렇게 삶의 의미를 승화시켜나가기를 바랍니다. △

한 수난자의 기쁨

형제들아 나의 당한 일이 도리어 복음의 진보가 된 줄을 너희가 알기를 원하노라 이러므로 나의 매임이 그리스도 안에서 온 시위대 안과 기타 모든 사람에게 나타났으니 형제 중 다수가 나의 매임을 인하여 주 안에서 신뢰하므로 겁 없이 하나님의 말씀을 더욱 담대히 말하게 되었느니라 어떤이들은 투기와 분쟁으로, 어떤이들은 착한 뜻으로 그리스도를 전파하나니 이들은 내가 복음을 변명하기 위하여 세우심을 받은 줄 알고 사랑으로 하나 저들은 나의 매임에 피로움을 더하게 할 줄로 생각하여 순전치 못하게 다툼으로 그리스도를 전파하느니라 그러면 무엇이뇨 외모로 하나 참으로 하나 무슨 방도로 하든지 전파되는 것은 그리스도니 이로써 내가 기뻐하고 또한 기뻐하리라

(빌립보서 1 : 12 - 18)

한 수난자의 기쁨

"나는 내 플레이에 만족합니다. 나는 오늘에 이르기까지 나 자신을 날마다 책찍질하고 있습니다." 이 말은 지난 5월 16일 미국 여자프로골프협회 LPGA에서 시즌 4승에 통산 60승의 쾌거를 이룬 애니카 소렌스탐의 우승소감입니다. 골프치는 사람들 특별히 관심이 많겠습니다. 과연 그는 골프의 여자황제입니다. 통산 60승이라니… 많은 사람에게 추앙과 존경을 받는 애니카 소렌스탐 그는 말합니다. "나는 내 플레이에 만족합니다." 잘 보십시오. 성공하지 못하는 사람들은 자기가 하는 일에 대해서도 불만이 많습니다. 날씨가 어떻고 누가 어디서 어떻게 했고 주변환경이 어떻고… 그리고 자기자신에 대해서도 불만이 많습니다. 이것이 잘못되는 이유입니다. 소렌스탐은 말합니다. "나는 내 플레이에 만족합니다. 그렇다고 여기서 머무는 게 아닙니다. 나는 스스로 교만해지지 않게, 게을러지지 않게 계속적으로 나를 책찍질하고 있습니다." 이 두 마디는 생에 참으로 중요한 교훈이 됩니다. 같이 플레이를 한 2위의 캔디 쿤은 이렇게 말하고 있습니다. "같이 플레이했지만 우리는 마치 다른 토너먼트에서 플레이한 것같습니다." 그는 자기자신만의 작은 세계에 존재하는 것만 같습니다. 주변환경이 어떻든, 누가 앞서 가든 뒤에 가든 상관없습니다. '나는 나만의 작은 세계에 사는 것같이' 느꼈다는 것입니다. 공동7위를 한 로라 데이비스는 소렌스탐을 두고 이렇게 말합니다. "그는 전혀 다른 차원의 골프를 하고 있습니다." 다른 차원의 골프를, 나만의 세계—여러분의 세계는 어떤 것입니까? 유감스럽지만 여기서 박세리는 66위를 했습니다. 그는 이렇게 말합니다. "이제는 골프와 일상생활의 조화를 찾고 싶습니다. 골프 아닌 다른 즐거움을 찾고 싶습니다." 이야기는 이렇게 끝나는 것입니다. 내가 하고 있는 일이 생활수단이 아닙니다. 그 자체를 즐겨야 하고 그 자체에 스스로 만족하고 스스로가 자기세계를 살아갈 수 있는 그런 가치관을 세워야 한다는 말씀입니다.

심리학자 M. 스캇 팩이 쓴 「The Road less Traveled」라고 하는 베스트셀러가 있습니다. 「끝나지 않은 길」이라고 번역됩니다. 그는 삶에 다가오는 많은 고통에 대해서 우리가 어떠한 자세로 임하느냐에 따라서 생의 운명이 결정된다고 말합니다. 그래서 그는 네 가지 지혜를 우리에게 제시하고 있습니다. '삶 속에는 고통과 즐거움이 공존한다.' 고통만 있는 것같으나 그 속에 즐거움이 있고 즐거움이 있다고해서 즐거움만 있는 것도 아닙니다. 그 속에 또다른 고통이 있는 것입니다. 즐거움과 고통은 공존한다는 것입니다. 그런고로 언제나 낙관적인 자세로 또는 긍정적으로 사건에 임할 필요가 있다는 것입니다. '둘째, 일의 가치와 의미를 알아야 한다.' 그것은 목적입니다. 바른 목적을 세워야 바른 가치관이 옵니다. 이건 질적인 것입니다. 얼마나 벌었느냐가 아닙니다. 얼마나 이익을 남겼느냐가 아닙니다. 내가 세운 궁극목적에 얼마나 부합한 생을 살았느냐입니다. '셋째, 그런고로 진실에 충실해야 한다.' 세상을 보는 일에 진실해야 하고 자기자신을 보는 일에 정직해야 합니다. 그렇습니다. 이걸 잊어버리면 실패하는 것입니다. 그래서 생의 균형을 잡아야 합니다. 포기할 것과 선택할 것이 있습니다. 다 가지려고 하지 마십시오. 다 가질 필요도 없습니다. 그저 몇가지는 가지고 몇가지는 버릴 생각을 하십시오. 버리지 않고 얻지 못합니다. 다 가지려고 하는 생각이 얼마나 바보스런 생각입니까. 균형을 잡아서 얻을 것은 얻고 버릴 것은 버리되 버리는 것을, 포기하는 것을 아쉬워할 필요가 없습니다. 얻기 위해 버리는 것이니까 말입니다. 그래 예수님께서 비유로 하신 말씀이 있지요. '밭에 감추인 보화를 발견했다.' 그래 너무 기뻐서 '저거 하나만 가지면 더 바랄 것이 없다' 합니다. 그래 집에 있는 것을 다 팔아버립니다. 아주 싸구려로 다 팔아버립니다. 왜요? 저것만 가지면 되니까요. 절대가치가 저기에 있으니까, 내 생의 목적이 저기에 있으니까 그렇습니다. '이것만 가지면 더 바랄 것이 없다.' 그러니 나머지는 아주 쉽게 버릴 줄 압니다. 이러한 용기가 있어야 생을 바로 살아갈 수 있다는 얘기입니다.

사도 바울은 지금 감옥에 있습니다. 감옥이란 지금처럼 인권이 보장되는 세상에서의 감옥이 아닙니다. 이천 년전 그때의 감옥은 정말 감옥입니다. 감옥 안에 있는 사람의 생명은 파리목숨만도 못합니다. 사람 몇만 명쯤 죽어도 눈썹 한번 까딱치 않는 그런 때입니다. 거기에 하나의 작은 생명으로 지하실에 갇혀 있습니다. 쇠사슬에 묶여 있습니다. 사도 바울이 묶여 있던 그 감옥을 우리가 가서 방문할 수 있습니다. '여기서, 이 음침한 데서 이렇게 묶여서, 아, 얼마나 힘들었을까?' 생각해봅니다. 그렇습니다. 그 속에서 편지를 썼기에 옥중서신이라고 말합니다. 그러나 감옥 안에서도 기쁨은 있었습니다. 사도 바울은 빌립보감옥에서 찬송을 불렀습니다. 로마감옥에서 다시 찬송을 부르고 있습니다. 감옥 안이라고 꼭 슬픔이 있고 탄식이 있는 게 아닙니다. 감옥 안에만 있는 희한한 남다른 기쁨과 깨달음과 느낌과 즐거움이 있고 찬송도 있는 것입니다. 여러분, 이걸 잊지 마십시오. 감옥 안에 기쁨이 있다—적어도 이런 기쁨이어야 합니다.

그리스도인의 삶의 본질이 여기에 있는 것입니다. 감옥에 있으면 슬프고 감옥 밖에 나오면 행복하고 그런 겁니까. 병들면 슬프고 건강하면 행복한 것입니까? 가난하면 슬프고, 그래 부하니 행복합디까? 바로 이것을 알아야 됩니다. 그는 감옥에서 수난자의 찬송을 부릅니다. 감옥 안에서 자기만이 아는 기쁨을 향유하고 있습니다. 그뿐입니까. 빌립보서의 총주제가 아닙니까. '기뻐하고 기뻐하라, 다시 말하노니 기뻐하라.' 스스로가 기쁠 뿐만 아니라 모든 사람을 향하여 기뻐하라고 외치고 있습니다. 여러분, 이러한 기쁨에 사랑하는 마음이 생깁니다.

무엇보다 중요한 것은 사도 바울이 하나님의 섭리를, God's Dispensation을 깨달은 것입니다. 제가 지나가는 말씀처럼 읽는 요절이지마는 저는 이 요절을 너무나도 소중하게 여깁니다. '나의 일생을 통해서 나의 당한 일이 복음의 진보가 된 것을 너희가 알기를 바라노라.' 나의 당한 일이 복음의 진보가 된 것을 너희가 알기를 바라노라—너무나도 귀한 말씀입니다. '나의 당한 일'이 뭡니까. 억울하게 감옥에 들어와서 이렇게 고생하고 있는 것입니다. 언제 죽을지 모르는 이런 고생을 하고 있는 이것입니다. 나의 당한 현실, 나의 당한 모순, 나의 당한 이 엄청난 말도안되는 고생—자, 이런 억울한 고생을 하는데 사도 바울은 말씀합니다. '나의 당한 일이, 나는 고생을 하지마는 복음의 진보가 되어…' 복음이 널리 전해지는 일에 플러스가 되었다는 것입니다. 이건 필요하다, 효과적으로 작용하고 있다—그걸 알게 되었습니다. 다시말하면 하나님의 선교적 시나리오를 알게 된 것입니다. 그 놀라운 시나리오 속에서 나를 봅니다. 내가 여기에 있는 것입니다. 하나님의 위대한 시나리오 속에 내가 여기에 있습니다. 그래서 그는 기뻐합니다.

　나는 북한에 갈 때마다 종종 그분들로부터 인사를 받는데요, 거기에 프로파일이 있기 때문에 담당자가 바뀌어도 나에 대한 기록이 있으므로 그걸 보고 내게 인사를 하는 것입니다. 언제든지 똑같은 이야기입니다. 여러번여러번 들었습니다. "목사동무, 동무의 아버지가 우리공산당의 손에 총살당할 때 동무가 바로 옆에 있었다면서요. 그럼에도 불구하고 이렇게 조국에 오셨구만요. 조국의 이름으로 환영합니다." 그러고 손을 내밉니다. 아버지가 제 목전에서 총살당하실 때 참으로 괴로웠습니다. 그 시신에 엎드려 울 때 세상이 다 끝난 것같았습니다. 그러나 이상하게도 귀로 들리지 않는 음성이 있습니다. 아직도 식지 아니한 그 시신을 부여잡고 있을 때 고막이 터질 것 같이 들리는 음성 "이놈아 살아야 효자다. 이놈아 너 여기서 죽으면 불효자야. 살아야 효자다." 그래서 벌떡 일어나 도망을 했습니다. 그렇게 해서 오늘까지 삽니다. 그런데 아버지가 내 앞에서 총살당한 이 사건이 오늘와서 북한선교를 위한 소중한 계기가 될 줄 누가 알았겠습니까. 바꿔놓고 생각해보십시오. 만일 우리아버지가 공산당을 죽였다면 저는 오늘날 북한에 못갑니다. 그런데 공산당원이 우리아버지를 죽였단말입니다. 저들은 나를 맞이할 때마다 나를 일러 성자라고 말합니다. 남한에서 그런 말 못들어봤습니다. 북한가면 성자라 합니다. '아버지를 죽인 그걸 다 잊어버리고 우리를 돕기 위해서 이렇게 오셨다' 하고 환영하는 것을 볼 때마다 그 섭리에 참 놀라워합니다. 처음에는 이해할 수 없었습니다. 그러나 이제는 뭔가 이해할 것 같습니다. 여러분, 이걸 잊지 말아야 합니다. '나의 당한 일이 복음의 진보가 된 것을 너희가 알기를 바라노라. 내가 감옥에 있다고 선교 끝난 거 아니다. 하나님의 선교적 차원에서는 가장 효과적인 역사가 여기서 이루어지고 있다.' 그는 그 위대한 시나리오 속에 있는 자신을 발견하고 이렇게 간증하고 있습니다. 거기에 사명이 있고 삶의 목적과 근거가 있기 때문입니다. 그뿐아니라 오늘본문 자세히 보면 '내가 감옥에 있음으로해서' 여러 가지 후속효과가 있다는 것입니다. 이것은 특별한 이익입니다. '겁없이 증거하는 사람이 생겼다.' 바울이 감옥에 갇혀 있으니까 바울을 사랑하고 예수님을 사랑하는 많은 사람들이 이제 용기를 냈습니다. '겁없이 복음을 전하더라.'

　　1950년 6·25전쟁 직전에 북한에서는 기독교에 대한 극심한 핍박이 있었습니다. 많은 목사님들 장로님들 다 감옥에 끌려갔습니다. 그래 교회에는 가지만 목사님도 안계시고 장로님도 안계십니다. 그저 교인들끼리 모였다 헤어지는 것입니다. 참 어이없습니다마는 제가 17살 때 설교를 했다면 믿겠습니까? 설교할 사람이 없었으니까요. 설교할 사람도 없고 교회를 주장하는 분도 없는데 교회는 터지게 모였습니다. 새벽에도 꽉찹니다. 발디밀 데가 없습니다. 인도하는 사람도 없어 불도 안켭니다. 그래도 그 어두운 곳에 엎드려서 기도하는 모습들이라니… 사도 바울이 감옥에 갇히기 때문에 그리스도인들은 용기를 냈습니다. 붙잡혀가는 게 문제가 아니었습니다. 그래서 겁없이 복음전하는 사람들이 속출하는 것입니다. 바울은 이것을 보고 있습니다. 나 하나 감옥에 있음으로해서 많은 사람이 불같은 열성을 내는 걸 보고, 겁없이 복음전하는 걸 보고 '참 잘됐다. 참으로 좋은 일이다' 생각하고 있습니다. 또한 참 선한 일에도 질투는 있거든요. 질투와 시기, 이것은 참 무서운 악성을 가지고 있습니다. 그래서 사도 바울이 복음전할 때도 경쟁적으로 복음전한 사람들이 있습니다. 사도 바울이 교회세우면 우리도 세우고 바울이 열심히 하니 우리도 열심을 내고… 이렇게 경쟁적으로 하던 사람들이 이제 바울이 감옥에 갇히고보니까 '사도 바울이 얼마나 지금 속이 상할까' 해서 그 괴로움을 더하게 하려고, 바울을 속상하게 하려고 밖에서 더 열심을 냈다는 것입니다. 질투하는 마음으로 바울의 마음을 괴롭히기 위해서 더 열심내어 전도하게 된 것입니다. 바울은 감옥에서 빙그레 웃고 있는 것같아보입니다. '외모로 하나 참으로 하나 전파되는 것은 그리스도다, 질투로라도 좋으니 열심히만 전해라 까짓거. 나의 명예를 추락시키려고 하지만 내 명예는 바닥에 깔려도 좋다, 단 예수님만 열심히 전해다오.' 얼마나 귀한 마음입니까.

저는 얼마전에 워싱턴 DC에 갔다가 부흥회를 인도했는데 부흥회 인도하기 직전 목사님사무실에 앉아 있다보니 이상하게도 내 눈에 딱 들어오는 책 한권이 있었습니다. 「Ethics」라고, 본훼퍼의 「윤리학」이라는 책입니다. 그것을 뽑아 들고 중간을 딱 폈는데 아주 놀랍게도 'ECCE HOMO' 라고 하는 chapter가 나옵니다. 이거 옛날에 다 보았던 책인데도 새삼 ECCE HOMO라는 말에 감격했습니다. 마치 지시를 해주는 것같았습니다. 그래 그날 이걸 가지고 올라가서 설교를 했습니다. 예수님 십자가에 돌아가시기 전 재판받으시는데 빌라도가 예수님을 보니 도저히 이해가 안되는 것입니다. 이 사람 왜 죽으려고드나? 아, 그 많은 능력을 가지신 분이 죄지은 것도 없는 것같은데… 그래 그는 '보라, 이 사람이로다.' Behold the Man— ECCE HOMO라고 말합니다. 본훼퍼는 이를 두고 세 가지로 초월하셨다고 해석을 합니다. '예수께서는 당신자신을 초월하셨다.' 자기라고 하는 우상을 초월하셨습니다. 살고죽는 건 상관없습니다. 생명을 깨끗이 잊어버리셨습니다. 그것이 예수님이다, 그것이 십자가다, 라고 합니다. 두 번째는 '업적을 초월하셨다.' 내가 죽은 다음은 어떻게 되나? 내가 그동안에 이룩해온 사업 어떻게 무너지나? 내가 떠난 다음은 어떻게 될 것인가, 제자들은 어떨까 교회는 어떨까 생각 아니하셨습니다. 업적이라는 우상을 잊어버리십시오. 이것이 십자가입니다. 세 번째는 '명예를 초월하셨다.' 명예입니다. 여러분, 선한 일 하는 데도 명예가 따라갑니다. 시기 질투가 따라갑니다. 제발 명예 잊어버립시다. 우스운 얘기지만 제가 은퇴하기 얼마전 나보고 총회장 하라고 목사님들이 찾아와서 막 협박까지 했습니다. 그렇게 하지마는 "제발 나좀 놔둬라. 나는 총회장 흥미가 없다" 했습니다. 지금 생각해봐도 안하기를 썩 잘했습니다. 얼마나 잘했는지 모릅니다. 여러분, 자그마한 명예라도 명예에 대한 욕심 잊어버리세요. 명예가 생각나는 순간 질투가 되고 질투와 시기에 빠지면 사람 형편없어집니다. 정말 형편없는 인간 되고맙니다. 명예 그까짓거 내버리세요. 대수롭지 않은 것입니다. 잊어버리세요. 누가 뭐라고 하든 까짓거입니다. 그래서 예수님 십자가를 지신 것입니다.

사도 바울은 감옥에 있습니다. 오직 그리스도의 복음이 전파됩니다. 감옥에 있음으로해서 전파됩니다. 밖에서 전파됩니다. 그래서 '외모로 하나 참으로 하나 상관없다. 전파되는 것은 그리스도니 나는 기뻐하리라. 나는 기뻐하리라' 합니다. 신학자 F. 바론은 자기실현 할 수 있는 인간적 기준을 몇가지로 암시해줍니다. 첫째는 신축성입니다. elasticity입니다. 도전에 대해서 잘 받아들일 수 있는 신축성이 필요합니다. 두 번째는 spontaneity, 자발성입니다. 세 번째는 creativity, 창조성입니다. 모든 기회를 새 기회로 삼는 것, 창조의 기회로 삼는 것, 이렇게 나아갈 때 그에게 참승리가 있는 것입니다. 아프리카에 선교사로 가서 수고하던 리빙스턴이 잠시 영국에 돌아왔습니다. 많은 사람들이 그의 초라한 모습에 놀랐습니다. 사자한테 물린 상처를 보면서 눈물을 흘리고 "얼마나 고생을 했습니까. 얼마나 희생이 컸습니까" 합니다. 리빙스턴은 웃습니다. "나는 아프리카에서 행복하게 살았습니다. 다시는 내 앞에서 희생이라는 단어를 쓰지 마십시오. 나는 내가 하는 일을 즐기고 있었을 뿐입니다." 여러분, 희생이라는 말 하지 마십시오. 쉽게 십자가진다고 망언하지 마십시오. 우리는 하나님의 유일한 기쁨입니다. 사도 바울이 그렇게 복음을 전했는데, 보십시오. 불과 200년도 안가 대로마제국이 기독교국가로 선포됩니다. 이 사실을 바울이 미리 알았더라면 얼마나 더 좋아했을까─그런 생각을 해봅니다. 여러분의 현실에도 가장 큰 기쁨이 있습니다. 하나님의 사람만이 아는 기쁨과 행복이 있습니다. 십자가란 그래서 영광인 것입니다. 사도 바울은 말씀합니다. "나의 당한 일이 복음의 진보가 된 것을 너희가 알기를 바라노라." 이렇게 되나 저렇게 되나 복음이 전파되기에 나는 기뻐하노라, 기뻐하라, 실로 다시 말하노니 기뻐하라─그는 감옥에서 이렇게 외치고 있습니다. △

풀어놓아 다니게 하라

이에 유대인들이 말하되 보라 그를 어떻게 사랑하였는가 하며 그 중 어떤 이는 말하되 소경의 눈을 뜨게 한 이 사람이 그 사람은 죽지 않게 할 수 없었더냐 하더라 이에 예수께서 다시 속으로 통분히 여기시며 무덤에 가시니 무덤이 굴이라 돌로 막았거늘 예수께서 가라사대 돌을 옮겨 놓으라 하시니 그 죽은 자의 누이 마르다가 가로되 주여 죽은 지가 나흘이 되었으매 벌써 냄새가 나나이다 예수께서 가라사대 내 말이 네가 믿으면 하나님의 영광을 보리라 하지 아니하였느냐 하신대 돌을 옮겨 놓으니 예수께서 눈을 들어 우러러 보시고 가라사대 아버지여 내 말을 들으신 것을 감사하나이다 항상 내 말을 들으시는 줄을 내가 알았나이다 그러나 이 말씀하옵는 것은 둘러선 무리를 위함이니 곧 아버지께서 나를 보내신 것을 저희로 믿게 하려 함이니이다 이 말씀을 하시고 큰 소리로 나사로야 나오라 부르시니 죽은 자가 수족을 베로 동인 채로 나오는데 그 얼굴은 수건에 싸였더라 예수께서 가라사대 풀어 놓아 다니게 하라 하시니라

(요한복음 11 : 36 - 44)

풀어놓아 다니게 하라

 1945년 8월 15일 점심때쯤이었습니다. 제가 어렸을 때 다니던 교회에 박치순 목사님이라고 계셨는데, 그 당시에는 전도사님이었습니다. 그분이 급하게 저희집을 찾아오셨습니다. 제 할아버지께서는 그 교회의 설립장로님이셨습니다. 그 목사님이 저희집에 오시자마자 제 할아버지를 붙들고는 큰소리로 엉엉 목놓아 울며 이렇게 말하는 것이었습니다. "해방됐습니다, 해방." 해방… 저는 그 당시 13살이었습니다. 해방이 무슨 말인지 알 수 없었습니다. 그런 제 앞에서 두 분은 서로 붙잡고 해방됐다며 울고 기뻐하고 함께 기도하는 것이었습니다. 그때는 일제가 군함이나 무기를 만드는 데 녹여 쓴다고 예배당의 종까지도 가져가던 시절이었습니다. 쓸만한 쇠붙이들은 전부 다 공출해서 예배당에 종도 없었습니다. 한데 다행히도 그렇게 공출해간 것들을 모아놓기만 하고 아직 녹여 쓰지는 못하고 있었습니다. 그래 그 종을 도로 찾아왔습니다. 그것을 다시 예배당 종루에 매달아놓고는 하루종일 뎅뎅 신나게 그 종을 쳤습니다. 그 길로 무려 한 달 동안이나 온마을, 온동리가 축제분위기였습니다. 그렇게 들떠지냈던 1945년 8월 15일, 그날의 해방의 기쁨을 새삼 떠올려봅니다. 그때 사람들은 마을 언덕 위에 있던 신사, 일본사람들의 귀신을 섬기는 신사에 불을 질렀습니다. 그 신사가 벌겋게 불타는 모습을 보니 참 기분이 좋았습니다. 한데 그 다음에는 제가 다니던 초등학교의 기물들까지 다 때려부수는 것이었습니다. 학교 실험실에는 제가 좋아하던 기물들이 많았습니다. 참 재미있는 것들이었는데, 그것마저 다 때려부순 것입니다. 자, 여기서 생각을 하게 됩니다. 36년의

압제를 당한 끝에 마침내 되찾은 자유의 기쁨으로 만세를 부르고 축제를 벌였지만, 그 자유가 방종으로 이어질 수도 있다는 것을 그때 우리는 미처 몰랐습니다. 자유의 참뜻을 모르면 자유인이 아닙니다.

미국의 워싱턴 DC에 가면 한국전쟁기념관이 있습니다. 그곳을 방문할 때마다 우리에게 큰 충격을 주는 것이 있습니다. 저는 몇달 전에도 일부러 그곳에 가서 그것을 다시 봤습니다. 'Freedom is not free'라는 문구입니다. 명언입니다. 자유는 공짜가 아니다―여러분, 자유는 공짜가 아닙니다. 뿐만아니라, 공짜로 주어지는 자유는 진정한 자유가 아닙니다. 그런 자유는 다 망가지고 맙니다. 자유의 소중함도 알아야 하지만, 자유의 대가를 지불해야 한다는 것도 알아야 합니다. 대가를 지불하고 얻은 자유가 진정한 자유입니다. 그래야 자유의 자유됨을 지켜갈 수 있는 것입니다. 하지만 우리가 얻은 자유는 공짜로 얻은 것이었습니다. 그래서 6·25전쟁이 터진 것입니다. 엄청난 혼란 속에 빠져들 수밖에 없었습니다. 우리가 자초한 것입니다.

누가 자기군대생활의 너무도 불편하고 어려웠던 경험을 수필로 써놓은 것을 읽은 적이 있습니다. '잠들만하면 기상이고, 먹을만하면 식사 끝이고, 외박할만하면 외박금지령이 내려오고, 놀만하면 휴식 끝이고, 볼만하면 동작 그만이고, 정들만하면 전출이고, 휴가갈만하면 비상걸리고, 편지볼만하면 소등하고, 편안할만하면 전역시키고…' 공짜로 먹여주고 입혀주는 게 군대입니다. 그러나 자유는 없습니다. 그런데 정말로 자유가 없는 것입니까? 우리는 자유의 뜻을 깊이 생각해봐야 합니다.

한경직 목사님께서 왜정말에 고생 많이 하셨습니다. 감옥에 들어가기도 하고 순교당할 뻔하기도 했습니다. 그러다 해방이 됐습니다. 해방 후 첫주일에 사람들이 예배를 드리려고 교회에 모였습니다. 예배가 거의 끝나고 광고시간이 되었습니다. 목사님은 너무나 좋아 만면에 웃음을 띠고 교인들에게 말했답니다. "여러분, 우리 해방됐는데 다시는 이제부터는 일본말 앗싸리 하지 맙시다." 그렇게 온교인을 웃겼다는 것입니다. 우리가 물리적으로, 정치적으로는 자유를 얻은 듯해도, 생각과 의식과 문화에서는 아직도 자유는 멀었습니다.

　유명한 작가인 데이비드 A. 시멘즈가 쓴 「상한 감정의 치유」라는 책이 있습니다. 거기에 나오는 이야기입니다. 어느 인디언 부락에서 바자회가 열렸습니다. 어떤 인디언이 메추라기 수십 마리를 잡아 가져왔습니다. 그는 메추라기들의 발을 줄줄이 실로 묶어서 길게 죽 연결해놓았습니다. 그놈들을 마당에 가져와서는 가운데 박아놓은 막대기를 중심으로 빙빙 돌리는 것입니다. 발이 끈에 매인 채로 메추라기들은 북소리장단에 맞추어 빙글빙글 돕니다. 그 재미에 사람들이 넋을 놓고 보고 있었습니다. 그때 귀인 한 사람이 나타나 메추라기들을 그처럼 불쌍하게 고생시켜서는 안되겠다는 생각에 그 인디언한테 묻습니다. "전부 얼마요?" 인디언이 얼마라고 대답하니 귀인은 "그거 내가 전부 다 사겠소" 합니다. 그리고는 큰돈을 인디언에게 주고 그 메추라기 수십 마리를 샀습니다. 그리고는 메추라기들 묶은 끈을 전부 다 풀어줬습니다. 한데 메추라기들은 날아갈 줄을 모르고 여전히 그 자리에서 아까처럼 빙글빙글 돌고 있는 것입니다. 끈을 풀어줬는데도 묶여 있을 때처럼 그냥 계속 돌더라는 것입니다. 여러분, 자유가 무엇입니까? 정말로 자유를 누리고 있습니까?

오늘본문에 나오는 것은 예수님께서 행하신 이적 중에서도 가장 큰 이적입니다. 저는 그렇게 생각합니다. 제가 예수님께서 행하신 이적들을 깊이 연구하여 그것만을 가지고 책 한 권을 쓴 일이 있습니다. 예수님의 모든 이적들을 차례로 다 연구해봤습니다마는, 역시 클라이막스는 죽은 나사로를 살리신 이적입니다. 어쨌든 병고치는 것보다야 죽은 자를 살리는 것이 더 큰 이적 아니겠습니까. 그것도 죽은 지 벌써 나흘이나 지나 시체에서 썩은 냄새가 나는 것을 무덤에서 살리셨다는 것입니다. 그야말로 굉장한 사건입니다. 그토록 큰 기적인데, 문제는 그 이적이 예수님께서 십자가를 지시기 겨우 며칠 전의 일이라는 것입니다. 여기서 중요한 의미를 찾을 수 있습니다. 계시적 의미가 있는 것입니다. 죽은 자도 살리시는 예수님께서 십자가에 못박혀 죽으셨다는 것입니다. 이렇게 연결할 때 이 사건에는 엄청난 계시적 의미가 있는 것입니다. 죽은 지 나흘이나 된 사람도 살려내는 놀라운 능력을 지니신 예수님께서 아무 말 없이 십자가에 죽으셨습니다. 여기서 우리는 새삼 십자가의 의미를 다시 해석하게 되는 것입니다.

오늘본문에는 몇가지 한 번 더 생각해볼 말씀이 있습니다. 사람들이 저마다 말합니다. "많은 이적을 행하시며 장님의 눈을 뜨게 하시고 죽은 자도 살리신 이가 고작 이 사람 하나 죽지 않게 하실 수 없더냐?" 여러분, 죽지 않고 부활이 있습니까. 병들고야 이적도 있지 않습니까. 하지만 사람들은 "죽지 않게 할 수 없더냐" 하고 모두 다 한마디씩 합니다. 저도 생각합니다. 죽지 않게 해달라고 사람을 보낸 일까지 있습니다. "빨리 와서 고쳐주세요"라고 했습니다. 애초부터 죽지 않게 하셨으면 좋을 텐데, 죽은 다음에 무덤을 찾아갈 필요까지야 없지 않겠습니까. 어쨌든 이것이 하나의 수수께끼입니다. 그러나 그 속에도 중요한 의미가 있습니다. 문제는 죽었다는 것입니다. 이미 장례도 치렀습니다. 무덤 속에 있는 나사로는 스스로 살아날 수도 없습니다. 속박 속에 죽음의, 사망의 노예가 된 이 사람이 스스로 무덤을 박차고 나올 수는 없다는 것입니다. 다시말하면 누구나 스스로 자유할 수는 없다는 것입니다. 우리는 사망의 권세, 죄의 권세를 비롯하여 많은 능력들 속에 붙들려 있기에 스스로 자유할 수 없다고 하는 것이 가장 중요한 원리입니다. 사람을 살리는 것, 죽은 자를 살리는 것, 매인 자를 푸는 것은 생명의 문제입니다. 하나님께서 하시는 일입니다. 예수님께서 하신 일입니다. 그래서 예수님께서는 나사로더러 나오라고 소리를 지르십니다. 대단한 일입니다. 저는 좀 미련해서 가끔 이런 생각을 해봅니다. '예수님께서 나사로야 나오너라 하시는데 만일 안나오면 어떡하나?' 저는 그게 걱정이 됩니다. 어떻게 그토록 확실히 믿고 무덤을 향해 "나사로야 나오너라" 하고 외치실 수가 있었을까? 저는 그 위대한 믿음에 대하여 일단 깜짝 놀랍니다. 그리고 이제 나사로가 무덤에서 나왔습니다. 그 모습을 상상해보십시오. 수의차림입니다. 수건으로 얼굴을 전부 싸맨 몰골로 무덤에서 걸어나온 것입니다. 그 나사로를 보시고 예수님께서 말씀하십니다. "풀어놓아 다니게 하라." 저는 이런 생각을 합니다. 기왕 이적을 나타내실 바에야 "나사로야 나오너라" 하시자마자 꽝하고 무덤이 폭발하면서 수건도 다 없어진 모습의 나사로가 그야말로 환한 얼굴로 짠하고 나온다면 그게 더 멋지지 않겠습니까. 한데 왜 그처럼, 살아나기는 했지만 여전히 수건으로 둘둘 감긴 초라한 몰골로 나오게 하셨느냐 말입니다. 희한하지 않습니까. 예수님께서는 나사로를 감싸고 있는 수건을 풀어주라고 사람들한테 이르십니다. 그럴 바에야, 아예 처음부터 그 문제까지 예수님께서 능력으로 해결하셨더라면 더욱 좋았을 것 아니겠습니까. 여기에 중요한 차이가 있습니다. 이상하게도 나사로를 살리는 일은 예수님께서 직접 하시고, 그 나사로를 감싸고 있는 수건을 풀어주는 일은 사람들한테 시키셨습니다. 또한 그에 앞서 무덤의 돌을 옮기는 일도 사람들한테 시키셨습니다. 그럴 필요가 뭐 있습니까. 그냥 나사로야 나오너라 하시면 그냥 꽝하고 나사로가 무덤을 박차고 나와야 근사하지 않습니까. 번거롭게 돌까지 옮겨놓게 하실 것까지야 뭐 있습니까. 한데도 예수님께서는 굳이 그 돌을 사람들한테 옮겨놓으라고 시키셨습니다. 뿐만아니라, 나사로를 감싸고 있는 수건을 풀어주는 일도 사람들한테 부탁하셨습니다. 이 사건을 놓고 우리는 사람이 할 일과 하나님께서 하실 일이 따로 있음을 알아야 합니다. 생명에 관한 일은 전적으로 하나님께서 하시는 일입니다. 사람인 우리가 죽은 사람을 마음대로 살리고말고 할 수는 없지 않습니까. 우리는 자유케 할 수가 없습니다. 그러나 일단 살아난 사람을 풀어주는 것은 우리가 할 일입니다. 주께서 우리에게 맡기시고 우리에게 부탁하신 일이더라, 그 말씀입니다. 여기에 아주 중요하고 상징적이고 깊은 의미가 있습니다. 묶여 있는 심령을 우리는 자유케 할 수 없습니다. 하나님의 능력만이 그것을 가능케 합니다. 신비로운 역사입니다. 그러나 일단 풀어놓은 다음 그를 자유케 하는 것은 우리에게 맡겨진 일입니다. 이것을 잊지 말아야 합니다.

　　이스라엘백성이 애굽에서 나옵니다. 그들을 애굽에서 나오게 하시고 그들로 홍해를 건너게 하신 분은 하나님이십니다. 하나님께서

하신 일입니다. 누가 감히 그런 것을 상상이나 했겠습니까. 무려 400년 동안이나 노예생활 하던 이스라엘백성을 애굽에서 구원해내시어 홍해를 육지같이 건너게 하셨습니다. 하나님께서 하신 일입니다. 그러나 그 다음부터 그들에게 율법을 가르치고 그들이 하나님의 말씀대로 살게 하는 일은 모세에게 부탁하십니다. '네가 가르쳐라. 이건 네 몫이다.' 우리는 이를 잊지 말아야 합니다. 의식에 변화가 와야 됩니다. 요샛말로 value innovation, 가치변화혁신이 와야 한단말입니다. 가치혁신이 오지 않으면 안되는 것입니다. 여기서 중요한 것은 자유인만이 자유케 할 수 있다는 것입니다. 내가 먼저 자유하고야 남을 자유케 할 수 있다는 것입니다. 깊이 생각해야 합니다. 여러분은 어느 정도 자유합니까?

언젠가 처칠 경이 정치적인 실수를 했습니다. 말 그대로 실수였습니다. 많은 사람들이 비방을 합니다. 나중에는 도가 지나쳐 처칠 경이 도저히 감당하기 힘든 심한 욕설을 했습니다. 처칠이 기분상한 것은 당연합니다. 그러나 처칠은 그때 이런 말을 했습니다. 유명한 말입니다. "여러분, 여러분은 오늘 내가 비난받고 있는 이 사건 말고도 더 큰 실수들이 많은데 아마 그건 모르실 것입니다." 그러고 말았습니다. 무엇입니까? 처칠은 자기를 비방하는 사람들을 맞비방하지 않았습니다. 나를 비방하는 사람들을 향해 불평하지 않았습니다. 왜? 그보다 더 많은 실수가 있기 때문입니다. 그래 그는 그대로 조용히 받아들일 수 있었습니다. 그랬기에 그는 자유인입니다. 자유인이기에 남을 자유케 할 수 있었던 것입니다. 사람은 어느 순간에도 속에 교만이 있고 욕심이 있습니다. 돈과 권세와 명예와 지식과 경험에 집착함으로써 자유를 잃어버릴 때, 내 의식과 이성과 양심과 신앙의 자유를 잃어버리는 순간, 나도 부자유할 뿐더러 누구에게도 자유를 베풀 수 없는 사람이 되고마는 것입니다.

　오늘도 자유가 없는 사람들이 많습니다. 자유롭게 걸어다니는 것같으나 실은 자유가 없습니다. 잘사는 것같으나 실은 자유가 없습니다. 높은 자리에 있는 것같으나 실은 비참합니다. 살아 있는 것같으나 실은 죽은 것만도 못합니다. 저는 가끔 이런 생각을 합니다. '우리나라의 누구누구도 제때 죽었더라면 참 좋았겠다.' 그 짧은 생을 사는데, 처음에는 잘 나가다가 마지막에 가서 크게 부끄러움당하는 모습을 볼 때 인생이란 참 답답하구나 싶습니다. 그렇지 않습니까. 주님께서 말씀하십니다. "너희가 풀어주라."

　「십팔사략」이라는 중국의 역사책이 있습니다. 거기에 나오는 이야기입니다. 진나라 왕실이 경영하는 목장에서 말 몇마리가 도망을 쳐 이웃마을로 갔습니다. 아무것도 모르는 이웃마을 사람들은 어려운 형편에 너무 배가 고픈 나머지 그 말들을 다 잡아 먹었습니다. 이 사실이 알려져 관련자들을 전원 다 붙잡아오라는 명령이 떨어집니다. 그래 무려 300명이나 잡혀옵니다. 그 말고기를 300명이나 되는 마을사람들이 먹은 것입니다. 이 사람들 다 처형되게 생긴 것입니다. 그런데 왕이 그들을 보고 이릅니다. "오랜만에 고기를 먹었으면 포도주까지 마셔야지, 고기만 먹어서야 쓰나. 여봐라, 이 사람들한테 포도주를 갖다주거라. 얼마나 배가 고팠으면 그랬겠느냐. 잘못은 도망간 말들에게 있지, 그 말들을 잡아먹은 너희들한테는 책임이 없다." 그래 책임을 묻지 않았습니다. 그들을 다 용서해주고 그들에게 오히려 포도주까지 한 그릇씩 줘서 보냈습니다. 나중에 나라가 전란에 휩싸여 전세가 어려워졌습니다. 진나라가 멸망 위기에 처한 것입니다. 왕이 죽을 고비에 몰렸습니다. 그때 300명의 결사대가 나타나 왕을 지켜주었습니다. 그들이 다 예전에 말고기 먹은 죄로 잡혔다가 왕한테 용서받은 사람들입니다. 여러분, 자유케 했을 때 그것이 다시 자유로 돌아온다는 것을 잊지 말아야 됩니다.

한평생을 오직 자유를 위하여 산 사람이 있습니다. 마하트마 간디입니다. 그는 늘 이렇게 기도했다고 합니다. '나에게 고귀한 사랑의 믿음을 주옵소서. 이것이 나의 기도입니다. 죽음으로써 산다는 믿음을 주옵소서. 짐으로써 이긴다는 믿음을 주옵소서. 연약해보이나 그 아름다움 속에 강한 힘이 있다는 믿음을 주옵소서. 해를 입고 원수를 갚지 않고 원수를 사랑할 수 있는 믿음을 주옵소서. 그 고통을 존엄한 가치로 인정할 수 있는 믿음을 주옵소서.' 여러분, 참자유함이 어디 있습니까? 모든 사람을 사랑하고 모든 사람을 용서하고 내 심령이 자유할 때 주님의 음성이 들려옵니다. "너도 저 사람을 자유케 하라. 저 사람을 풀어주라. 풀어주어서 다니게 하라."

며칠 전 신문에 난 기사 보았습니까? 76세된 할머니가 자살을 했답니다. 그냥 있어도 얼마 못살 텐데 굳이 자살을 한 것입니다. 왜요? 그 할머니 수중에는 60억 원이라는 거금이 있었답니다. 그 돈이 말썽이었습니다. 그 돈으로 인해 가족들간에 불화가 생긴 것입니다. 그 불화를 보다못해 자살을 한 것입니다. 얼마나 불쌍한 할머니입니까. 차라리 돈 한푼 없이 딸네 집에 얹혀 살았더라면 좋았을 것을, 돈 몇푼에 노예되어 인생이 완전히 망가지고 말았습니다.

주님의 음성을 들어보십시오. 요새도 불쌍한 심령이 얼마나 많습니까. 잘못된 습관, 잘못된 문화, 잘못된 이데올로기, 잘못된 철학에 노예된 불쌍한 심령들 많습니다. 자유롭게 걸어다니는 것같으나 마치 무덤에서 나온 나사로처럼 수의를 걸치고 수건을 쓰고 허우적거리는 모습입니다. 예수님 말씀하십니다. '풀어 다니게 하라. 풀어주라. 너희가 풀어주라.'

여러분, 참자유, 다시 생각해야겠습니다. 이제 스스로에게 물어보십시오, 내게 참 자유가 있느냐고. 내 주변에 있는 모든 사람들의 불쌍한 모습을 보면서 주의 음성을 들어야겠습니다. '너희가 풀어주라.' △

치료하시는 하나님

모세가 홍해에서 이스라엘을 인도하매 그들이 나와서 수르 광야로 들어가서 거기서 사흘 길을 행하였으나 물을 얻지 못하고 마라에 이르렀더니 그곳 물이 써서 마시지 못하겠으므로 그 이름을 마라라 하였더라 백성이 모세를 대하여 원망하여 가로되 우리가 무엇을 마실까 하매 모세가 여호와께 부르짖었더니 여호와께서 그에게 한 나무를 지시하시니 그가 물에 던지매 물이 달아졌더라 거기서 여호와께서 그들을 위하여 법도와 율례를 정하시고 그들을 시험하실새 가라사대 너희가 너희 하나님 여호와의 말을 청종하고 나의 보기에 의를 행하며 내 계명에 귀를 기울이며 내 모든 규례를 지키면 내가 애굽 사람에게 내린 모든 질병의 하나도 너희에게 내리지 아니하리니 나는 너희를 치료하는 여호와임이니라

(출애굽기 15 : 22 - 26)

치료하시는 하나님

　어느 정신병원에서 환자 하나가 많은 사람들 보는 데서 유달리 큰 소리로 "나는 나폴레옹이다, 나는 나폴레옹이다"라고 소리를 지르면서 다닙니다. 물론 정신병자이니 그 소리를 귀담아듣는 사람도 없습니다마는 그 뒤따라가던 또다른 정신병자가 "야! 내가 언제 너를 나폴레옹으로 임명했느냐" 하고 소리칩니다. 참 이상한 게 하나 있습니다. 전문적으로 연구하는 분들의 말을 들어보면 정신병자들은 정신 없는 중에도 한마디씩 하는데 전부가 교만하다는 것입니다. 자기가 제일 잘난 것입니다. 이상하지요? 그게 공통점이랍니다. 그러니까 교만하면 정신병자되고 겸손하면 정신병도 안걸린다—일단 그렇게 생각해도 됩니다. 정신병을 전문으로 연구하며 치료하는 분들의 말에 의하면 가장 어려운 점이 뭐냐하면 정신병환자는 하나같이 자기가 정신병환자라는 것을 인정하지 않는다는 것입니다. '나는 병이 없다'는 것입니다. '저 나쁜 사람들이 나를 여기 가둬놨지 나는 멀쩡하다'는 겁니다. 자기가 정신적 질환이 있다는 걸 절대로 인정하지 않습니다. 이걸 인정하기 시작만 하면 치료 가능하다는 것입니다. 그걸 인정하게 하는 것이 그리도 어려운 것입니다. 다른 사람들이 다 정신병자고 자기는 온전하다고 생각합니다. 그게 바로 병의 근본이유입니다.
　또한 병 중에서도 가장 무서운 병은 자각증상이 없는 병입니다. 병은 걸렸는데 아픈 줄은 모릅니다. 우리교회에 산부인과 의사로 유명한 분이 있습니다. 그의 부인, 그저 아무렇지도 않았는데 조금 몸이 불편한 거같아 검사해봤더니 부인병 3기 곧 말기였습니다. 내가 남을 치료한다 하면서 내 아내가 병들어 죽어가는 건 몰랐습니다. 왜요? 자각증상이 없었거든요. 하기야 뭐 6개월에 한 번씩 조사해야 한다고 떠들면서도 내 아내가 그럴 줄은 몰랐거든요. 이건 진찰하지 않았더라고요. 결국은 그런 끔찍한 일을 당하게 됐습니다. 아픈 줄 모르는 병으로 대표적인 게 바로 문둥병입니다. 정신적으로나 육체적으로나 자각증상이 없는 병은 많습니다. 이런 병이 난치병입니다. 또 있습니다. 아픈 것은 있어요. 통증이 있지만 원인을 모릅니다. 잘 아시다시피 좀 아파서 병원에 가면 진찰하는 데만 일주일 걸립니다. 살점 뜯어가고 피뽑아가고… 그 난리를 치다보면 멀쩡한 사람도 병들게 생겼다고요. 왜 그러는 것입니까. 원인을 찾기가 어려워서입니다. 그렇습니다. 아픈 것은 있는데 원인은 모릅니다. 나는 물론 모르지요. 의사가 알지마는 의사도 이거 바로 맞히기가 어렵습니다. 그래 상당한 퍼센트의 오진이 나오는 것입니다. 원인을 몰라서입니다. 원인 모르는 병, 죽을병입니다.

미국의 전문상담가인 아돌프 퀘자다라는 분이 「Loving yourself for God's sake」라고 하는 아주 유명한 책을 썼습니다. 그 속에서 말합니다. '현대인은 하나같이 자신의 존재에 대한 혼돈과 불평으로 말미암아 고통을 받고 있다.' 대단히 중요한 얘기입니다. 먼저는 자신이 어떠한 존재냐에 대한 혼돈과 불평이 있습니다. 우선 자신의 신체에 대해서 불평이 있습니다. 나는 왜 이렇게 키가 작을까? 왜 나는 키만 클까? 나만 왜 이렇게 못생겼나? 거울을 볼 때마다 불평입니다. 이런 건 못고치는 병입니다. 자기성격에 대해서도 불평이 많습니다. 자기자신인데도 불구하고 '내 성격은 영영 못돼먹었다' 이것입니다. 또 자기의 기량, 자기의 능력에 대해서 항상 불만족입니다. 나는 이것도 못났고 저것도 못났고… 존재에 대한 불평이 많습니다. 그러나 아시는대로 이건 고쳐질 수 있는 게 아니잖아요? 이거야말로 못고치는 병입니다. 또한 어디에 있는가에 대한 불평이 많습니다. 혼돈이 있습니다. 자기소속에 대해서 거처에 대해서 가족에 대해서 부모에 대해서 내가 낳은 자식에 대해서도 내가 불평을 합니다. 그래서 그랬다면서요? "너는 도대체 누구자식인데 그러냐?" 하고 장난꾸러기를 나무랐더니 이 녀석이 시무룩해 있더랍니다. "너 무슨 생각 하냐?" 그러니까 "어머니도 내가 누구자식인지 모른다며?" 한마디 해놓고 기가막혔답니다. 아, 그렇지 않습니까? 지금 내 자식에 대해서 내가 불평하고 있는 것입니다. 이거 무서운 병입니다. 그런가하면 자신의 행위에 대해서 자기가 행한 일에 대해서 후회가 많습니다. 스스로 불평하는 것입니다. 소망적으로 볼 줄 모르고 항상 절망적으로 자기자신의 행위를 평가하는 것입니다. 그래서 수치심과 죄책감에 빠져 살아갑니다.

　이제 아돌프 박사는 말합니다. 이제 이로부터 구제할 수 있는 길은 어디 있느냐? 구체적인 일은 '당신이 할 일'이고 원리만 말하겠다 그랬습니다. 그렇지요. 원리적인 것만 말합니다. '첫째, 과거와 화해하라.' 나의 과거와 화해를 해야 됩니다. 여러분, 지난날의 일 너무 그렇게 아파하지 마십시오. 대체로 성공한 사람마다 자기과거를 미화한다고 합니다. '그 과거가 있었기 때문에 오늘 내가 있다.' 안그렇습니까? 저는 지금 생각해도 북한에서 강제노동수용소에 끌려가 몇달 고생한 거, 또 고학을 하느라고 한 10년 고생한 거, 군대 생활 한 거, 뭐 이런 거 저런 거… 아, 그때야 참 힘들었지요마는 생각해봅니다. '그날이 있었기에 오늘이 있다.' 안그렇습니까? 가끔 젊은 목사님들이 "아니, 어떻게 하면 목사님 만큼 설교할 수 있겠습니까?" 합니다. 저는 "그럼 나처럼 살아야지" 합니다. 나의 뼈아픈 과거로해서 오늘이 있다—이제 보십시오. 그 과거가 얼마나 좋습니까. 얼마나 아름다운 일들이었습니까. 그런데 건강치 못한 사람은 과거를 후회할 뿐더러 과거로 돌아가는 것입니다. 과거 때문에 현재가 망가졌다고 생각합니다. 아닙니다. 과거 때문에 오늘 내가 성공할 수 있는 것입니다. 이런 차이가 있습니다. 그런고로 '과거와 화해하라. 과거는 당신을 아름다운 미래로 인도하고 있다' 합니다. '둘째, 비현실적인 기대를 버리고 실제에 대해서 감사하라. 다시말하면 자기자신을 용서하라는 것이다. 내가 나 자신을 용서하고 나 스스로 만족하라.' 스스로 행복하지 않은 사람은 누구도 행복하게 할 수 없습니다. 이걸 잊지 말아야 합니다. '셋째는, 지금도 모든 상황 속에서 나 자신의 존재 속에서 하나님의 사랑을 찾아야 한다.' 하나님의 사랑의 손길을 확증해야 합니다. 이것이 하나님의 사랑이다, 이것도 하나님의 사랑이다, 라고 할 때만이 구제받을 수 있는 것입니다. 하나님의 사랑에 대한 확증, 하나님의 자녀 됨에 대한 긍지, 이것이 구제의 마지막길이라고 말하고 있습니다.

　　이스라엘백성이 지금 애굽에서 나왔습니다. 홍해를 건너 광야로 나왔습니다. 물리적으로 정치적으로 볼 때는 완전자유인들입니다. 애굽을 떠난 것입니다. 애굽과 인연을 끊었습니다. 마는 보십시오. 정신적으로 문화적으로 종교적으로는 아직도 애굽사람입니다. 아직도 노예입니다. 이 노예근성에서 벗어나지 못했습니다. 우리교인들 가운데 더러 그런 분이 있습니다. 우리 예수소망교회에는 비교적 적은 편이지만 여러 교회 다니면서 보면 꽤나 시끄러운 교인들이 좀 있어요. 그때마다 저는 속으로 생각합니다. 한국사람들은 철저하게 무당, 샤머니즘문화에서 자랐기 때문에 무당기가 아직도 덜 빠져서 남아 있습니다. 요소요소에 남아 있습니다. 어떻게 해야 저 무당기를 말끔히 제할 수 있을까—저는 이 생각을 합니다. 그래야 바른 신앙이 되겠으니 말입니다. 이스라엘백성, 이제 가만히 보면 애굽에서 나와가지고 홍해를 건넌 지 아직 며칠되지도 않았습니다. 그런데 조금 갈하니까 지금 물이 없다고 원망합니다. 불과 며칠 사이입니다. 홍해를 건너 하나님을 찬양하고 감사하고 난리를 치면서 춤을 춘 것이 바로 엊그제입니다. 이러던 사람들이 잠깐후에 물이 없다고 또 하나님을 원망합니다. 모세를 원망합니다. 왜 이래졌습니까. 여러분, 나도 모르는 사이에 과거라고 하는 역사로부터 우리마음 속에 자리잡은 게 있습니다. 노예성입니다. 한(恨)입니다. 원한입니다. 불평적 무책임의 체질, 이것이 속에서 병들고 있었습니다. 그래서 이스라엘백성이 순간순간 하나님을 원망했습니다. 이것은 병입니다. 무서운 병입니다. 하나님께서 이것을 치유하려고 하십니다. 왜 그랬을까요? 그들은 과거의 은혜로 현재를 해석하는 능력을 가지지 못했습니다. 이것이 문제입니다. 모름지기 과거의 은혜로 현재를 해석하여야 됩니다.

    자, 성경에 보면 아주 드라마틱한 얘기가 많습니다. 예수님께서 오천 명을 먹이십니다. 광야에서 떡 다섯 쪽과 물고기 두 마리로 오천 명을 먹이는 희한한 능력을 나타내시고 바로 다음날 아침에 배를 타고 갈릴리바다를 건너가는데 배 안에서 빵이 없다고들 원망합니다. 그래 예수님, 기가막혀서 '오천 명을 먹이고 얼마나 남았더냐. 아직도 깨닫지 못하느냐. 어찌하여 빵이 없음으로 원망하느냐. 빵이 없음으로 불평하느냐.' 하십니다. 어제 오천 명 먹이신 그 예수님하고 같이 가면서 왜 빵걱정을 합니까. 이, 미련한 사람들이지요. 이 큰 능력의 체험으로 왜 오늘을 바로 해석할 수 없더냐는 것입니다. 그게 인간의 미련함입니다. 그 속에 깊은 병이 있습니다. 과거라고 하는 병이 있습니다. 과거에 받은 그 엄청난 은혜로 오늘을 해석한다면 오늘의 문제는 아무것도 아닌데, 그런데 오늘의 요 조그마한 고통 때문에 과거의 은혜를 다 잊어버렸습니다. 까맣게 잊어버렸습니다. 그런가하면 하나님께서 저 요단강 건너에 있는 가나안땅을 약속해주시지 않았습니까. 가나안땅 약속을 바라볼 수만 있다면 오늘의 이 하찮은 어려움 좀 참아야지요. 목말라도 참고 배고파도 참고… 그렇지 않습니까? 그 뭐 대수로운 일입니까. 보십시오. 스데반은 돌에 맞아 죽습니다. 같이 지내던 동료들이 돌을 던집니다. 그러나 그는 하늘나라를 쳐다봅니다. 예수님께서 거기 계십니다. '어서 올라오너라' 하시는 듯 서 계십니다. 그 예수님과 눈이 마주치는 순간 아무것도 아프지 않았습니다. 슬픈 것도 없습니다. 억울한 것도 없습니다. 미운 사람도 없습니다. 이, 스데반입니다. 미래가 확실하다면 현재는 미래 속에 녹아들고 맙니다. 다 흡수되어버립니다. 그렇지 못한 것은 믿음이 확실치 못하기 때문입니다.

    제가 처음 목회할 때 신당동중앙교회에서 전도사로 시작했습니다. 그럴 때 신당동교회의 여집사님 하나가 제가 아직 목사되기 전인데 저를 찾아와서 심각한 질문을 하겠다고 합니다. 아, 겁이 납니다. '무슨 말 하려나?' 딱 묻는 것이 뭐냐하면 "천당 있습니까, 없습니까?"였습니다. 내가 뭐라고 대답하겠습니까. "왜 그걸 묻습니까?" "아니, 그 복잡하게 생각하지 마세요. 설명은 안하셔도 됩니다. 예스? 노? 있다 하시면 있는 걸로 알겠습니다. 없다 하시면 없는 걸로 알겠습니다. 똑똑히 말하세요." 그래서 "아, 있지요. 내 다시 묻지요. 그건 왜 묻습니까?" 했더니 "천당 지옥만 확실하다면 내 이세상 어떤 고난을 치러도 바르게 진실하게 살 수 있을 거같습니다" 하고 말하는 것입니다. 여러분, 복잡한 거같지요? 모든 문제의 끝은 천당 지옥입니다. 천당 지옥을 믿느냐 못믿느냐입니다. 이게 믿어지고 확 다가온다면 아직도 물질의 노예가 되겠습니까. 아직도 썩어질 육신을 위하겠습니까. 이거 보십시오. 그, 믿음이 문제입니다. 종말론적 신앙, 약속의 땅에 대한 확실한 믿음, 이것이 오늘을 가름합니다. 오늘의 가치관이 여기 달려 있습니다. 그래서 하나님께서는 미숙하고 병든 인격을 치료하십니다. 사람을 치료하십니다. 세계관을 치료하십니다. 가치관을 치료하십니다. 인격을 치료하십니다. 성품을 치료하십니다. 말씀으로, 때로는 사건으로… 가나안을 통하여, 어려움을 통하여 그리고 고통을 통하여, 전쟁을 통하여, 시련을 통하여 구체적으로 우리를 치유하고 계십니다.

오늘본문에 치유에 대한 구체적인 말씀이 있습니다. 두 가지입니다. 하나는, 말씀을 들음으로 치유가 된다는 것입니다. 또하나는 말씀을 지킴으로 치유가 된다는 것입니다. 루스드라에 앉은뱅이가 있었습니다. 사도행전 14장에 보면 그가 사도 바울의 설교말씀을 듣습니다. 앉은뱅이가 맨앞에 앉아서 열심히 듣고 있는데, 이 성경은 참으로 귀한 말씀이라고 저는 늘 생각합니다. 말씀을 열심히 듣습니다. 뚫어져라 쳐다봅니다. 그래서 사도 바울이 눈여겨 내려다봅니다. 구원얻을만한 믿음이 그에게 있는 것을 보았습니다. 듣는 자세를 보고 믿음을 평가했습니다. 사도 바울도 마음이 뜨거워졌습니다.

'일어나라' 하니까 앉은뱅이가 벌떡 일어납니다. 나면서부터 앉은뱅이된 사람이 직립으로 일어났습니다. 누구할것없이 다들 깜짝놀랐습니다. 여러분 생각해보십시오. 말씀듣는다는 것 중요합니다. 저는요, 이유야 어쨌든간에 여기까지 와서 설교하는 가운데 졸고 있는 사람 참 안됐다고 생각합니다. 그것도 뭐 안졸려고 애를 씁니다. 보니 그렇습니다. 그러나 눈에 힘을 주느라 기를 쓰고 난리를 치는데도 졸리는 걸 어떡합니까. 그것도 참 못말릴 노릇입니다. 안됐지요. 차라리 교회를 못나왔다면 모르지만 일껏 나와가지고 그러고 있으니 어떡하면 좋습니까. 말씀을 들어야 됩니다. 말씀을 잘 따라가야 됩니다. 조금전에 제가 정신병자얘기 했습니다. 그런 얘기서부터 시작했습니다. 그게 서론이라는 것입니다. 그렇게 시작하여 마음문을 열어가면서 이 말씀을 전하려고 애쓰는데 꾸벅꾸벅 졸고 앉았다면 이를 어째야 합니까. 말씀을 확실하게 들어야 합니다. 그저 받아먹어야 됩니다. 받아먹는 자세로 들어야 됩니다. 그래서요, 여러분 못보시지만 여기 들어오는 문간에, 설교하러 들어오기 직전위치에 사진이 하나 걸려 있습니다. 어느 교인이 제게 준 것인데 저도 그 장면을 찍으려고 했지만 못찍어봤습니다. 새끼새들이 입을 딱딱 벌리고 있습니다. 어미가 주는 것을 받아먹으려고요. 어미새가 모이를 주려고 지켜보고 있습니다. 여러분 보셨지요? 입 딱 벌리고 쳐다볼 때 모이를 집어넣으면 꿀꺽 삼키는 것입니다. 지금 내가 뭘 먹고 있지?— 그 생각 안합니다. 꿀꺽 삼킬 뿐입니다. 그 새끼들이 그렇게 해서 자라나는 걸 봅니다. 여러분, 우리가 다 제비새끼같았으면 좋겠습니다. 집어넣는대로 꿀꺽 삼켜요, 그저. 말씀을 듣고 그렇게 받아들이는 법입니다. 들음으로 구원에 이르는 것입니다. 복음은 들음으로—

그럼으로 구원에 이릅니다. 그 다음에는 말씀에 순종하는 것입니다. 들으면서 순종하는 것입니다. 마가복음에 보면 '네 죄 사함받았으니라' 할 때 그대로 믿습니다. 아, 얼마나 귀합니까. 순종함으로 구원의 역사는 이루어진다 하였습니다.

미국에 있는 의사들에 관한 유명한 연구결과가 나왔는데요, 1044명의 의사들을 상대로해서 확실하게 조사를 해봤더니 네 명 중 세 명은 하나님을 믿는 것이었습니다. 그뿐아니라 59%는 내세를 믿습니다. 어찌생각하면 의사는 과학자 중의 과학자입니다. 과학의 이론, 과학의 원리로 치료를 하는 사람들이지만 저들은 생각합니다. '나는 육체를 상대로 하고 있고 생명은 하나님의 것이다.' 이걸 믿고 있는 것입니다. 직업인 중 의사가 제일 신앙이 좋습니다. 왜? 생명을 다루고 있기 때문입니다. 하나님께서 계시고 내세가 있다고 믿습니다. 이건 굉장히 중요한 증거가 됩니다. 치료? 육체의 병이 문제가 아닙니다. 영적인 병이 치유될 때 육체는 자동적으로 치유가 되는 것입니다. 자연히 치유가 되는 것, 그거 결코 어려운 게 아닙니다. 여러분, 깊이 생각하여야 합니다.

루즈벨트 대통령의 부인 엘리노어 루즈벨트 여사가 근자에 「You Learn by Living」이라고 하는, 우리말로는 「세상을 끌어안아라」라고 번역된 책을 썼습니다. 아주 많은 사람에게 깊이 감동을 주는 책입니다. 거기서 말합니다. 성숙한 인간 소위 건강한 인간이란 어떤 사람이냐? 자기남편을 생각하면서, 평생경험을 모아서 성숙한 인간상을 보여주고 있습니다. 첫째는, 간단합니다. 자기만, 자기생각만을 고집하지 않는다—내 생각만 하는 것이 아닙니다. 내 생각이 백번 옳다는 생각을 안합니다. 다른 사람 생각을 먼저 합니다. 이게 건강한 사람입니다. 이기주의도 병입니다. 나만 생각하고 다른 사람 형편을 생각하지 않습니다. 여러분 생각해보십시오. 아침에 아이들이 학교가는데, 학교가는 아이의 마음을 불편하게 하면 되겠습니까. 부모멋대로 지껄여도 되는 것입니까. 내 자식이니까? 그 아이들의 마음, 생각, 오늘 하루종일 지낼 것, 다 생각을 해야 합니다. 또 사실 알고보면 공부라는 거 누군 뭐 잘하고 싶지 않나요. 잘 안돼서 못하는 거지. 그런데 마구 잔소리를 해댑니다. 이 얼마나 미숙한 인격의 모습입니까. 또한 건강 성숙한 인간은 감정적으로 깊이 동요될 때도 객관성을 잃지 않는다 하였습니다. 이성의 판단을 잃지 않습니다. 그런데 감정 주도적입니다. 요즘 포스트모더니즘이라고 해서 감성을 최고로 여깁디다마는 이건 무서운 것입니다. 감성적이기보다 바른 사랑을— 요새와서 유명한 말이 있습니다. pop spirituality라는 말입니다. 일반적 성령론, 일반적 영성… 성령의 역사가 뜨겁습니다. 그러나 뜨겁다고 다 성령의 역사는 아닙니다. 뜨거운 것은 교회에도 있고 댄스홀에도 있습니다. 그러면 그 댄스홀에 성령이 있는 것입니까. 여러분, 생각을 해야 합니다. 어떤 감성적인 흥분, 그런 자극, 그래도 냉정하고, 냉정하게 이성의 판단을 잃지 않고 객관적 판단을 할 수 있는 그 사람이 건전한 사람입니다. 또한 모든 사물에 좋은 점과 나쁜 점이 있지만 어떤 어려움에도 좋은 점을 생각하고 나쁜 점이 있을 때도 다시한번 생각을 합니다. 그래서 말입니다마는 나쁜 사람에게서도 장점을 볼 줄 압니다. 어려운 형편에도 이것이 결과적으로는 좋은 것으로 바꿔질 수 있다는 기대를 버리지 않습니다. 이것이 건강한 사람입니다. 또한 마주치는 모든 상황을 겸손하게 받아들이며 관용과 사랑을 잃지 않는 사람, 이 사람이 건강한 사람입니다. 하나님의 사랑을 생각하고 이웃 사랑하기를 게을리하지 않습니다. 어떤 형편에서도 먼저 이웃을 생각합니다. 이것이 건강한 사람입니다.

이름은 대지 않습니다마는 우리교회의 어느 집사님 한 분, 제가 소중하게 여깁니다. 그는 너무너무 어렵고 힘들어서 본인의 말대로는 집단자살을 생각했답니다. 온집안이 같이 죽자고 했습니다. 그때 그 딸이 말하기를 "아버지, 죽는 건 바쁘지 않으니 교회 한번 나가보고 죽읍시다" 하더랍니다. 그래 이끌려서 교회나왔습니다. 생전처음 교회라는 곳을 나왔습니다. 그런데 그 첫시간, 제가 마침 욥에 관한 설교를 했다고 합니다. 그분이 딱 말씀을 받았습니다. 그가 받은 말씀은 이 말씀이었습니다. "시련이란 저주가 아니고 내가 미처 깨닫지 못한 것을 깨닫게 하며 내가 고치지 못한 것을 고치게 하며 새로운 세계로 인도하는 하나님의 커리큘럼이다." 이 한마디가 쏙 들어올 때 다시 일어나서 새사람이 되고요 돈도 벌고요… 딱 한마디, 말씀이 사람을 구원합니다. 세상을 구원합니다. 치료합니다. 치료하시는 하나님, 오늘도 그에게 맡겨야 됩니다. 환자는 의사를 믿어야 합니다. 그런 모범적인 환자가 되어야 합니다. 하나님 하시는 일에 전적으로 위탁을 합니다. 하나님께서 그런 우리를 치료하실 것입니다. △

믿는 믿음 안에 사는 사람

만일 우리가 그리스도 안에서 의롭게 되려 하다가 죄인으로 나타나면 그리스도께서 죄를 짓게 하는 자냐 결코 그럴 수 없느니라 만일 내가 헐었던 것을 다시 세우면 내가 나를 범법한 자로 만드는 것이라 내가 율법으로 말미암아 율법을 향하여 죽었나니 이는 하나님을 향하여 살려 함이니라 내가 그리스도와 함께 십자가에 못박혔나니 그런즉 이제는 내가 산 것이 아니요 오직 내 안에 그리스도께서 사신 것이라 이제 내가 육체 가운데 사는 것은 나를 사랑하사 나를 위하여 자기 몸을 버리신 하나님의 아들을 믿는 믿음 안에서 사는 것이라 내가 하나님의 은혜를 폐하지 아니하노니 만일 의롭게 되는 것이 율법으로 말미암으면 그리스도께서 헛되이 죽으셨느니라

(갈라디아서 2 : 17 - 21)

믿는 믿음 안에 사는 사람

한 4년쯤 전에 있었던 부끄러운 일 하나를 제가 고백하고 싶습니다. 뉴욕에 갔을 때입니다. 뉴욕집회를 끝내고 시간이 남아서 애틀랜타 시티에 차를 몰고 드라이브를 나갔습니다. 나갔던 길에 도박장에 들러서 슬롯 머신으로 게임을 해서 130불을 땄습니다. 쿼터가 500개나 쏟아져나오는데 아주 정신없더구만요. 그래 그걸 거둬가지고 바로 일어섰습니다. 제가 여기서 나름대로 중요한 진리를 하나 깨달았습니다. '땄을 때 일어서라.' 누구에게나 한 번 두 번 기회는 옵니다. 그런데 더 따려고 욕심을 부리다가 다 잃어버리는 것입니다. 인생의 진리가 거기도 있더라고요. 욕심을 부리지 말아야 합니다. 도박해서 돈번 사람 없습니다. 어쩌다 혹 벌 수도 있는데 전문가들 말에 의하면 돈벌어가지고 갔다가 다시 온답니다. 더 벌자고요. 그러나 몽땅 처넣고 끝나는 것입니다. 누구나 도박을 해서는 망하는 걸로, 망하고야 끝나는 걸로 결론이 났습니다. 결국은 사람이 그 매력에 끌려서 정신을 못차리는 것입니다.

또 있습니다. '잃었거든 만회하려 하지 마라.' 보면 대개 문제가 여기 있습니다. 얼마를 잃었습니다. 거 좀 땄었는데 잃어버렸습니다. 여기서 속이 상해가지고 만회하려고들다가는 마침내 집을 팔아넣어도 못당합니다. 잃어버린 실수, 잃어버린 과거, 끝난 것입니다. 한시라도 빨리 멈추어야 됩니다. 다시 시작해야 됩니다. 잃어버린 그 과거를 되찾으려고, 만회하려고 덤비는 순간 소중한 미래가 다 함몰되고 맙니다. 과거에 끝없는 후회가 있습니다. 그러나 빨리 끊어버려야 합니다. 스스로 마음을 다스려야 하는데, 문제는 여기 있습니다. 그것을 내가 내 마음 내 의지로 할 수 없다는 것입니다.

여러분, 예수를 믿는다는 게 뭡니까. 예수로부터 배운다? 예수를 따른다? 예수를 존경한다? 예수를 사랑한다? 예수를 본받는다? 이것이 예수를 믿는다는 것입니까? 그게 아닙니다. 적어도 크리스천이라고 한다면 신비로운 체험으로부터 시작합니다. 오늘본문에 제가 제일 좋아하는 성경요절이 나옵니다. 이 말씀을 오늘 여러분과 함께 상고하겠습니다. "I have been crucified with Christ." 내가 그리스도와 함께 십자가에 못박혔다―무슨 말씀입니까. 내가 죽었다, 그 말씀입니다. 데이비드 시멘스라고 하는 유명한 교수가 「치유하는 은혜」라고 하는 책을 썼는데, 현대인들이 은혜를 은혜로 느끼지 못하는 이유, 하나님의 은혜를 하나님의 은혜로 받아들이지 못하는 이유, 다시말해서 은혜를 차단하는 이유로 세 가지를 말해주고 있습니다. 하나는 자기의존입니다. 자기우상화에서 헤어나지 못합니다. 수없이 자기자신으로부터 배반을 당하고 자기자신은 믿을것이 못된다는 것을 한평생 경험했건만 미련하게스리 아직도 또 자기를 믿으려고 합니다. 자기결심을 믿으려고 합니다. 자기의지를 믿어보려고 합니다. 얼마나 어리석은 일입니까. 이제 그만합시다. 나 자신은 믿을것이 못됩니다. 나 자신을 완전히 부정해야 은혜를 은혜로 받아들일 수 있는데 나를 의지하고 있고 내게 잘못이 있고 내가 할 수 있고, 하는 나 자신에 대한 우상화가 아직도 끝나지 않았다는 것입니다. 그래서 은혜를 받지 못합니다. 또하나는 개인주의입니다. 아주 극단적인 개인주입니다. 그래서 고독케 합니다. 애시당초 인간이란 고독할 수 없습니다. 왜요? 태어날 때부터 신세지고 태어났습니다. 신세져야 하고 또 신세를 입혀야 하고… 그렇게 사는 것입니다. 그런데 자기가 홀로인 것처럼, 나 혼자 존재하는 것처럼 자기스스로를 자기 감옥 속에 몰아넣어서 고독케 합니다. 그런고로 은혜를 수용할 수가 없습니다. 또하나는 행동주의라고 하는 것입니다. 생각은 바꿀 생각 없이 행동만 바꾸겠다, 그것입니다. 열심히 뛰면 되겠지, 합니다. 아닙니다. 저는 그래서 가끔 내가 만든 잠언을 내가 외워봅니다. '무식한 자가 소신껏 사는 것처럼 위험한 일은 없다.' 보십시오. 무식한 사람 소신껏 삽니다. 고집스럽게 변하지 않고 살아보겠다는 것입니다. 이미 잘못됐는데요. 궤도가 잘못됐는데요. 아니, 방향이 잘못됐는데 여기서 열심만 낸다고 되겠습니까. 고집을 부린다고 되겠습니까. 이 얼마나 어리석은 일입니까. 아주 끝나는 얘기가 되겠습니다. 근본으로 돌아가서 다시 회개하고 다시 중생하는 길밖에 은혜의 길은 없다는 것을 알아야 합니다.

　예수를 믿는다─한마디로 말해서 그것은 십자가 이해에 있습니다. 여러분은 십자가를 어떻게 봅니까? 의인의 죽음입니까? 성자의 죽음입니까? 진리가 땅에 묻힌 것입니까? 도대체 십자가라는 게 뭡니까? 그리스도인은 예수 그리스도의 십자가를 쳐다보면서 '저 십자가는 나를 위한 것이다' 라고 하는 확실한 믿음을 가지고부터 그리스도인입니다. 나 대신 죽으셨습니다. 교회다닌다고 교인이 아닙니다. 성경을 외웠다고 교인이 아닙니다. 십자가를 쳐다볼 때마다 성령의 감화 성령의 역사로 '그리스도께서 나를 위하여 죽으셨다' 하고 그리스도의 죽음과 내가 하나가 되고 동일시되는 순간, 아니, 동일시되는 체험을 얻는 순간, 그때부터 그리스도인이라는 것을 알아야 합니다. 옛날로 돌아가서 상징적인 예를 들겠습니다. 유대사람들은 죄사함받기 위해서 양을 제물로 바쳤습니다. 성전에 양을 가지고 왔습니다. 그 목을 쳐 죽여서 그것을 제단에 올려놓고 불을 지릅니다. 지글지글 타오르는 동안 죄인은 그 앞에 꿇어엎드려 있습니다. '저 양이 나 대신 죽는 거다' 해서입니다. 다 탄 다음에 죄인이 일어섭니다. 제사장이 그때 사죄의 축복을 합니다. 죄란 뉘우친다고 사해지는 게 아닙니다. 내가 회개했다고 끝나는 게 아닙니다. 대속(代贖)의 역사가 있어야 합니다. 대신 죽는 역사가 있어야 합니다. 생명 대 생명으로 죽는 역사가 있어야 비로소 사함받고 사함의 체험을 얻을 수 있는 것입니다. 그래서 '예수께서 나를 위하여 죽으셨다'는 이것이 믿어지고 이것이 내게 확실해지는 순간 내 속에서 엄청난 변화, 놀라운 변화가 생깁니다. 여기서부터 그리스도인입니다.

또한 십자가를 쳐다볼 때 그것을 가장 위대한 아주 극치적인 사랑의 계시로 수용해야 하는 것입니다. 하나님께서 우리를 사랑하십니다. 어떻게 사랑하십니까. 여러분은 어떤 사랑을 원하십니까? 우리는 하나님의 사랑을 받는다 하면 내 사업이 잘돼야 하고 내 병이 나아야 되고 뭐가 좀 잘돼야 되고… 이런 식으로 손바닥에다가 하나님의 축복을 받아들여야 비로소 사랑이라 생각하고 싶습니다. 내 마음대로 내 욕심대로 말입니다. 그러나 하나님의 방법은 그런 것이 아닙니다. "하나님이 세상을 이처럼 사랑하사 독생자를 주셨으니…" 이것을 잊지 말아야 합니다. 독생자를 십자가에 못박으시고 이것이 우리를 향한 사랑이라고 말씀하십니다. '내가 너를 이렇게 사랑하느니라.' 이 사랑의 메시지가 내 가슴에 확 들어올 때, 확증될 때 그때부터 나는 그리스도인입니다. 사랑, 하나님께서 보여주신 사랑은 십자가에 있습니다. 그 희생에 있습니다. 그 거룩한 희생에 있는 것입니다. 그것이 속죄의 역사입니다. '내가 너를 이같이 사랑하노라. 십자가를 보라.' 십자가 속에서 더는 바랄 것이 없습니다. 무궁무진하고 충만한, 만족스런 사랑을 요샛말로 '화끈하게' 체험할 수 있어야 그리스도인입니다.

세 번째는 십자가를 쳐다볼 때마다 부활과 영원한 생명에 대한 약속이 거기에 있습니다. 십자가를 쳐다볼 때마다 영원한 약속이 보장되어 있다는 것, 그래서 십자가를 쳐다볼 때 영원한 생명의 세계가 환하게 보입니다. 환상의 세계가 열립니다. 이 사람이 그리스도인인 것입니다.

에리히 프롬이라고 하는 유명한 심리학자가 있지요. 그의 저서에 「의혹과 행동」이라는 책이 있습니다. 그 속에서 인간의 고통의 주된 원인은 소외(疏外)라고 말하고 있습니다. '소외당하는 것이다.' 먼저, 사랑으로부터의 소외입니다. 이 사랑은 잘못된 사랑입니다. 에로스 사랑인데 소유적인 것입니다. 사랑을 못받는다고, 사랑을 못가졌다고, 사랑을 독점하지 못했다고 안달을 합니다. 결국은 사랑으로부터 소외당하고 있는 것입니다. 참사랑이 아닌 거짓사랑에 끌려가는 한 점점 더 사랑으로부터 멀어지는 것입니다. 나만 괴로운 것이 아닙니다. 남까지 괴롭힙니다. 이게 바로 인간이 고통당하는 이유라고 말합니다. 또하나는 자신으로부터의 소외입니다. 우리는 다른 사람을 너무 의지합니다. 다른 사람의 평판에 너무 마음을 씁니다. 남들이 나를 두고 뭐라 하나? 그거 신경쓰는 동안 내가 증발해버립니다. 내가 누구입니까? 이런 말 들어보았습니까? '음식은 나를 위해 먹고 옷은 남을 위해 입는다.' 그럴듯한 말입니다. 오늘 여러분이 거울을 보았지요? 누굴 위해 봤습니까? 대충 챙기고 나오면 되는데요. 남들이 나를 보고 뭐라 할까? 이 마음을 쓴 것입니다. 그런데 그 정도가 있습니다. 그 정도를 딱 넘어서는 순간 나는 누구가 됩니까. 나는 허깨비 아닙니까. 내가 나로부터 소외당하는 것입니다. 세 번째는 바로 희망으로부터의 소외입니다. 여러분, 희망이란 과거에서부터 연결되는 게 아닙니다. 미래에서 오는 것입니다. 그런데 우리는 여전히 과거를 분석하고 과거의 연속으로 미래를 내다보려고 합니다. 절망입니다. 아무것도 없습니다. 허무함입니다. 끝났습니다. 참소망이란 하나님의 약속된 미래에서 오늘로 지향할 때만 있는 것입니다.

신학자 칼 바르트는 'Double Image of Cross'라는 유명한 말을 했습니다. 십자가에 두 이미지(Double Image)가 있습니다. 하나는 십자가를 볼 때마다 내가 얼마나 큰 죄인인가를 생각합니다. 이에 대해서 그는 상징적으로 아르키메디안 원리를 말합니다. 아르키메데스의 원리, 중학교때 배운 것입니다. 한참 생각해보십시오. 욕조에 물을 가득 채우고 내가 거기 들어가면 물이 욕조 밖으로 넘쳐 나갑니다. 그래서 내 몸의 물 속에 있는 부분과 같은 부피의 물의 무게만큼 내 몸이 가벼워집니다. 이것이 아르키메데스의 원리입니다. 그와같이 십자가를 볼 때마다 내 죄가 그만큼 큰 것을 보는 동시에 그만큼 내 죄가 가벼워지는 것을 느낍니다. 두 번째는, 내가 저만큼 소중한 것입니다. 십자가의 값을 지불해서 구원하실 만큼 소중한 존재입니다. 내 가치는 저 십자가에 계시되어 있는 것입니다. 여러분은 십자가를 볼 때마다 무엇을 생각하십니까? 내가 죽어지는 것입니다. 듣자하니 유행가 가사에도 더러 쓸만한 말이 있습니다. 나는 어찌하여 그대 앞에 설 때마다 작아지는가? '그대 앞에만 서면 나는 왜 작아지는가…' 재미있는 가사입니다. 작아지는 정도가 아니라 아예 없어져야 합니다. '그대 앞에 서면 왜 나는 죽어지는가…' 그렇습니다. 십자가를 볼 때마다 내가 죽어져야, 없어져야 되는 것입니다. 그게 예수믿는 매력입니다. 뭐가 어떻고 어떻고 하다가도 십자가만 쳐다 보면 싹 없어집니다. 이걸 알아야 됩니다. 십자가가 나를 죽여버립 니다. 아주 없애버립니다. 그리고 그리스도의 사랑과 계시만 남습니 다. 이것이 예수믿는다는 것입니다. 로마서 7장 2절로 보면 사도 바 울이 논리적으로 설명합니다. '결혼을 하면 여자는 남편에게 매인 다. 남편을 위해서도 자기자신을 위해서도 철저하게 정조를 지켜야 한다.' 못박아 말씀합니다. '그러나 남편이 죽으면 자유하다. 남편이 죽는 날부터 누굴 만나도 상관없다.' 그렇지 않습니까? 그 이치를 들어서 말씀합니다. '십자가 앞에서 죽으면 자유하다.' 얼마나 멋집 니까. 제가 로마서강해 책을 두 번 썼는데요 로마서는 읽을 때마다 참 놀랍습니다. 좀 미안하지만 그거 읽을 때마다 사도 바울에 대해 서 조금 질투가 납니다. 그는 너무 천재입니다. 어떻게 이런 귀한 얘 기를 할 수가 있을까? '죽으면 자유하다.' 그렇습니다. 어떤 죄인이 라도 죽으면 감옥에서 나옵니다. 그와도 같습니다. 여러분이 아직도 자유를 느끼지 못합니까? 아직도 '살아서' 그렇습니다. 아직도 꿈틀 거려서 그렇습니다. 철저하게 죽으면 철저하게 자유합니다. 이걸 잊 지 말아야 합니다. 갈라디아서 5장 24절에 보면 "정과 욕심을 십자 가에 못박았느니라" 하였습니다. 그것이 그리스도인입니다.

특별히 오늘본문에서 보는바 "그리스도와 함께"라는 말씀을 잊 지 말아야 합니다. 내가 나로서가 아니고 그리스도와 함께입니다. 그리스도께서 죽으실 때 내가 죽었습니다. 바로 그때 내가 죽었습니 다. 거의들 보셨겠지만 유명한 영화「벤 허」에 나오는 한마디를 놓쳐서는 안됩니다. 그가 비폭력적으로 얼마나 애를 씁니까. 그리고 마침내 유명한 고백을 합니다. "그분(예수님)이 십자가에 달리신 채 '하나님이여 저들의 죄를 사하소서' 하신 말씀이 내 귀에 들려올 때 내 손에서 검이 떠나는 것을 느꼈습니다." 그후로 그는 절대로 검을 들지 않습니다. 참 귀중한 메시지입니다. 십자가를 쳐다볼 때, 바로 그때, 주님 죽으시는 그때, 그것이 믿어지는 순간 내 속에서 검은 떠났습니다. 이제 미움도 없고 절망도 없습니다. 그리스도와 함께 나는 죽었노니… 아우구스티누스가 방탕한 사람으로 아주 소문났던 사람 아닙니까. 그러나 그는 로마로 갔다가 암브로시우스를 만나 예수를 믿고 성자가 됩니다. 거룩한 하나님의 사람이 되어가지고 옛날고장으로 돌아왔습니다. 옛날 자기가 즐겨 다니던 술집 앞을 지나가는데 그때 가까이했던 아가씨들이 따라오면서 아이고 어디갔다 지금 오느냐고, 반갑다고 야단입니다. 아우구스티누스는 그저 앞만 보고 그냥 지나갑니다. 그래도 자꾸 따라오니까 빙그레 웃으면서 중얼거립니다. "당신들 사람 잘못봤소. 아우구스티누스는 벌써 죽었소. 그는 죽고 없소." 그것이 바로 예수믿는다는 뜻입니다. 그리스도와 함께 죽었습니다. 그런고로 그리스도와 함께 삽니다. 죽었으니 삽니다.

로마서 6장 11절에 말씀합니다. "너희도 너희 자신을 죄에 대하여는 죽은 자요 그리스도 예수 안에서 하나님을 대하여는 산 자로 여길지어다." 죽은 자로 여기고 산 자로 여길지어다—확증하고 있습니다. 죽음과 함께 우리는 자유를 확증합니다. 십자가와 함께 생명을 확증합니다. 십자가를 바라보며 사랑을 확증합니다. 골로새서 3장 1절, 3절에서 말씀합니다. "너희가 그리스도와 함께 다시 살리심을 받았으면 위엣것을 찾으라. 거기는 그리스도께서 하나님 우편에 앉아 계시느니라… 너희 생명이 그리스도와 함께 하나님 안에 감추었음이니라." 내 생명이 벌써 거기 가 있습니다. 그리고 오늘 사는 것입니다. 매일같이 성령 안에서 확증하고 사는 것입니다. 저는 이런 한 사람을 압니다. 인천에서 목회할 때 그분을 여러 번 만났고 그 이야기를 늘 듣곤 했습니다. 아버지가 세상을 떠나고 어머니가 유복자를 낳아서 숙직실에 갖다놓고 공장에서 일을 했는데 숙직실에 불이 났습니다. 밖에 있던 어머니는 절대 들어갈 수 없다고 말리는데도 숙직실에 아이가 있으므로 그냥 뛰어들어가서 아이를 안고 나왔는데 아이는 무사했지만 이 어머니는 머리와 얼굴을 다 데어서 곰보가 되었습니다. 이 어린아이는 어렸을 때 철없을 때는 그러더랍니다. "엄마는 왜 곰보야? 다른 엄마들처럼 왜 예쁘지 않아?" 그러나 기다렸다가 아이가 좀 철이 난 다음에 사실을 얘기해줬습니다. "그래서 너는 살았고 내 얼굴은 곰보가 됐다. 이래도 보기 싫으냐?" 그때부터 이 아이는 말이 달라졌습니다. "우리어머니는 세상에서 제일 예쁜 사람이다. 우리어머니의 얼굴은 천사다." 그후로 단 한 번도 어머니의 말씀을 거역할 수가 없었답니다. 어머니의 그 얽은 얼굴을 볼 때마다 나를 위해 희생한 그것이 보이기 때문이었습니다.

믿음—여러분, 소원성취 바라는 게 믿음 아닙니다. 기적을 바라는 게 믿음이 아닙니다. 참믿음이란 하나님의 자녀가 되는 것입니다. 자녀의 정체의식은 바로 십자가 안에 있는 것입니다. 십자가를 쳐다볼 때 이미 나는 죽었고 오늘도 죽습니다. 다시 쳐다보십시오. 십자가 위에서 말씀하십니다. '내가 너를 사랑하느니라.' △

다 하나님 앞에 있습니다

베드로가 불러들여 유숙하게 하니라 이튿날 일어나 저희와 함께 갈새 욥바 두어 형제도 함께 가니라 이튿날 가이사랴에 들어가니 고넬료가 일가와 가까운 친구들을 모아 기다리더니 마침 베드로가 들어올 때에 고넬료가 맞아 발 앞에 엎드리어 절하니 베드로가 일으켜 가로되 일어서라 나도 사람이라 하고 더불어 말하며 들어가 여러 사람의 모인 것을 보고 이르되 유대인으로서 이방인을 교제하는 것과 가까이 하는 것이 위법인 줄은 너희도 알거니와 하나님께서 내게 지시하사 아무도 속되다 하거나 깨끗지 않다 하지 말라 하시기로 부름을 사양치 아니하고 왔노라 묻노니 무슨 일로 나를 불렀느뇨 고넬료가 가로되 나흘 전 이맘때까지 내 집에서 제 구시 기도를 하는데 홀연히 한 사람이 빛난 옷을 입고 내 앞에 서서 말하되 고넬료야 하나님이 네 기도를 들으시고 네 구제를 기억하셨으니 사람을 욥바에 보내어 베드로라 하는 시몬을 청하라 저가 바닷가 피장 시몬의 집에 우거하느니라 하시기로 내가 곧 당신에게 사람을 보내었더니 오셨으니 잘하였나이다 이제 우리는 주께서 당신에게 명하신 모든 것을 듣고자 하여 다 하나님 앞에 있나이다

(사도행전 10 : 23 - 33)

다 하나님 앞에 있습니다

 한밤중 어떤 집에 강도가 들었습니다. 강도는 권총을 겨누고 "모두 손들어!" 소리를 질렀습니다. 가족 모두가 일어서서 벌벌떨면서 두 손을 들었는데 그 집 주인되는 사람은 한 손만 떡 들었습니다. 강도가 못마땅해서 "두 손 다들어" 했더니 주인이 하는 말입니다. "강도선생님, 저는 한쪽팔에 심한 신경통이 있어서 하나밖에 들 수가 없습니다. 미안합니다." 강도가 또 하는 말이 "사실은 나 역시 한쪽 팔에 신경통이 들었어. 그게 너무 심해서 퇴직을 당했고 할일을 못찾아서 헤매다가 이렇게 강도가 된 거요" 하는 것입니다. 둘이 마주 앉아가지고 서로 신경통타령을 했습니다. 이것이 곧 동병상련(同病相憐)이라는 것입니다. 두 어색한 만남 아니, 만나서는 안될 상대로 둘이 만나서 같은 문제로 이야기를 나누게 됩니다.
 오늘본문도 보면 두 어색한 관계가 서로 만납니다. 어쩌면 만나서는 안될 사람들, 아니, 일생동안 한 번도 만나지 않았으면 하는 그런 관계의 두 사람이 만납니다. 고넬료라고 하는 사람, 로마군인입니다. 로마군인이 이 유대땅에 와 있습니다. 다시말하면 점령군 장교입니다. 장교요 백부장입니다. 이 사람 이 자리에 있을 사람 아닙니다. 왜 유대땅에 왔습니까. 점령군 장교를 좋아할 유대사람이 어디 있습니까. 그저 서로 안만났으면 좋겠고 없었으면 좋겠습니다. 이런 고넬료라고 하는 백부장과 만나는 베드로라고 하는 사람, 피점령지의 초라한 어부입니다. 평민입니다. 사회적 지위로 말한다면 고넬료와 베드로, 이건 얘기가 안됩니다. 만날 이유도 없고 어쩌면 한평생 안만났으면 좋겠다 할 사람들입니다. 그러나 본문에서 보는 바와 같이 이 두 사람이 만나게 됩니다. 유대사람들은 정치경제문화적으로는 참 어렵지만 그러나 종교적으로는 이방사람을 멸시합니다. '비록 우리는 이렇게 어려운 고난의 길을 가지만 우리는 하나님을 섬기는 사람들이다. 너희같은 우상섬기는 사람들과는 질적으로 다르다' 하는 종교적 우월감이 있습니다. 자, 이 두 어색한 관계의 사람들이 서로 만나게 됩니다. 공통점이 있었기 때문입니다. 공통적으로 느끼는 관심이 있었기 때문입니다. 첫째는, 두 사람이 다 하나님을 경외합니다. 베드로야 물론 하나님 경외하고 특별히 로마사람인 이 고넬료도 정치적으로는 이땅을 지배하고 있지만 종교는 유대종교가 옳다고 생각합니다. 참 대단한 사람입니다. 그 정치적 우월감, 교만 다 버리고 피점령국가의 그 종교를, 그 하나님을 섬기더라고요. 그래서 성경은 이렇게 말씀합니다. "그가 경건하여 온집으로 더불어 하나님을 경외하며 백성을 많이 구제하고 하나님께 항상 기도하더니…(행 10 : 2)" 아주 전형적인, 어쩌면 가장 경건한 유대사람의 신앙생활양식을 그대로 따라서 사는 이런 사람입니다. 그러니까 그는 하나님을 믿는 사람입니다. 그것이 공통점입니다. 또하나는, 이 두 사람이 다 기도하는 사람들이라는 점입니다. 고넬료도 시간을 정하고 기도하는 사람이요 베드로도 비록 여행중에 있지만 시간을 정하고 지붕위에 올라가서 기도하는 사람들이라는 것입니다. 기도하는 사람—여러분, 기도하는 사람끼리는 만나는 법입니다. 기도하는 사람끼리는 영으로 통합니다. 기도 속에서 만나는 것입니다. 하나님께서 만나게 해주십니다. 여러분의 영성이 어디까지 왔는지는 몰라도 정말로 깊이 기도하고보면 정말로 기도하는 사람끼리는 만납니다. 영으로 통하는 것입니다. 그래서 말입니다. 이 두 사람이 다 천사를 만났습니다. 하나님께서 보내신 천사를 만나서 지시를 받습니다. 또한 이 두 사람이 다 기도응답을 받은 사람들입니다. 하나님으로부터 주시는 말씀의 응답을 받은 그런 특별한 체험을 한 사람들입니다. 기도응답 속에서 둘이 만나는 것입니다. 그리고 또 한 가지는, 기도응답 속에 있는 하나님의 말씀에 순종했다는 것입니다. 자기생각으론 순종할 마음 없습니다. 그래도 순종했습니다.

저는 예루살렘에 갔을 때 정말 이천 년전에 베드로가 그 집 지붕에 올라가서 기도했다고 하는 허름한 집을 한번 가봤습니다. 안으로는 들어가지 못하게 해서 못들어가봤습니다마는 뭐 조그마한 집인데, 거기 누가 바람벽에다가 '베드로 기도하던 집'이라고 새겨놨습디다. 어쨌든 그 집은 지금도 이천 년 동안 바닷가에 그렇게 서 있습니다. 이제 생각해보십시오. 베드로 그는 로마사람의 집에 들어가면 안됩니다. 더구나 로마군인집인데 들어가서 숙식하고… 안됩니다, 이것은. 자기생활풍습과 전통에 따라서는 절대 그리 못합니다. 그러나 주님께서 말씀하시니까 따릅니다. 속되다 하지 마라, 잔소리 하지 마라, 내가 가라면 가고 내가 만나라면 만나거라—그것입니다. 모든 규례와 법도와 생활습관, 제도를 다 초월해서 기도에 주신 말씀대로 응답합니다. 순종합니다. 고넬료 역시 그렇습니다. 기도하던 중에 지시를 받습니다. '저 피장 시몬의 집에 우거하는 저 시몬이란 사람을 청하라.' '예.' 무작정 가서 청합니다. 말씀에 순종합니다. 두 사람이 다 그랬습니다. 이것 보십시오. 하나님을 믿고 다 기도하는 사람이고 다같이 기도응답 받고 응답받은대로 순종하고보니 생전에 만날 일도 없고 만나서는 안될 사람들도 이렇듯 만나더라고요. 하나님뜻 안에서 만나게 되고 마음을 열게 됩니다. 이것이 오늘본문에 나타난 대단히 중요한 말씀입니다.

자기중심적인 사람이 있습니다. 그래서 자기고집이 있고 자기만이 옳고 남의 말 안듣는 사람 있습니다. 남의 말을 안들어야 자기존재가 사는 것으로 생각합니다. 아이들까지도 그렇더라고요. 뭐 하라하면 선뜻 "예" 하는 놈 별로 없습니다. 어느 목사님이 기막힌 상담을 내게 해왔습니다. 아주 이름있는 목사님인데 나에게 큰 고민을 털어놓습니다. 의과대학다니는 아들이 담배를 피우기에 피우지 말라 했다 합니다. "야, 목사가 설교해서 월급받은 건데 너 그 돈 가지고 담배 사서 피우면 되겠느냐." 말 되거든요. 그랬더니 이 녀석 하는 말이 이랬습니다. "이 담배값은 내가 아르바이트해서 번 돈입니다. 아버지돈이 아닙니다." "그러나 너는 명색이 목사아들이 아니냐." 그러니까 이 녀석 하는 말이 "아버지, 아버지는 심리학 전공했다면서요? 그러면 이해하실 게 아닙니까. 목사아들이니까 피워야 되지요" 하고 말하는 것입니다. 이걸 나한테 물어보는 것입니다. 무슨 말인지 못알아듣겠다고… 그래서 내가 그때 그 목사님한테 그런 얘기를 했습니다. "내가 당신아들이라도 피우겠소." 목사아들이니까 피우지 마라? 피워야 내가 살지. 그냥 순종하면 내가 죽어 없어지잖아요. 반항이 자기존재를 세우는 길이라고 생각하는 것이 현대의 문제라고요. '예스' 하면 내가 죽고 '노우' 하면 사는 줄로 아는 이 청개구리체질이 문제입니다. 꼭 자기중심적입니다. 그리고 반항을 합니다. 어느 누구의 말도 듣지 않습니다. 그런가하면 반대로 또 타인종속적이고 타인지향적인 사람이 있습니다. 이건 또 항상 예스맨입니다. 무조건 그저 남의 의견에 따라갑니다. 나는 없습니다. 그저 그렇습니다 저렇습니다 하는데 이걸 가리켜서 쉬운 말로 '눈칫밥 먹고 자란 사람이다' 합니다. 어디 가서든지 자기주장은 한 번도 하는 일이 없습니다. 자기주장 하면 자기는 죽는 줄 압니다. 그래서는 무조건 순종합니다. 무조건 '예' 합니다. 이렇게 비굴해지고 기회주의적이고 허약한 인간이 되어지는 것을 볼 수 있습니다. 그런가하면 실리주의적 인간이 있습니다. 이득계산이 먼저입니다. 손익계산이 빠릅니다. 뭘 하든지 그렇습니다. 심지어는 교회나오는 것까지 손익계산에 넣습니다. '내게 얼마나 이로울까?' 교회나와서 딱 보고 교인들 많으면 '야, 이분들 상대로 장사하면 괜찮겠다' 합니다. 다 고객으로 보는 것입니다. 자, 이렇게 사는 것 또한 문제입니다. 나는 없고 물질만이 있습니다.

그러면 신앙적인 사람은 어떤 사람일까? 신앙적 인격은 하나님 앞에 있는 것입니다. 하나님임재 의식으로 사는 것입니다. 하나님을 보고 사람을 봅니다. 하나님께 듣고 사람에게 듣습니다. 기도응답을 받고 비로소 오늘을 삽니다. 예수님 말씀하십니다. "내가 너희를 사랑한 것같이 너희도 서로 사랑하라." 무슨 말씀입니까. 내가 너희를 사랑한 것—주님의 사랑을 생각하고 그 사랑에 감격해서 남을 사랑하는 것입니다. 이게 바로 그리스도인입니다. 그래서 '주께 하듯 하라' 합니다. 주인에게도 주께 하듯, 아내에게도 주께 하듯, 남편에게도 주께 하듯… 주님을 대하듯이 이웃을 대하라는 것입니다. 항상 주님을 생각하고 주 앞에서 말하고 행동하는 이것이 그리스도인입니다. 알렉산더 대왕이라고 하는 헬라의 유명한 왕, 그는 대단한 그리고 또 풍부한 상상의 소유자였습니다. 동서의 세계를 하나로 만들려고 했습니다. 그런 큰 꿈을 품고 헬라를 떠납니다. 떠날 때 국고를 열고 왕의 창고를 열고 오랫동안 모아놨던 금은보화를 군인장교들과 그 식구들에게 다 나누어줬습니다. 귀중한 보화를 다 나누어주고 창고가 텅비게 됩니다. 그럴 때 나라의 살림을 맡아하는 분들이 깜짝 놀라서 "이렇게 왕의 창고가 비면 나라가 어떻게 됩니까? 왜 이렇게 하십니까? 이렇게 하시면 안됩니다" 하고 말할 때 알렉산더 대왕은 말합니다. "나에게는 나만이 아는 보물이 있다. 그것은 희망이다." 손에 있는 것을 보고 사는 사람, 눈에 보이는 것을 보고 사는 사람 그것은 수준 이하입니다. 적어도 사람답게 사는 사람은 다른 사람 못보는 것을 봅니다. 다른 사람 듣지 못하는 소리를 듣습니다. 그래서 인간입니다. 그래서 지도자입니다. "나에게는 희망이라는 보물이 있다." 그리고 헬라를 떠납니다.

오늘본문에 나타난 고넬료라는 사람, 제 생각에는 이방인으로서 경건의 극치라고 생각합니다. 그는 온집으로 더불어 하나님을 경외하고 백성을 구제하고 시간을 따라 하나님 앞에 기도하는 참으로 대표적인 경건의 사람입니다. 그는 로마군인이라고 하는 자기신분 또 우월감 다 극복해버렸습니다. 여러분은 신분이 어떻습니까? 재산은 어떻습니까? 지식은 있습니까? 상관하지 마십시오. 툭툭털어버리고 깨끗한 마음으로, 아주 깨끗한 마음으로 경건을 찾아갑시다. 고넬료는 또한 베드로를 만나게 됩니다. 베드로는 초라한 어부입니다. 여러분 상상을 해보십시오. 로마군인, 그 화려한 훈장을 달고 사는 백부장이 여기 있고 초라한 갈릴리어부 한 사람, 남루한 옷을 입고 어정어정 걸어들어옵니다. 베드로의 모습 한심하지요. 인간의 눈으로 볼 때는 상대가 안됩니다. 도대체가 그렇습니다. 그러나 우리가 잘 아는 바와 같이 고넬료는 베드로를 만나는 순간에 하나님을 대하듯이 대하고 하나님께서 보내신 자로 믿습니다. 그래서 그 발 앞에 엎드려 절을 했습니다. 발 앞에 엎드린다—이건 신에게 드리는 경례입니다. 사람 앞에 드리는 게 아닙니다. 베드로의 발 앞에 사지를 쭉 펴고 넙죽 땅에 엎드립니다. 이러니 베드로, 얼마나 당황했기에 그 우쭐하기 좋아하는 성미가 부리나케 고넬료를 일으키면서 "나도 사람이오" 했겠습니까. 저는 수없이 인사를 받았지만 이런 인사 못받아봤습니다. 내 입에서 "나도 사람이오" 하는 말 안나오더라고요. 뭐 아무리 존경한다느니 어쩌느니 해도 여기에는 어림도 없습니다. 그렇지 않습니까? 베드로가 너무너무 황급해서 "나도 사람이오. 일어나세요" 할 정도로 지극정성 발앞에 엎드려 절을 했더란말입니다.

자, 보십시오. 지금 고넬료가 누구를 보고 절하는 것입니까? 그의 마음이 지금 어디로 가고 있습니까? 베드로가 눈앞에 있지만 베드로를 본 게 아닙니다. 그 뒤에 계신 하나님을 뵈었거든요. 그를 보내신 하나님을 생각하고 이렇게이렇게 엎드렸더란말입니다. 기도의 응답으로 보내주신 분, 나의 기도를 들어주시는 하나님께서 기도를 들어주시기 위하여 내게 보내주신 분—이렇게 정성껏 맞이했습니다. 그리고 지금 말합니다. "우리가 다 하나님 앞에 있습니다." 우리, 일가친척까지 다 모아놓고 "우리가 다 하나님 앞에 있습니다." 그리고 하는 말입니다. "주께서 당신에게 주신 모든것을 듣고자 하여…" 저는 이 자리에 설 때마다 이 사람 생각을 합니다. '우리교인들이 다 요시간에 요러면 얼마나 좋을까?' 말씀하십시오, 듣고자 합니다—이건 벌써 듣고 판단하는 게 아닙니다. 판단은 없습니다. 그대로 순종하는 것입니다. 듣고 순종하는 게 아니라 순종 먼저 하고 말씀하라는 것입니다. 이 얼마나 아름다운 마음입니까. 그런데 요새 교인들은 떡 팔짱을 끼고 앉아서 '어디 들어보자' 합니다. '들을 말 있으면 듣고…' 10% 듣고 20% 듣고 어떤 사람은 50% 듣고… 우리는 이걸 알아야 됩니다. 다 하나님 앞에 있습니다. 고넬료는 베드로를 통해서 하나님을 봅니다. 하나님께서 보내신 분을 앞에 놓고 이제 말합니다. '다 하나님 앞에 있습니다. 말씀하십시오. 무슨 말씀이든지 하십시오. 그리고 성경을 계속 읽어보면 베드로가 이제 설교를 합니다. 별로 긴 설교 같지 않습니다. 사실은 말도 잘 안통하거든요. 베드로는 아람말을 하고 이 사람은 라틴말을 합니다. 말도 통역 없이 통할 수 없는 사이입니다. 그런데 말을 합니다. 44절에 보면 이런 말씀이 있습니다. "베드로가 이 말 할 때에 성령이 말씀듣는 모든 사람에게 내려오시니…" 방언이 터져서 베드로의 말씀을 모두가 알아듣게 됩니다. 다 알아듣게 됩니다. 통역 없이 알아듣게 됩니다. 이래서 사도행전 10장을 '이방인의 오순절'이라고도 말합니다. 저 오순절 역사가 여기서 나타난 것입니다. 설교를 잘한다 못한다가 아닙니다. 무슨 말을 했느냐가 중요하지 않습니다. 영으로 통합니다. 성령이 통역을 해줍니다. 성령이 알아듣고 감당하게 기억나게 말씀의 능력으로 나타나는 것입니다. 그래서 고넬료의 가정에 큰 구원이 임하고, 이 사람 다시 로마로 돌아갈 때, 로마에 가서 교회를 세우게 됐다고 합니다.

이것을 생각해야 합니다. 우리는 때때로 신앙을 너무 추상화해 버립니다. 그래서 신앙응답 기도응답 경건… 하면서도 항상 만족치 못합니다. 왜? 추상적이라서요. 무지개 따라가듯 끝까지, 어디로 가는지 모릅니다. 그러나 이걸 알아야 됩니다. 고넬료는 구체화됐습니다. 베드로를 영접하는 것이 주님을 영접하는 것입니다. 베드로의 말씀을 듣는 것이 주님말씀 듣는 것입니다. 베드로에게 순종하는 것이 하나님께 순종하는 것입니다. 구체적입니다. 이런 신앙입니다. 내가 지금 뭘해야 됩니까? 오늘 내가 할 일이 무엇입니까? 바로 이것이 하나님 앞에서 내가 할 일입니다. 구체적이고 아주 현실적인 Here and Now, 방금 이 자리에서 내가 할 일이 있습니다. 그러한 신앙입니다. 여러분은 어떻게 하는 것이 하나님 앞에 바른 자세라고 생각합니까? 구체적으로 말입니다. 깊이 생각해야 합니다. 믿음의 사람이라면 모든 사건에 주의 손이 있고 모든 역사가 주의 섭리 속에 있고 내가 만나는 일 내가 듣는 일 전부가 기도응답 속에 있습니다. 우리가 다 하나님 앞에 있습니다—바로 그 믿음으로 살아가야 할 것입니다. △

죽은 것이 아니라 잔다

　아직 말씀하실 때에 회당장의 집에서 사람들이 와서 가로되 당신의 딸이 죽었나이다 어찌하여 선생을 더 괴롭게 하나이까 예수께서 그 하는 말을 곁에서 들으시고 회당장에게 이르시되 두려워 말고 믿기만 하라 하시고 베드로와 야고보의 형제 요한 외에 아무도 따라옴을 허치 아니하시고 회당장의 집에 함께 가사 훤화함과 사람들의 울며 심히 통곡함을 보시고 들어가서 저희에게 이르시되 너희가 어찌하여 훤화하며 우느냐 이 아이가 죽은 것이 아니라 잔다 하시니 저희가 비웃더라 예수께서 저희를 다 내어 보내신 후에 아이의 부모와 또 자기와 함께 한 자들을 데리시고 아이 있는 곳에 들어가사 그 아이의 손을 잡고 가라사대 달리다굼 하시니 번역하면 곧 소녀야 내가 네게 말하노니 일어나라 하심이라 소녀가 곧 일어나서 걸으니 나이 열 두 살이라 사람들이 곧 크게 놀라고 놀라거늘 예수께서 이 일을 아무도 알지 못하게 하라고 저희를 많이 경계하시고 이에 소녀에게 먹을 것을 주라 하시니라

　　　　　　(마가복음 5 : 35 - 43)

죽은 것이 아니라 잔다

80여 세 된 할아버지가 임종 때가 되어 온가족이 모여서 그를 지켜보고 있었습니다. 벌써 의식을 잃은 지가 일 주일이 넘어서 아무래도 소생할 가능성은 없다고 해서 일가친척을 다 모아놓았습니다. 병원측에서도 의사가 나와서 말했습니다. "연세도 있고 하니 아무래도 소생할 것같지 않습니다. 장례를 준비해야 할 것같습니다." 그래서 맏상주되는 큰아들, 또 그 동생, 여러 친척들이 모여서 장례 준비에 대한 의논을 했습니다. 큰형이 말하기를 아무래도 조객이 많을 것같지 않으니 그냥 영구차 하나만 불렀으면 좋을 것같다고, 다른 버스를 따로 더 부르지 않아도 될 것같다고 말합니다. 그러자 동생이 거듭니다. "영구차 한 대는 부를 게 뭐 있습니까. 다들 승용차가 있으니 각자 타고 가서 우리 형제들이 관을 둘러메고 산을 올라갑시다. 그렇게 비용 다 줄입시다." 이렇게 얘기가 됩니다. 이 모든 이야기를 다 듣고 있던 할아버지가 벌떡 일어나서 소리칩니다. "야, 집어치우고 내 옷 내놔라. 내 발로 묘지까지 올라가겠다. 이 나쁜 놈들같으니라고…"

몇년 전 「가이드 포스트」에 'Victory over Fear'라고 하는 아주 재미있고 뜻있는 글이 실렸었습니다. 65세까지 무병해서 딴에는 한 번도 병원에 가보지 않았다는 건강한 사람이 있었는데 시름시름 몸이 좋지 않아서 병원에 가보았더니 전립선암이라고 합니다. 그것도 말기가 되어 다 퍼졌으므로 가망이 없으니 죽음을 준비해야겠다, 라고 의사가 말했습니다. 이 말을 듣고 알렉산더 플러머라고 하는 이 사람은 큰 고민에 빠졌습니다. 기도하며 고민했습니다. 성경을 읽으며 고민했습니다. 교회에 가서 고민하고 집에 와서 고민하고… 고민 고민 하다가 그 두려운 마음을 가만히 짚어보았습니다. '내가 지금 무엇을 고민하고 있지? 죽음? 죽음이야 어차피 맞이할 것이 아닌가. 누군들 안죽던가. 65세까지 살았으면 족히 살았지 뭐.' 그러고보니 고민은 죽음에 대한 게 아니었습니다. 문제는 두려움이었습니다. 두려운 마음이 엄습해오는데 이것은 견딜 수가 없는 것입니다. 사형선고가 두려운 것이 아니라 죽음 자체에 대한 두려움이 있었더라는 것입니다. 그래서 두려움을 다시 짚어봤습니다. '내가 지금 무엇을 두려워하고 있나?' 불확실한 미래였습니다. 그래서 조금 더 생각해보니 천당이냐 지옥이냐, 이것이 고민이더라고요. 그러고보니 지난날 하나님 앞에 잘못한 것, 죄의식이 그냥 물밀듯이 엄습해옵니다. 견딜 수가 없습니다. 하나님 앞에 사람 앞에 잘못한 일들이 그대로 생각나서 마음을 괴롭히니 견딜 수가 없는 것입니다. 두려움은 결국 죽음에 대한 두려움이 아니고 죄에 대한 두려움이었습니다. 그래서 생각했습니다. 마침내 그는 하나님 앞에 기도했습니다. '하나님이여, 죽음은 두렵지 않습니다. 이 두려움을 거두어가주십시오. 두려움의 원인인 죄를 이제는 용서해주십시오.' 하나님 앞에 이런 회개의 기도를, 아주 힘써 회개의 기도를 하고났더니 마음이 편안해지면서 두려움이 다 사라지고 마치 요단강 건너편 가나안땅을 바라보는 것처럼 하늘나라가 환하게 보이는 듯한 느낌이 들었습니다. 그래서 마음의 평안을 되찾게 되었습니다. 그 결과로 병을 고쳤다는 것입니다. 우리가 깊이 생각해야 합니다. 이것은 남의 얘기가 아닙니다. 언제든지 바로 우리자신의 얘기입니다. 먼 얘기도 아닙니다. 오늘의 얘기라는 걸 꼭 기억하시기 바랍니다.

오늘본문에 봅니다. 회당장 야이로의 딸이 죽게 됐습니다. 회당장 야이로가 지체높은 사람입니다. 그 마을에서는 최고신분의 사람입니다. 이 갈릴리에서 온 이 사람, 서른 살밖에 안된 예수라는 사람에게 와서 무릎을 꿇을 사람이 아닙니다. 그러나 사랑하는 외딸, 12살난 딸이 죽어가니까 어찌할 수가 없습니다. 그래서 그는 예수님 앞에 와서 부탁을 드립니다. '내 딸이 죽게 됐습니다. 도와주십시오.' 예수님께서 말씀하십니다. '그래? 그럼 너희집에 가자.' 이러십니다. 야이로가 예수님을 모시고 갑니다. 가는 도중에 사건이 하나 있어서 좀 지체됐습니다. 회당장의 집에서 사람이 왔습니다. 전갈이 왔습니다. '예수님을 더 괴롭히지 마십시오. 아이는 죽었습니다. 이미 죽었습니다.' 이 말을 듣는 야이로는 딜레마에 빠집니다. 진퇴양난입니다. '예수님을 모시고 가야 하나 말아야 하나? 아이는 죽었다는데…' 이 시간이 대단히 중요한 시간입니다. 그는 주저합니다. 의사선생님을 모시고 가는 길인데 환자가 죽었습니다. 의사가 필요합니까, 이미 죽었는데. 아무리 능력이 많은 분이라 하더라도 죽기 전이라야 가서 안수를 하든지 기도를 하든지 하는 거지 이미 죽었다는데야 어떡할 것입니까. '모시고 가야 하나 말아야 하나?' 주저하고 있는 바로 그 시간에 예수님께서 그를 위로하며 말씀하십니다. "믿기만 하라." 36절에 말씀하십니다. 여기서 우리 인간의 한계를 넘어서는 시간이 나옵니다. '죽었습니다' 할 때 다 끝났습니다. 상황은 끝났습니다. 우리가 병원에 가보면 이런 걸 볼 수 있지요? 뭐 주사를 놓고 산소호흡도 시키고 뭘하고 뭘하고 하면서 잔뜩 갖다 걸어놓고 살려본다고 애쓰다가 숨 딱 끊어지면 '끝났습니다' 하고 주사바늘서껀 모든 시설 해놨던 거 다 거둬가지고 가버립니다. 왜요?

끝났으니까요. 생명에 관한 한 우리 인간은 여기까지입니다. 한계가 여기까지입니다. 끝났으니까요. 바로 이런 시간인데 예수님 말씀하십니다. "믿기만 하라." 믿음이 무엇입니까. 지금까지는 훌륭한 의사 되신 분에 대한 믿음이지만 이제부터는 생명의 주인 되시는 하나님께 대한 믿음입니다. 이전에는 인간적인 믿음이지만 이제부터는 하나님의 아들에 대한 믿음으로 믿음의 성격이 바뀌는 순간입니다. "믿기만 하라." 대단히 중요한 시간이라고 생각합니다. 우리 인간들은 대개가 여기까지입니다. 그저 울고불고 애쓰다가 딱 끝나면 돌아앉고 맙니다. 그럴 수밖에 없지요. 거기까지가 우리 인간의 한계인 것입니다.

「리더스 다이제스트」에 '실패를 극복하는 방법'이라고 하는 article이 실린 적이 있습니다. 거기서 말합니다. '실패 대신에 시행착오라고 하는 단어를 써라.' 실패가 아니라 시행착오입니다. '잠깐 실수한 것이다.' 그렇게 생각해야 한다는 것입니다. 두 번째가 중요합니다. '마지막이라는 생각은 하지 마라.' 어떤 실패도 끝은 아닙니다. 어린 아기가 죽었습니다. 그러나 이것은 끝이 아닙니다. 사람들은 끝이라고 생각하나 예수님께서 보실 때는 끝이 아닙니다. 아니, 끝이 아닌 것을 믿으라는 것입니다. '믿으라.' 이건 이해의 문제가 아닙니다. 믿음의 문제요 사랑의 문제입니다. 또한 '실패자로 생각하지 마라' 합니다. 실패와 실패자는 다른 것입니다. 실패는 사건이고 실패자는 존재의 문제입니다. 나는 아직도 여기 있습니다. 실패라는 사건은 있어도 실패자라는 사람은 없습니다. 이걸 잊지 말아야 합니다. 그리고 '실패를 받아들이라' 합니다. 또다른 기회로 받아들이라 합니다. 이것은 보다 더 앞으로 가는 성공을 위한 프로세스요 하나의 과정이다, 이 과정을 거쳐서 저리 가는 거다, 그런고로 이것 자체는 실패가 아니다—그것입니다. 또 나아가서는 '실패가 만약 예견되었다면 발상을 바꾸라. 방향을 전환하라' 했습니다. 이런 것이 「리더스 다이제스트」에서 말해주고 있는 '실패를 극복하는 방법'입니다.

 오늘 '아이가 죽었습니다' 할 때 예수님께서는 "믿기만 하라" 하시는데 이때 만일에 야이로가 이렇게 말했다면 어떻게 되겠습니까. '다 끝났습니다. 믿긴 뭘 믿어요?' 그랬다면 이건 큰일 아닙니까. 비록 부족하지마는 "믿기만 하라" 하시는 이 말씀을 그는 믿었습니다. 받아들였습니다. 그래서 예수님을 모시고 아이가 죽었다는 그 집으로 갑니다. 야이로에게는 고만큼의 믿음이 있었습니다. 아니, 실낱같은 믿음만 있어도 구원의 길은 있는 것입니다. 집에 도착했습니다. 많은 사람이 울고 소리를 내고 헌화하고 그럽니다. 예수님 거기 들어서시면서 '왜들 이렇게 시끄러우냐. 아이는 죽은 것이 아니라 잔다' 하십니다. 그랬더니 아이 죽은 것을 아는 사람들이 보이는 반응입니다. "비웃더라" 그랬습니다. 아, 죽은 거 분명한데 잔다니 무슨 소리야—자, 여기서 생각해야 합니다. 그리스도의 죽음관, 사망관이 여기 나타납니다. "죽은 것이 아니라 잔다." 요한복음 11장 11절에도 보면 '죽은 것이 아니라 잠들었도다' 하십니다. 죽음이 끝이 아니라는 것입니다. 죽은 자를 앞에 놓고도 '이건 끝이 아니다' 하십니다. 여기에 생명이 있다—아직도 있고 앞으로도 있을 것입니다. 미래는 있다는 것입니다. 그래 이것을 알아야 합니다. 죽음의 문제도 아니고 경제의 문제도 아닙니다. 인생의 가장 큰 문제는 절망이라는 것입니다. 유명한 교부는 이렇게 말합니다. '사람이 가진 문제는 죄의 문제가 아니라 절망의 문제다.' 절망 자체가 문제라는 것입니다. 예수님께서는 죽었다는 소식을 들어도 절망이 없고 아이가 죽은 집에 가서 아주 울음바다가 된 상황을 보면서도 절망이 없었습니다. 왜냐하면 그는 생명을 보고 계시기 때문입니다. 그리고 플러스 알파의 세계를 보고 계십니다. 하나님의 능력이 함께할 때, 아니, 그리스도께서 함께하실 때, 생명의 능력이 역사할 때 언제든지 살아날 수 있는 것입니다. 그 그리스도 앞에는 언제든지 생명만이 있는 것입니다. 사망이란 없습니다. 그런 시각으로 볼 때 다시 일어날 것이니까 자는 것이지요. 좀 깊이 자는 것입니다. 좀 이해하기 어렵게 자는 것일 뿐 '잔다' 말씀하십니다.

요한복음 11장 40절에 말씀하십니다. '믿으면 하나님의 영광을 보리라. 이 사실을 믿어라. 믿으면 하나님의 영광을 보리라.' 생명은 곧 영광으로 이어지는 것입니다. 이것은 무덤 앞에서 하신 말씀입니다. 죽은 지 나흘이나 되어 썩은 냄새가 나는 나사로의 무덤 앞에서 "믿으면 하나님의 영광을 보리라" 하십니다. 엄청난 말씀입니다. 놀라운 말씀이 아닐 수 없습니다. 그래서 말입니다. 오늘본문 41절에 보면 죽은 시체를 향해서 말씀하십니다. "달리다굼." 소녀야 일어나라, 말씀하십니다. 또 누가복음 7장 14절에 보면 죽어서 지금 장례식 하러 메고 가는 관을 멈춰 내려놓으라 하시고 그 관을 향해서 말씀하십니다. '청년아 일어나라.' 클라이막스라고 볼 수 있는 것은 요한복음 11장 43절에 나옵니다. 죽은 지 나흘이나 되어 냄새나는 무덤을 찾아가 돌문을 옮겨놓으라 하시고 무덤을 향해 소리지르십니다. "나사로야 나오라." 아, 대단한 일입니다. 이것이 기독교복음의 본질입니다. 예수님의 눈에는 죽은 자와 산 자가 따로 없습니다. 무덤에 있건 장례식을 하는 중이건 방금 죽었건 예수님의 눈에는 상관없습니다. 아니, 문둥병환자건 아니건 어떤 병자이건 상관없습니다. 예수님의 눈으로 볼 때는 다 그 속에 미래가 있고 생명이 있고 영광이 있는 것입니다. 그래 말씀하십니다. 시체를 향해서 말씀하십니다. 말씀이 뭡니까? 말씀의 능력이 밀고나가는 것입니다. 주도적인 것입니다. 상대방이 듣느냐 안듣느냐, 그런 거 생각하지 않습니다. 귀신들려 발광을 하는 사람을 향해서도 말씀하십니다. 말씀의 생명적이고 창조적인 능력이 여기 나타나고 있습니다. 죽은 자를 향해서 말씀하십니다. 굉장한 계시적 사건입니다. 그런고로 우리는 어떤 일에도 절망하지 말아야 합니다. 끝났다고 생각하지 마십시오. 이것이 오히려 시작이 되는 것입니다.

여러분, 예수님께서는 세상에 세 번 오십니다. 육체를 입어서 이 땅에 오셨습니다. 말씀이 육신이 되어 이 땅에 오셨습니다. 두 번째는 부활승천 하신 다음에 영으로 오십니다. 눈에는 보이지 않는 영, 영적 생명력으로 우리 가운데 오십니다. 그것이 바로 사도행전의 역사입니다. 그것이 생명의 역사입니다. 영으로 존재해 계십니다. 그리고 이제 다시 예수님께서 재림하실 것입니다. 그때는 육과 영이 합쳐진 온전한 인격으로 오실 것입니다. 부활하신 예수 그리스도의 그 신령한 몸으로 오실 것입니다. 우리 모두가 다 그런 신령한 몸으로 주님을 맞이하게 될 것입니다. 여러분, 생명이라는 것을 한번 이렇게 전개해봅니다. 식물적 생명이 있습니다. 그리고 동물적 생명이 있습니다. 그 다음에 인간적인 생명이 있습니다. 옛날어른들이 이것을 아주 한문으로 잘 정리해서 말해놓은 것을 어렸을 적에 보고 감탄한 일이 있습니다. 식물은 생혼(生魂)을 가졌습니다. 동물은 각혼

(覺魂)을 가졌습니다. 인간은 영혼을 가졌습니다. 우리는 인간까지만 생각을 합니다. 영혼과 육체가 함께 있는 인간, 이것만 생각하고 영혼이 떠날 때 육체가 썩어지니까 '요것이 끝이다' 생각합니다. 그러나 그 다음의 생명이 있는 것을 예수 그리스도께서 계시해주십니다. 부활하신 예수―이것을 우리는 다시 설명할 수 없어서 '그리스도페어'라고 합니다. 그리스도적 생명―영과 육이 온전한 그러한 인격으로 존재하는 그리스도적 생명의 단계가 우리 앞에 있습니다. 이것을 변화라고도 하고 혹은 부활이라고도 합니다.

　이제 우리는 생각해야 합니다. 인간을 비참하게 만드는 것이 무엇입니까. 죽음이 끝이라고 생각하는 것입니다. 죽음 앞에 모든것이 무력하다는 것입니다. 죽음으로 다 끝난다는 생각 이것이 인간을 비참하게 만듭니다. 세상을 무섭게 만드는 것은 무엇입니까. '죽이면 그만이다. 죽이면 다 해결된다'라고 생각하는 바로 그때문에 강도가 있고 살인이 있고 전쟁이 있는 것입니다. 유명한 얘기가 있지요. 저 아프리카에 가서 선교하는 선교사가 식인종 추장을 만나 전도를 합니다. 이 얘기 저 얘기로 복음을 전하니 추장이 잘 듣고 있습니다. 마지막에 추장이 묻습니다. "지금 말씀하신 중에 죽은 자가 살아난다고 했는데 사실입니까?" "살아나지요." 그 추장이 난감한 표정을 짓고 말합니다. "당신 한 얘기 다 좋은 얘기요. 사랑한다, 용서한다, 뭘 한다, 다 좋은데 다시 살아난다는 그 한마디는 마음에 안들어요. 내가 죽인 사람들이 죄 살아나서야 안되지." 죽여서 해결한다는 소리가 얼마나 세상을 무섭게 만들고 있습니까. 또한 인생을 타락시키는 것은 '죽으면 그만이다' 하는 생각입니다. 오늘도 보십시오. 밤새 술을 먹고 돌아가는 사람들, 매일 미쳐 돌아가는 사람들―그분들도 철학이 있습니다. '인생무상…' 그렇지 않습니까. 죽으면 그만이다, 노세 노세 젊어 노세, 늙어지면 못노나니… 그거 사실입디다. 늙어지니까 안놀아지데요. 그것 다 일리가 있는데, 어디서 오는 것입니까. 죽으면 그만이다, 죽으면 끝이다, 라는 철학에서 타락이 오는 것입니다. 또한 여러분, 생각해보십시오. 왜 교만하지 못할 사람들이 교만합니까. 교만할 일도, 교만할 것도 없는데 왜 교만합니까. 그것도 죽음이 무엇인지를 모르기 때문입니다. 깊이 생각할 문제입니다. 인생을 가장 의미있게 하고 인생을 가장 행복하게 하는 것은 오직 하나 영생뿐입니다. 영생이 있기에 오늘 사는 것이 의미가 있고 영생이 눈앞에 있기에 오늘의 행복도 의미가 있는 것입니다. 주님께서 오늘도 말씀하십니다. 죽은 사람, 죽어갈 사람, 절망에 허덕이는 사람, 흑암의 권세에 노예된 사람에게 말씀하십니다. '죽은 것이 아니라 잔다. 어둠은 잠깐 있을 뿐이다. 사망의 권세도 잠깐 있을 뿐이다. 죽은 것이 아니라 잔다. 곧 일어날 것이니까. 여기서부터 생각하여라.' △

오직 그가 아십니다

나의 가는 길을 오직 그가 아시나니 그가 나를 단련하신 후에는 내가 정금같이 나오리라 내 발이 그의 걸음을 바로 따랐으며 내가 그의 길을 지켜 치우치지 아니하였고 내가 그의 입술의 명령을 어기지 아니하고 일정한 음식보다 그 입의 말씀을 귀히 여겼구나 그는 뜻이 일정하시니 누가 능히 돌이킬까 그 마음에 하고자 하시는 것이면 그것을 행하시나니 그런즉 내게 작정하신 것을 이루실 것이라 이런 일이 그에게 많이 있느니라 그러므로 내가 그의 앞에서 떨며 이를 생각하고 그를 두려워하는구나 하나님이 나로 낙심케 하시며 전능자가 나로 두렵게 하시나니 이는 두려움으로 나를 끊지 아니하셨고 흑암으로 내 얼굴을 가리우지 아니하셨음이니라

(욥기 23 : 10 - 17)

오직 그가 아십니다

　구 소련공산당의 정치하에 침례교회 목사이며 사실상 살아 있는 순교자라고 할 수 있는 그 유명한 리차드 범브란트 목사님이 쓰신 「옥중에서 만난 그리스도」라는 책이 있습니다. 절절히 우리의 마음을 감동케 하는 간증서입니다. 옥중에서 만난 그리스도─거기 나오는 한 도막 실화입니다. 한 그리스도인이 감옥에서 석방되었습니다. 많은 고생을 했지마는 어쨌든 석방이 되었습니다. 그리고 들판에 나와서 농사일을 합니다. 농부는 농사일을 하면서도 무언지 마음에 허전함이 있습니다. 내가 왜 석방이 되었지? 석방되어서 이렇게 농사짓고 사는 것이 바른 길인가? 이것이 축복의 길인가? 아니, 은총에서 비롯된 일인가? 여러 가지로 회의를 느끼게 됩니다. 그는 일하면서 하나님 앞에 기도했습니다. "하나님, 저를 온전하게 하여주십시오. 내 마음이 흔들립니다. 하나님이여, 저를 온전하게 하여주십시오." 이렇게 간절히 기도했습니다. 하나님께서 큰소리로 응답하여주셨습니다. "너는 온전하기 위해서 다시 감옥에 들어갈 수 있겠니?" 그는 벌써 감옥에서 극심한 고통을 겪은 터이므로 하나님 앞에 사정을 했습니다. "하나님, 다른 것은 몰라도 그것만은 제발 말아주십시오. 다시 감옥에 들어가지는 못하겠습니다." 하나님의 음성이 다시 들려왔습니다. "그러면 온전해지기를 구하지 마라." 내적으로 심한 갈등이 계속되었습니다. 번민했습니다. 많은 번민 끝에 결론을 내렸습니다. 하나님 앞에 항복을 했습니다. "하나님, 어떤 희생이 따르더라도 저를 온전하게 해주십시오." 이 말이 떨어지기 무섭게 비밀경찰이 와서 그를 체포해갔습니다. 굶주리고 매맞고 독방에 갇혀서 말

할수없는 고생을 다시 치르게 되었습니다. 독방 벽에 난 작은 구멍으로 옆방사람하고 잠깐잠깐씩 조용한 소리로 이야기를 주고받게 되었습니다. 이름이 무엇인지, 왜 감옥에 왔는지, 그리고 서로 위로하기도 하고… 어느날 옆방사람이 바뀌게 되었습니다. 누구요, 물으니 이름을 대는데 자기하고 같은 이름입니다. 음성을 자세히 들어보니 바로 자기아들인 것입니다. 아들이 옆방에 끌려온 것을 알고 그는 기도했습니다. "오 하나님, 우리부자로하여금 주님의 십자가의 길을 가도록 허락해주시니 감사합니다." 이 엄청난 사건 앞에서 감사의 기도가 나왔습니다. 은혜가 충만함을 느꼈습니다. 하늘이 열리는 것을 보았습니다. 감사하는 자에게 주시는 축복을 그는 누리게 되었습니다. 첫째, 두려움이 가고 희열이 찾아옵니다. 둘째, 겸손해지고 마음이 깨끗해지고 오직 감사로만 충만하게 됩니다. 셋째, 승리의 기쁨이 가슴벅차게 차오르면서 하늘나라가 환하게 보이는 것을 경험합니다. 하나님의 큰 은혜 속에 내가 있는 것을 깨달으면서 그렇게 감사하게 되더라고요. 이제 온전함이 무엇인지를 비로소 알게 되었습니다. 여러분, 우리는 내 소원대로의 만사형통, 그저 그것만 바랍니다. 그러나 어차피 이세상은 지나갈 것입니다. 아무리 물질이 있어봐도 없어질 것입니다. 아무리 건강해봐도 병들 것입니다. 아무리 영광을 누려봐도 이세상은 떠나야 될 것입니다. 아니, 이세상도 없어질 것입니다. 그렇다면 온전함이라는 것이 무엇이겠습니까. 우리는 무엇을 지향하고 살아야 되겠습니까.

 욥이라는 사람은 대표적인 수난자입니다. 욥기의 주제는 간단히 몇가지로 요약됩니다. 욥기 전체를 읽노라면 주제를 발견하게 됩니다. 첫째가 고난의 의미입니다. 사람은 왜 고난을 당하나, 고난이 무엇을 의미하는지 말씀합니다. 원래 욥기는 시편(詩篇)입니다. 시로 기록되어 있습니다. 두 번째는 의로운 자의 고난입니다. 고난이라 하면 우리는 형벌로 당하는 고난을 생각합니다. 죄가 있어서 당하는 고난, 죄가 있어서 마땅히 당하는 고난을 생각합니다마는 욥기가 말씀하는 것은 고난당해서는 안될 사람이 고난을 당하는 것입니다. 이런 사람은 고난당해서는 안되는 사람입니다. 그런데 유독 이 사람 욥이 고난을 당합니다. 의인이 당하는 고난을 설명하는 것이 욥기입니다. 세 번째가 좀더 실존적입니다. 자원해서 당하는 것이 아니고 선택해서 당하는 것이 아닙니다. 억지로 당합니다. 원치 않는 고난을 당합니다. 거기에 욥기의 중요한 의미가 있습니다. 전혀 원치 않습니다. 그러나 그 길을 가야 합니다. 가고 싶지 않은 길을 갑니다. 아니, 살고 싶지 않은 인생을 삽니다. 이러한 고난 그것이 욥기가 말씀하는 바 고난의 의미입니다. 또하나 있습니다. 이유를 모릅니다. 지금 우리가 읽어봐도 모릅니다. 욥이 왜 고난을 당해야 하는지, 왜 그렇게까지 고난을 당해야 하는지—읽으면서 가끔 생각합니다. '하나님 너무하시다. 하나님께서는 사람이 아니라서 그런지 사람의 아픔을 잘 모르시는 것같다. 이럴 수 있나. 이렇게까지 하셔도 되나?' 이럴 만큼 욥에게 너무 무거운 고통을 주고 계십니다. 고난의 뜻을 모릅니다. 고난의 이유도 모릅니다. 모르면서 고난을 당합니다. 모르면서도 하나님을 믿고 있습니다. "오직 그가 아시나니…" 모르면서도 따라갑니다. 이유를 알 수 없는 고난을 당하면서도 욥은 하나님을 원망하지 않습니다. 이것이 욥의 믿음입니다. 모르겠어요. 내가 왜 이래야 하는지, 왜 나만이 이리돼야 하는지… 그래도 그는 원망을 하지 않습니다. 왜 그렇겠습니까. 오직 그가 아시기 때문입니다. 나는 모르고 따라가고 있지만 하나님께서는 알고 인도하시기 때문입니다. 나는 막연하게 살지마는 하나님께서는 계획적으로 인도하신다고 믿기 때문입니다. 오직 그가 아시나니, 오직 그가 아시나니―당신께는 이유가 있을 것입니다 하고 묵묵히 따라갑니다. 마침내 해피 엔딩을 맞습니다. 이제 되돌아가며 생각합니다. '전에는 듣기만 하던 하나님을 이제는 보나이다.' 왜 내가 고난당해야 하는지를 그때가서, 저 끝에 가서 알게 됩니다. 그리고 감격합니다.

그것이 욥기의 총 주제입니다. 역사가 토인비는 제자들과의 table talking에서 간단하게 그의 연구의 깊은 면을 이렇게 말해줍니다. 역사는 무엇을 말하고 있는가―그의 대답은 아주 서민적입니다. 첫째, 사람의 마음대로는 안된다는 것입니다. 이보다 더 확실한 얘기는 없습니다. 사람의 마음대로는 안된다―왜 그럴까요. '사람의 마음이 별로 좋지 않으니까 그런가보지…' 사람의 마음대로는 안되는 것이 역사입니다. 둘째, 역사는 하나님마음대로라는 것입니다. '그것을 잊지 말라. 하나님 당신 마음대로 하는 것이야. 그러므로 하나님마음을 알아채는 눈치가 있어야 돼. 하나님께서 어디로 인도하시나? 하나님께서 무엇을 기뻐하시나? 그것을 알아야지.' 셋째, 잘 모르겠지만 버려진 현실은 없다는 것입니다. 이해가 안될 때도 있습니다. 그러나 사소한 일에서 큰 일까지 알고보면 다 큰 의미가 있습니다. 우연은 없습니다. 필연입니다. 그렇습니다. 작은 사건 하나하나도 뒤늦게 그걸 생각해보십시오. 의미 없는 것이 없습니다. 버려질 현실은 없습니다. 버려진 사건도 없습니다. 다만 우리가 미처 모르고 있을 뿐입니다.

욥은 동방의 제일가는 부자였습니다. 자녀 열 명이 있었습니다.

그러나 하루아침에 다 잃어버렸습니다. 재산도 자녀도 깡그리 잃어버리고 몸은 병들었습니다. 몸이 가렵고 괴로워서 기왓장으로 긁고 잿더미에 뒹굴고… 몸에서 구더기가 나올 만큼 무지무지한 고생을 해나갑니다. 그러나 그 고난 속에서 그는 위대한 신앙고백을 합니다. "오직 그가 아시나니…" 저는 이 본문을 늘 내 신앙고백처럼 생각을 합니다. 아주 소중히하는 본문입니다. 제가 이 본문으로 설교를 굉장히 많이 했습니다. 얼마든지 하고 오늘도 또 하고 싶습니다. "오직 그가 아시나니…" 무슨 말씀입니까. 나는 모르겠어요. 그러나 하나님 그는 알고 계십니다. 그가 알고 계시다는 것을 내가 믿고 있는 것입니다. "오직 그가 아시나니…" 욥이 이렇게 읊을 때, 얼마나 그 가슴이 터질 듯했겠습니까. 그는 절대로 버림받았다고 생각지 않았습니다. 저주받았다고도 생각지 않았습니다. 내 죄의 대가라고도 생각지 않았습니다. "오직 그가 아시나니…" 이 어려운 사건으로 하나님의 큰 은총 속에 있다고, 은총의 시나리오 속에 있다고 그렇게 믿은 것입니다. 안 것이 아니라 믿은 것입니다. 성 아우구스티누스의 유명한 신학이론이 있습니다. 우리는 하나님을 믿을 때 세 가지를 믿는다 했습니다. 첫째는 크레데레 데움(Credere Deum)입니다. 하나님을(Deum) 믿는(Credere) 것입니다. 하나님 그 자신을 믿습니다. 하나님의 존재, 하나님의 진실하심을 믿습니다. 둘째는 크레데레 데오(Credere Deo)입니다. 하나님께 대한 것을 믿습니다. 하나님의 말씀을 믿습니다. 나를 향하신 말씀이 있는 것을 믿습니다. 셋째는 크레데레 인 데움(Credere in Deum)입니다. 이것은 그의 사랑입니다. 그의 사랑을 믿습니다. 그 사랑 안에 내가 있음을 믿는 것입니다. 이 세 가지 믿음을 신학이론으로 자세하게 설교하고 있습니다.

우리는 왜 내가 고난을 당하는지, 왜 내가 실패했는지, 왜 내가 배신당해야 하는지, 아니, 왜 내가 병드는지 모르겠어요. 알 듯 알 듯 모르겠어요. 이제는 믿으십시오. 그가 아십니다. 나는 모르지만 그는 아십니다. 나는 막연히 삽니다. 그러나 그에게는 계획이 있습니다. 나는 '케세라세라'로 삽니다. 그러나 그에게는 확실한 경륜이 있습니다. God's Dispensation, 그 경륜 속에 내가 있습니다. 그 속에 하나님의 소원이 있습니다. 아니, 나를 향한 사랑이 있습니다. 나를 통해 이루고자 하시는 뜻이 있습니다. 그래서 오늘본문 14절에서 말씀합니다. 그에게 작정하신 바가 있다고요. 작정하신 바가 있습니다. 그게 운명입니다. 그의 작정하신 바가 내 운명입니다. 그의 의지(Will)가 있습니다. 욥은 다시 고백합니다. 그런고로 이 모든 사건이 유익한 것이라고요. 버릴 것이 없습니다. 그래서 유명한 말씀을 합니다. "그가 나를 단련하신 후에는 내가 정금같이 나오리라." 그가 단련하신 후에는 정금같이 나오리라—놀라운 말씀입니다. 오늘 내가 당한 사건을 단련이라 생각하십시오. 훈련이라 생각하십시오. 이 훈련 속에서 버릴 것을 버려야 합니다. 알아야 할 것을 알게 하시고 깨달아야 할 것을 깨닫게 하시고 강하게 깨끗하게 순결하게 아니, 온전하게 하시려고 온전지향의 커리큘럼에 의해서 나를 단련하고 계시다는 것입니다. 여러분, 버려야 할 것이라고 생각하면서 못버리는 것이 있습니까? 하나님께서 단련하사 버리게 하실 것입니다. 아직도 깨달아야 할 것을 깨닫지 못했습니까? 깨닫게 하실 것입니다. 부지런해야겠다고 생각하면서 아직도 게으름에 빠져 있습니까? 하나님께서 확실하게 부지런하도록 만들어주실 것입니다. 새벽에 나오면서 보면 길에 많은 사람들이 나와서 건강해보겠다고 조깅이다 뭐다 하고 부지런히 몸을 움직이는데 이상하게도 그게 다 늙은이들인 것입니다. 젊었을 때 그랬으면 얼마나 좋겠습니까. 인생 거지반 끝났는데 이제와서 뭘… 보십시오. 왜 진작 못했던가요. 이제와서 그렇게 헐떡거려봐야 잘못하면 신경통입니다. 보십시오. 이것 하나 깨닫는데 왜 그리 시간이 걸린 것입니까. '건강이 제일이다.' 이거 하나 깨닫는 데 몇십 년이 걸렸습니다. "나를 단련하신 후에는 내가 정금같이 나오리라." 참 귀한 말씀입니다.

 토마스 에디슨은 하루에 서너 시간밖에 자지 않았다고 합니다. 연구실에 들어앉아 연구에 몰두하다가 연구실에 있는 간이침대에 누워서 잠깐 자고 또 일어나서 몰두하고… 그래 누가 그의 부인에게 물어보았습니다. "아니, 그렇게 잠을 안자고 살 수 있습니까?" 부인은 이렇게 대답합니다. "그는 고 서너 시간을 아주 달게 자니까요." 그렇습니다. 누구나 사실 4시간만 자면 충분합니다. 부인은 또 말합니다. "내 남편을 옆에서 본대로는 그는 자연의 사람입니다. 순응하는 사람입니다. 실패에 대한 강박관념도 없고 초조도 불안도 없습니다. 맡겨진대로 할 수 있는 일을 다 하고는 조용하게 하나님의 나머지 역사를 기대합니다." 전혀 초초와 불안이, 꼭 어찌해야겠다 하는 마음이 없었다는 것입니다. 그래서 서너 시간만 자고도 건강했습니다. 여러분, 그렇게 안달하고 몸부림친다고 되는 것이 아닙니다. 제가 오늘 어떤 책을 보았더니 거기 세계적으로 성공한 사람 200명을 조사해본 것이 나와 있습니다. '당신은 목표를 세우고 살았습니까?' 이 질문에 목표를 세웠다고 답하는 사람이 10%밖에 없었습니다. '목표를 세우고 죽기살기로 달려갔습니까?' 물으니 그렇게 살았다는 사람이 없는 것입니다. 90%가 다 주어진대로 순응하며 살다가 오늘이 되었습니다. 좀 역설적인 얘기같지요? 몸부림친다고 되는 것이 아닙니다. 마음만 상하고 또 많은 사람에게 피해를 끼칩니다. 욥을 보십시오. 그 엄청난 현실 앞에서 '나는 모르겠습니다. 주님께서 아십니다' 하고 고백합니다. 전설에 이런 얘기가 있습니다. 예수님께서 어느날 두 제자에게 똑같은 커다란 십자가를 하나씩 주시고 '내가 먼저 가 있을 테니 저 동네로 오너라' 하셨습니다. 두 사람이 십자가를 메고 가는데 한 사람은 아주 빠르게, 아주 가볍게 메고 갔으나 또 한 사람은 이게 무거워서 못견디겠는 것입니다. 불평을 했습니다. 아니, 왜 십자가를 지라시는 거야? 왜 이걸 내가 메고 가야 해? 불평불평하면서 하루 지나서야 도착을 하고는 "내 십자가는 왜 이렇게 무겁습니까?" 하고 투덜거립니다. 예수께서 말씀하십니다. "무슨 소리냐. 똑같은 십자가를 하나씩 주었다. 이 사람은 감사의 마음으로 메서 점점 가벼워졌으나 너는 한 마디 두 마디 불평할 때마다 더 억눌려진 것이다. 네가 무거운 십자가를 네 스스로 만든 것이다." 여러분, 예수님의 말씀을 들어보십시오. '내 멍에는 가볍다' 하셨습니다. 오직 그가 아십니다. 내 지식을 반납합시다. 내 이성적 비판을 주님께 반납해버리고 의심도 걱정도 하지 맙시다. 오직 그가 아시고 그가 인도하실 것입니다. 편안한 마음으로 따라갑시다. 그 언제고 결정적 시간이 왔을 때 '내가 왜 이러했는가' 알게 될 것입니다. 내가 살아온 세계가 하나님의 최상의 축복이었음을 간증하게 될 것입니다. 그가 아십니다. 오직 그만이 아십니다. △

내가 여기 있나이다

모세가 … 하나님의 산 호렙에 이르매 여호와의 사자가 떨기나무 불꽃 가운데서 그에게 나타나시니라 그가 보니 떨기나무에 불이 붙었으나 사라지지 아니하는지라 이에 가로되 내가 돌이켜 가서 이 큰 광경을 보리라 떨기나무가 어찌하여 타지 아니하는고 하는 동시에 여호와께서 그가 보려고 돌이켜 오는것을 보신지라 하나님이 떨기나무 가운데서 그를 불러 가라사대 모세야 모세야 하시매 그가 가로되 내가 여기 있나이다 하나님이 가라사대 이리로 가까이 하지 말라 너의 선 곳은 거룩한 땅이니 네 발에서 신을 벗으라 또 이르시되 나는 네 조상의 하나님이니 아브라함의 하나님, 이삭의 하나님, 야곱의 하나님이니라 모세가 하나님 뵈옵기를 두려워하여 얼굴을 가리우매 여호와께서 가라사대 내가 애굽에 있는 내 백성의 고통을 정녕히 보고 그들이 그 간역자로 인하여 부르짖음을 듣고 그 우고를 알고 내가 내려와서 그들을 애굽인의 손에서 건져내고 그들을 그 땅에서 인도하여 아름답고 광대한 땅, 젖과 꿀이 흐르는 땅 곧 가나안 족속, 헷 족속, 아모리 족속, 브리스 족속, 히위 족속, 여부스 족속의 지방에 이르려 하노라 이제 이스라엘 자손의 부르짖음이 내게 달하고 애굽 사람이 그들을 괴롭게 하는 학대도 내가 보았으니 이제 내가 너를 바로에게 보내어 너로 내 백성 이스라엘 자손을 애굽에서 인도하여 내게 하리라 모세가 하나님께 고하되 내가 누구관대 바로에게 가며 이스라엘 자손을 애굽에서 인도하여 내리이까 하나님이 가라사대 내가 정녕 너와 함께 있으리라 네가 백성을 애굽에서 인도하여 낸 후에 너희가 이 산에서 하나님을 섬기리니 이것이 내가 너를 보낸 증거니라

(출애굽기 3 : 1 - 12)

내가 여기 있나이다

어렸을 적에 숨바꼭질 안해본 사람은 없을 것입니다. 숨을 죽이고 몸을 가능한 한 웅크리고 술래가 무엇이라고 하든 못들은 척하고 가까이 오더라도 꼼짝도 하지 않고 숨어 있던 그런 경험이 있을 것입니다. 그런데 우리 인류의 조상 아담과 하나님과의 숨바꼭질은 난센스같은 사건이었습니다. 하나님께서 아담을 부르십니다. 그런데 아담이 하는 소리가 '내가 숨었나이다' 하거든요. 숨어 있는 사람이 숨었다고 말해서야 되겠습니까. 내가 숨었습니다—인류역사의 첫조상부터 이런 난센스가 있었습니다. '내가 여기 숨었나이다.' 나무 사이에 숨었습니다. 그리고 숨었다고 말합니다. 어디 있느냐 하고 물으십니다마는 사실은 좀더 깊이 생각해보면 하나님께서 몰라서 물으시는 것입니까. 나무 사이에 숨은 것을 몰라서 물으시는 것이 아닙니다. 다 아시지마는 이렇게 묻고 계십니다. 지금 어디 있느냐 하시는 것은 '네가 지금 어떤 상태이냐' 하시는 것입니다. 그것을 묻고 계신 것이라고 생각합니다. 장소를 물으시는 게 아니라 그의 상태를 묻고 계시지 않나 생각합니다. 내가 나를 안다는 것, 내가 어떤 형편에 있다는 것을 안다는 것, 지금의 내 처지를 어떻게 알고 어떻게 평가하느냐 하는 것, 대단한 일이라고 생각합니다.

스티븐 코비라는 유명한 교수가 16년 전에「성공하는 사람의 7가지 습관」이라는 책을 썼습니다. 이 책은 16년 동안 세계적인 베스트 셀러로 많은 사람들에게 읽히고 이로 인해서 저자는 존경받고 있습니다. 그는 지금 73세입니다. 이제 그의 한생을 다 정리하면서 최근에 책을 또하나 썼습니다.「성공하는 사람들의 8번째 습관」—7번째습관으로는 조금 아쉬워서 안되겠다 했는지 8번째습관이라고 하는 그런 책을 내놓았습니다. 부제가 더욱 우리의 마음을 끕니다. 'From effectiveness to greatness' 입니다. 그가 처음 쓴 책의 제목이 「7 Habits of Highly Effective People」 곧 성공한 사람들의 7가지 습관이었습니다. 그리고 이제는 effectiveness로부터 greatness로, 다시말하면 '성공으로부터 위대함으로' 라는 부제를 달아서 8번째 습관을 말하고 있습니다. 우리가 나 자신을 안다는 것은 참 중요합니다. 그런데 이 분은 대략 줄잡아서 4가지를 말합니다. 먼저는 신체적 지수입니다. PQ-Physical Quotient입니다. 내 건강이 어느 정도인가, 그건 알아야지요. 주책없이 아무데나 뛰어드는 건 잘못입니다. 내 나이가 얼마인가는 알아야지요. 할 수 있는 한계, 능력이 어느 정도인지는 알아야 하지 않겠습니까. 또한 지능지수 IQ입니다. 또한 감성지수 EQ를 말합니다. 그리고 그가 꼭 말하고 싶은 마지막말이 무엇인가하면 SQ입니다. 영적 지수, Spiritual Quotient입니다. 이 내면적인 음성을 잘 듣고 이 4가지를 정직하게 바로 평가합니다. 그것을 근거로 해서 greatness, 위대함의 인프라가 이루어질 수 있다는 것입니다. 다시 그는 설명을 합니다. 신체에 대해서─당신이 지금 심장마비에 걸려서 앰뷸런스에 실려 병원에 가고 있다고 하자, 당신은 지금 무슨 생각을 해야 되는가, 이제 남은 시간을 어떻게 보내야 할까, 이 짧은 시간, 가장 소중한 인생의 결정을 할 수 있는 시간을 어떻게 보내야 할까… 그것을 생각해야겠지요. 또하나, 우리가 직장인으로서 은퇴를 해야 할 시간이 2년밖에 안남았다 하자, 2년이면 은퇴를 해야 한다, 이 2년을 내가 어떻게 보내야 하나, 다시 돌아올 수 없는 이 2년을 어떻게 보내야 하나… 생각하지 않을 수 없겠지요? 감성지수에 대해서는 특별한 예를 들고 있습니다. 내가 하는 이야기를 모든 사람이 듣는다면 어떨까—듣고 있다는 것을 안다면 말입니다. 요새와서 뭐 불법 녹음테입이 어떻고 합니다마는 아무나 들을 수 있는 말만 하면 될 것 아닙니까. 세상에서 제일 미련하고 제일 약해질 때가 언제인지 아십니까? "너와 나만 알자. 절대비밀이다." 이렇게 말을 하고 사는 사람은 항상 비겁해집니다. 초라해집니다. 그저 백일하에 다 드러내놓고 마음대로 보고 마음대로 다 들으라 하는 여기에 greatness가 있는 것입니다. 위대함입니다. 비밀이 많은 사람, 얼굴도 달라지더라고요. 놀랄 것이 없습니다. 녹음테입이 몇상자가 있은들 어떻다는 것입니까. 할말만 했으면 그만이지요. 그로인해서 벌벌떠는 정도라면 당장 그만둘 것입니다. 그런 인간이 무슨, 남을 어떻게 하겠다는 것입니까. 이게 바로 감성입니다.

그런가하면 영성, 매분기마다 창조주와 일대일로 만나서 심판을 받는다고 가정해보자, 하나님께서 매분기마다 나를 만나서 나를 심판하고 계시다, 아니, 내가 심판을 받을 것이다, 바로 그럴 때는 나는 어떻게 살아가야 되나… 무엇이 우선이 되겠습니까. 무엇이 우선이 되어야 하겠습니까. 이럴 때 비로소 바른 greatness에 도달할 수 있다는 것입니다. 내면에서 들려오는 음성, 조용하게 들려오는 내면의 소리를 들을 줄 아는 그런 바른 영성에 위대함의 근거가 있다고 말합니다. 그러므로 오늘 규칙을 지켜서, 내 스스로 규율을 만들어서 바른 생활을 습관화하고 인격화하고 일상화하고 성품화할 수 있게 살아가야 되겠다 할 것입니다. 또하나는, 비전을 키워가야겠다, 과거에 살지 말고 미래에 살아야겠다, 미리 가본 미래, 미래를 가보며 사는 것입니다. 그렇게 사는 것이 위대함이다, 그런고로 우리에게 주어진 양식 안에서 소중하게 열정적으로 살아라 합니다. '열심히' 라는 말도 되지마는 즐기라는 말도 됩니다. 후회 없이 다 쏟아부으면서 순간순간 만족하며 충만한 즐거움으로 살아갈 것이다 합니다. 또한 그러면서도 성공보다는 양심, 소득보다도 정직함을 잊지 말라 합니다. 여러분, 거짓으로 돈을 많이 번들 그게 무슨 의미가 있습니까. 불의하게 사는 것, 그게 무슨 의미가 있습니까. 부정으로 출세한들 그건 사람 사는 게 아닙니다. 거기에 무슨 위대함의 길이 있느냐―이렇게 스티븐 코비는 마지막으로 충고하고 있습니다.

오늘본문에서 우리는 모세라는 위대한 지도자를 만납니다. 그는 80년을 허송한 일개 불쌍한 노인입니다. 오늘의 본문 이 장면을 잘 상고해보십시오. 80년입니다. 그 세월을 고스란히 거저 보냅니다. 나이 80세, 이제 이대로 끝나고 말 것같은 불쌍한 노인입니다. 일찍이 본의아니게 애굽사람의 집에 양자로 들어가서 원치 않는 것을 보고 원치 않는 것을 배워야 했습니다. 전혀 이질적인 생활풍속을 억지로 익히면서 40년을 살았습니다. 내것이 아닌 40년입니다. 그리고 광야로 쫓겨가서 양을 치며 지냅니다. 애굽에서 왕자로 살던 사람이 광야에서 양을 칩니다. 너무너무 하늘과 땅 차이입니다. 살고 싶지도 않았을 법합니다. 양을 따라다니면서 삽니다. 목자와 양의 관계―마치 서사시와도 같습니다마는 양을 모아놓고 양의 문을 임시로 만들고 목자는 그 문에 누워 있습디다. 보니 거기 누워 잡디다. 양들이 그 목자의 배를 넘어가지 않습니다. 목자는 양하고 같이 먹고 삽니다. 모세가 그렇게 삽니다. 그것도 자기 양도 아닙니다. 처갓집 양입니다. 처가살이 40년―남자로서는 볼 장 다 본 사람입니다. 생각해보십시오. 얼마나 비참합니까. 게다가 눈여겨볼 것은 그는 실패자요 살인자요 무능자요 도망자요, 과거에 쫓기고 있는 숨어 사는 사람이라는 것입니다. 이렇게 80년을 살아왔습니다. 이제는 이대로 세상을 마감할 수밖에 없는 초라한 노인입니다. 대책 없습니다. 꿈도 없습니다. 환상도 없습니다. 무엇을 더 기대하겠습니까. 그러나 하나님께서 그를 부르십니다. 그에게 오직 하나 남은 것이라곤 하나님의 음성을 들을 수 있다는 것이었습니다. 하나님의 음성을 들을 수 있었습니다. 그만한 믿음, 그만한 경건, 그만한 깨끗함이 있었습니다. 하나님의 음성이 들려옵니다. "모세야…" 응답합니다. "내가 여기 있나이다." 그대로 응답합니다. 제가 349장 찬송을 좋아 합니다. '내 모습 이대로…' 차를 운전할 때도 '내 모습 이대로…' 찬송을 부르면서 운전할 때가 많습니다. 이 모습 이대로 받아주시옵소서, 하나님—가끔 그런 기도를 해봅니다. '나에게 더 깨끗해지기를 기대하지 마십시오. 내가 더 의롭게 되기를 기대하지 마십시오. 이대로 쓰시려면 쓰시고 아니면 그만두십시오. 아무리 생각해도 이보다 더 나아질 자신 없습니다. 알아서 해주십시오, 이 모습 이대로.' 이것이 내 기도입니다. 내 찬송이요 내 신앙고백입니다. 이 모습 이대로—절대헌신입니다. 된다 안된다 변명할 것 없습니다. 이 모습 이대로—다 아시는 주님께서 부르시니까 말입니다. 라인홀트 니버는 인간의 교만을 3가지로 분류합니다. 하나는 권력적인 교만입니다. 권력이면 다 된다는 오만, 이것은 종이호랑이같습니다. 또 지적인 오만입니다. 다 알 수 있다고 생각하는 것입니다. 알긴 뭘 안다는 것입니까. 또한 도덕적인 교만입니다. 내가 남보다 선하다고 깨끗하다고 정직하다고 생각합니다. 그것 또한 무서운 교만이라는 것입니다. 이런 것 다 버리고 모세는 대답합니다. "내가 여기 있나이다." 하나님께서 말씀하십니다. "네 발에서 신을 벗으라." 원래 노예는 신이 없습니다. 그러므로 신을 벗으라는 말은 일차적으로 상징적 의미로 말하면 '너는 오늘부터 노예다, 신발 벗어.' 그런 말이 되겠습니다. 하나님의 노예가 된다는 말씀이기도 하고 과거로부터 벗어나라 하는 말씀이기도 합니다. 너의 애굽에서의 40년, 광야에서의 40년, 그 80년의 때묻은 신발을 벗어버리라, 그리고 다시 출발하라는 애기입니다. 옛날의 생활양식이 아니고 옛날의 생활철학이 아니고 옛날의 성공, 실패 다 접어두고, 잊어버리고 나서라―이렇게 하나님 말씀하십니다. 신발을 벗는 것은 또한 경건을 의미합니다. 이슬람은 지금도 하나님 앞에 예배할 때마다 신발을 벗습니다. 맨발로 무릎꿇고 기도합니다. 신발을 벗는 의식이 대단히 중요합니다. 그게 최우선입니다. 신발을 벗고야 하나님 앞에 무릎을 꿇습니다. 오래전 권투선수로 유명했던 모하메드 알리를 여러분이 알 것입니다. 그는 대체로 떠벌이였습니다. 그러나 쓸만한 말도 했습니다. '챔피언은 경기장에서 만들어지는 것이 아니라 내면 깊숙이에 있는 내 소망과 꿈에서 이루어지는 것이다' 하는 명언을 토로한 바 있습니다.

하나님께서 모세로 지도자를 삼으시려 할 때 첫째는 과거를 깨끗이 버리라 하시고, 둘째는 하나님만 의지하라 하시고, 셋째는 절대순종 하라 하십니다. 백성을 인도하는 것이지 백성에게 끌려가서는 안된다 하십니다. 목자가 양을 인도하는 것이지, 목자가 양을 따라가서 되겠습니까. 이를 분명히하십니다. 이것은 명령입니다. 그런가하면 하나님께서는 3가지 약속을 해주십니다. 첫째는, 내가 너와 함께할 것이다 하십니다. 네 손과 함께할 것이다, 네가 하는 모든 일에 함께할 것이다, 그리고 반드시 가나안땅을 네게 줄 것이다, 3가지를 약속해주십니다. 모세는 지금 여기서 하나님을 만납니다. 80세의 노인으로, 실패자로 하나님을 만납니다. 어두운 과거를 가지고 하나님을 만납니다. 모세의 과거는 하나님을 만나는 지금 이 순간 새로운 의미를 가집니다. 여러분, 오늘 하나님을 음성을 듣는 사람에게는 잃어버린 과거는 없습니다. 이제 하나님의 사람이 되고나니 애굽의 40년, 그것이 우연한 일 아닙니다. 이스라엘을 인도하려면 당대 최고의 문명 애굽을 알아야 합니다. 백성을 애굽으로부터 인도하려면 애굽을 알아야 합니다. 그는 40년 동안 애굽의 최고문물을 다 익혔었습니다. 그 과거가 버릴 것이 아닙니다. 그런가하면 광야에서 40년 동안 양을 칠 때 그는 하늘을 쳐다보며 양을 인도합니다. 목자의 지도력, 목자의 인내력, 목자의 경건을 배웠습니다. 40년 동안의 양치는 생활, 그 속에서 모세라는 사람이 낮아지고 낮아지고 낮아지고 겸손해집니다. 지도자로서의 깊은 소양을 가지게 됩니다. 지도자의 기본이 겸손입니다. 잃어버린 과거는 없는 것입니다. 사람에게는 우연이 있으나 하나님께는 우연이란 없습니다. 사람에게는 실패가 있지마는 하나님께는 실패란 없습니다. 이제 모세라는 사람은 오늘 하나님을 만남으로해서 과거가 그렇게 소중하게 되고 내일이 더 영광된 미래로 다가오게 됩니다. 단, 우리는 하나님 앞에 정직해야 합니다. '네가 어디 있느냐?' 대답합시다. '나 여기에 있습니다.' △

교회성장의 원동력

사울이 예루살렘에 가서 제자들을 사귀고자 하나 다 두려워하여 그의 제자 됨을 믿지 아니하니 바나바가 데리고 사도들에게 가서 그가 길에서 어떻게 주를 본 것과 주께서 그에게 말씀하신 일과 다메섹에서 그가 어떻게 예수의 이름으로 담대히 말하던 것을 말하니라 사울이 제자들과 함께 있어 예루살렘에 출입하며 또 주 예수의 이름으로 담대히 말하고 헬라파 유대인들과 함께 말하며 변론하니 그 사람들이 죽이려고 힘쓰거늘 형제들이 알고 가이사랴로 데리고 내려가서 다소로 보내니라 그리하여 온 유대와 갈릴리와 사마리아 교회가 평안하여 든든히 서 가고 주를 경외함과 성령의 위로로 진행하여 수가 더 많아지니라

(사도행전 9 : 26 - 31)

교회성장의 원동력

　인도의 간디라고 하면 아마 모르시는 분이 없을 것입니다. 간디는 민족지도자요 사상가였지만 한편 기독교와 많은 인연을 맺고 있었습니다. 기독교신앙에 대하여 깊은 이해를 가졌고 그리고 예수 그리스도를 마음속 깊이 따르고 있었다고 봅니다. 그런데도 그는 정작 기독교인이 아니었습니다. 성경도 읽고 기도도 하고 그리스도의 정신을 따르려고 하는 그러한 사람이면서도 교회에 출석하지 않았습니다. 그런 의미에서 그는 기독교인이 아니었습니다. 많은 사람들이 그에게 물었습니다. "당신의 행위나 사상, 모든 의미에서 예수 그리스도를 따르고 있고 어쩌면 예수 그리스도를 믿고 존경하고 깊이 그를 사랑하고 있는 것같은데 왜 교회에 나가지 않습니까? 왜 당신은 그리스도를 높이 숭배하면서도 그리스도인이 되지 않습니까?" 간디는 그때마다 입버릇처럼 같은 말로 대답했습니다. "예수는 좋으나 교회는 싫습니다." 그는 런던대학에서 법학을 공부하고 변호사가 되어 활동을 하고 있었습니다. 많은 친구들 중에 앤드루스라고 하는 영국선교사가 있어서 그와 더불어 성경이야기도 하고 기독교의 교리도 공부하고 했습니다. 마침내 마음이 움직여서 교회에 나갈 마음이 생겼습니다. 그래서 어느날 주일에 교회에 나갔습니다. 그러나 문밖에 쫓겨났습니다. 유색인종이었기 때문입니다. 그가 나갔던 교회는 백인들의 교회였습니다. 유색인종을 용납하지 않은 그런 교회였습니다. 쫓겨나면서 그는 생각했습니다. '예수는 좋으나 교회는… 예수는 좋으나 교회는…' 한평생 그는 교회에 나가지 않았습니다. 이것은 무엇을 말하고 있는 것입니까. 우리교회가 정말 예수님을 높이고 있는가, 교회를 통해 예수님을 만나고 예수님을 사랑하는 사람들이 예수님의 품을 느끼고 넓은 가슴을 느끼는가, 그 사랑을 체험하고 있는가, 그리스도의 교회에서 그리스도를 만나고 그의 말씀을 듣는 귀한 역사가 정말 이루어지고 있는 것인가—교회의 이루어짐은 여기 있습니다. 교회에 오는 사람마다 사람을 만나는 게 아닙니다. 모든 일을 통해서 그리스도를 만납니다. 그리스도의 체온을 느끼고 그리스도의 음성을 듣고 그리스도의 생명력을 경험할 때 그 교회는 부흥하게 됩니다. 저는 많은 분들에게 질문받습니다. "어떻게 하면 교회가 부흥될까요?" 내 대답은 한결같습니다. "교회로하여금 교회되게 하라. 거기에 초점을 맞춰라." 그리스도의 생명력이 넘치는 교회, 그리스도를 만나는 교회만 된다면 무슨 별도의 노력이 없어도 교회는 부흥되게 마련입니다. 이것이 아니라면 교회는 어떠한 방법으로도 부흥될 수 없다—그렇게 간단하게 대답하곤 합니다.

해리 L. 리더라는 목사님은 버밍햄이라고 하는 도시의 900명 출석하던 교회가 어쩌다 그만 약해져가지고 50명밖에 안모이게 된 교회에 부임을 해서 새롭게 목회를 시작했습니다. 그로부터 25년, 그 교회는 출석교인 4000명 되는 교회로 컸습니다. 미국 연합장로회 통계로는 장로교회 중 제일 부흥된 교회였습니다. 제가 몇달 전에 이 교회를 방문했습니다. 이 목사님과 얘기하는 중에 보니 이 분, 아주 속에 불이 있습니다. 교회를 다시 일으키겠다고 하는 열정이 있습니다. 그가 자신이 쓴 책 한 권을 제게 선물로 줬습니다. 「Embers a Flame(불꽃을 타오르게 하라)」 불꽃을 타오르게 하라—떨어진 불꽃을 다시 타오르게 해야 합니다. 그런 의미의 책입니다. 책을 받아가지고 호텔에 돌아가서 그 저녁에 바로 읽고 깜짝놀랐습니다. 첫페이지 첫번째 제목에서 무엇을 말하고 있는가하니 '프로그램을 포기하라' 라는 것입니다. 교회마다 프로그램에 매여 있다, 여기에서 무슨 기적이 나타날 줄 알고, 화끈하게 뭘 해보리라 하고 무슨 운동 무슨 운동 무슨 운동을 하는데, 그런 걸로는 교회가 될 수 없다, 그런 것으로는 안된다, 프로그램에 초점을 맞추고 전력을 기울이는 교회마다 쓰러져가고 있다, 병들어가고 있다, 그러니 프로그램들 치워버리라, 행사중심의 교회 치워버리라, 그리고 정말로 만민의 기도하는 집이 되고 하나님을 경배하는 예배를 바로 세울 때 교회는 교회되는 것이다—이렇게 증거하고 있는 것을 봤습니다.

사도행전 2장 47절에 보면 초대교회에 대해서 이렇게 말씀합니다. 초대교회가 이렇고 이렇고… 다 설명하고나서 이렇게 말씀합니다. "주께서 구원받는 사람을 날마다 더하게 하시니라." 주께서—거기에 관점을 두어야 합니다. 교회는 주께서 하시는 일에 관점을 두어야 하는 것이지 사람이 할 수 있는 일이 아닙니다. 그래서 척 스미스 목사 같은 유명한 분은 이런 말도 합니다. 제가 그의 강연을 통역했던 일이 있습니다. 그 강연에서 그런 말 하는데 깜짝놀라서 내가 이걸 통역을 해야 하나 말아야 하나 걱정까지 한 적이 있습니다. Evangelical Movement, 전도운동도 운동이다, 그것입니다. 전도운동도 운동이다, 운동은 인본주의다, 그런고로 운동을 통해서는 교회가 교회될 수 없다—단호하게 선언을 하는 것입니다. 그렇습니다. 운동, 심지어 전도운동까지도 무슨무슨 운동 열심히 하지만 그런 운동 안에 본인자신도 하나님 안에서는 바른 교인이 되지 못하고 운동에 취해서 정신이 없습니다. 교회는 또 교회대로 난리를 칩니다. 다시 원점으로 돌아가서 교회에 들어 있는 본모습을 찾아야 됩니다. "주께서 더하게 하시니라." 주께서 교회를 더하게 하실 때, 주께서 교회를 성장케 하실 때 성장하는 것이고 주께서 부르실 때 오는 것이고 주께서 붙드실 때 하나님의 사람이 되는 것이고 주께서 만나실 때 치유가 되는 것이고 주께서 함께하실 때 교회는 교회되는 것이다, 하는 말씀입니다.

　오늘본문에도 끝절에 보면 "그리하여…"라고 하지 않습니까. "그리하여… 수가 더 많아지니라." 오늘본문의 내용을 집약하면 예루살렘교회가 사도 바울을 영입했다는 것입니다. 예루살렘교회가 사도 바울을 영접했습니다. 사도 바울이 누구입니까. 예수님을 핍박하던 사람입니다. 예수믿는 사람을 잡아 죽이던 사람입니다. 아니, 더 잡아 죽이기 위해서 다메섹으로 공문을 가지고 내려가던 사람입니다. 그 도상에서 예수님을 만납니다. 사도행전 9장의 주제입니다. 예수님께서 그를 만나시고 "사울아 네가 어찌하여 나를 핍박하느냐" 하십니다. 강권적으로 붙드십니다. 그래서 그가 예수의 사람이 됩니다. 그리고 예수의 복음을 전하는 사람이 됩니다. 교회를 핍박하던 사람이 예수의 복음을 전하는 사람으로 확 바뀝니다. 어떤 사람은 재미있게 이렇게 표현합니다. '예수믿어서 변한 사람은 많다. 그런데 가만히 보면 변한 것도 있고 안변한 것도 있다. 변한 것같은데 하나도 안변한 것도 있더라.' 그렇지요? 같이 지내보면 예수믿어서 바꾸어지긴 했습니다. 그러나 가만히 보면 그 깊은 곳은 영영 변하지 않습니다. '그런데 알고보면 정말로 완전히 변한 사람은 내가 알기론 오직 한 사람 사도 바울뿐이다.' 저도 거기 동의하고 싶습니다. 우리교인들 보면 많이 변했습니다. 많이 변했는데 어떤 때 보면 아, 그옛날의 본색이 드러나더라고요. 제가 잘 아는 어느 목사님이 그러더라고요. 그의 아버지도 목사님인데 그 목사님이 늘 장례식을 인도하시니까 갔다와서는 "나 죽거든 화장해라. 그 장례식이라는 것, 말짱 헛거다, 땅속에다가 깊이 넣어봐야 그 맹랑한 짓이다, 더러는 파보면 뼈조각이 나올 때도 있더라, 그런데 또 묻고 또 묻고 하는구나, 헛거다, 그거 소용없다" 하고는 "나 죽거든 화장하라" 하더랍니다. 그러던 분이 60세 딱 넘으니까 "화장은 안되겠더라" 하고 70세 넘으니까 "따뜻한 데 땅 사났다. 묘지 했으면 명당자리겠더라" 하고 다니더랍니다. 그러면서 그 아들목사님이 나한테 말합디다. "도대체 예수믿는다는 게 무엇입니까? 한평생 목사로 살았고 그 많은 장례식을 인도했던 분이 이제 '아니다' 하면서 이제와가지고 명당 찾아다닙니다." 도로아미타불이지요. 이거 보십시오. 마음깊은 곳에 썩은 똥같은 게 아직 그대로 있더라고요. 우리교회에서도 예수믿어서 많이 달라진 것같아도 가끔 보면 원색이 드러나는 사람 있지요. 참 이게 문제란말입니다. 그래서 '사도 바울 이외에는 완전히 변한 사람이 없더라' 하는 것입니다. 글쎄요. 그래서는 안되겠지요.

사도 바울이 변했습니다. 그래서 예루살렘교회는 거부합니다. 그래서 예루살렘교회로 갑니다. 아니, 저자가 또 스파이로 온 것 아닌가, 또 무슨 일을 저지르려나, 스데반을 죽이더니, 다메섹으로 가더니, 이제 또 예루살렘교회를 망가뜨리려 하나―사람들이 경계했습니다. 이게 얼마나 무서운 일입니까. 그러나 오늘성경에 보는대로 바나바라고 하는 덕있는 분이 하나 있었습니다. 그분의 중재로 잘 이해가 되어 이제 예루살렘교회가 사도 바울을 환영합니다. 오늘본문의 내용은 그것입니다. 그리하여 교회가 부흥되더라 합니다. 거대한 중국땅을 통일하여 중화인민공화국을 세운 마오쩌뚱, 우리가 모택동이라고 하지요. 그분 주위에는 저우 언 라이, 우리가 주은래라고 부르는 그 사람이 있었습니다. 이 두 사람은 40년 동안 함께했습니다. 참으로 굉장한 사건입니다, 이것은. 모택동이라는 사람은 굉장히 투박한 사람입니다. 그런데 주은래는 잘생긴 샌님같은 사람입니다. 모택동은 독학한 사람입니다. 주은래는 부유층 출신으로서 유학을 한 엘리트입니다. 이런 두 사람이 시작부터 끝까지 40년 동안 함께함으로써 중국이 통일된 것입니다. 아주 놀라운 일입니다. 제가 왜 이 사실을 관심있게 생각하는고하니 중국에 가보면 고위층인 사람은 다 학자요 귀족출신들이요 유학한 사람들입니다. 고위층에 올라가면 통역이 필요없습니다. 영어로 말하면 다 통합니다. 그런데 북한에 가보면 얘기가 달라집니다. 전부 출신성분만 따지면서 저 하류의 사람들만 올라옵니다. 그야말로 말이 안되는 것입니다. 그래서 미국의 대통령을 지낸 닉슨이 유명한 말을 했습니다. "모택동이 없었으면 중국의 혁명은 결코 불붙지 않았을 것이고 주은래라는 두뇌가 없었다면 그 불길은 타서 재가 되고 없어졌을 것이다." 명언입니다. 그 두 요소가 하나가 되고 합쳐질 때 거기에 위대한 역사가 있다는 것을 말해주고 있습니다.

　예루살렘교회가 사도 바울을 영접했다는 것은 문화적인 편견에서 벗어났다는 것입니다. 왜 그럴까요. 사도 바울은 헬라파유대인입니다. 헬라말 하는 사람입니다. 그리고 태어나기부터 이방땅에서 태어났습니다. 예루살렘에서 태어난 것이 아닙니다. 지정학적으로부터가 그렇습니다. 그리고 헬라말을 하고 헬라철학에 익숙한 사람입니다. 그러니 이것은 헬라파유대인과 예루살렘유대인이 하나가 되는 시간입니다. 그래서 바울은 헬라파유대인들의 배척을 받고 헬라파유대인들이 이 사람을 또 죽이려고 덤빕니다. 그래서 유대사람들이 그를 보호해주는 것입니다. 예루살렘교회가 사도 바울을 의심하기로들면 얼마든지 의심할 여지가 있지요. 그가 누구입니까. 헬라파유대인에다가 게다가 여러 가지로 기독교를 박해하던 사람입니다. 그런 사람을 어떻게 영접합니까. 그래서 오늘성경은 만나는 것 자체를 두려워했다 합니다. 그렇다면 어떻게 영접할 수가 있었겠습니까. 바나바라는 사람이 있어 그의 설명을 따라서 저들은 바울이 본 환상, 바울이 본 계시를 믿어주게 되는 것입니다. 바울이 만난 그리스도―그 사건을 믿어줘야 되는 것입니다. '내가 예수를 만났다.' 아, 그렇습니까 하고 믿어줘야 하는 것입니다. 예루살렘교회는 이 검증된 진리를 믿어줄 뿐만 아니라 그리스도께서 계시다는 것을 믿은 것입니다. 사도 바울의 마음에 있었던 평생의 교리가 이것이라고 생각합니다. '그리스도께 잡힌바 된 그것을 잡으려고 좇아가노라.' 포로된 그것을 나도 잡으려고 좇아가노라―내 이상이 아닌 것입니다. 그리스도께서 세우신 것, 그것을 좇아가려고 했던 것입니다. 여러분, 그리스도께서 위하여 죽으신 형제를 그리스도를 영접하듯 영접하는 것이 기독교윤리의 근본입니다. 그리스도께서 용서한 자를 내가 용서해야 됩니다. 그리스도께서 선택하신 자를 내가 선택해야 됩니다. 그리스도께서 권세를 주신 자를 내가 따라서 순종해야 합니다. 이것이 교회입니다. 그리할 때 교회가 부흥하는 것입니다. 사도 바울은 체험을 가진 사람입니다. 이 체험을 따르고 믿었습니다. 하나님의 역사요 그리스도의 주도적 역사라는 것을 믿을 때 그 은혜 안에서 사도 바울을 봅니다. 바울을 영접하게 됩니다.

    28절에 "함께 있어"라고 말씀합니다. 왕년의 박해자와 그로부터 핍박을 받던 교인들이 함께 있습니다. 이 얼마나 아름다운 장면입니까. 핍박을 받던 교인들이 핍박하던 자와 함께 있습니다. 여러분은 잘 모르시겠지만 소망교회 세우면서 이것저것 비밀한 얘기가 많답니다. 제가 처음에 11명을 가정에 모아놓고 시작을 해서 아직 가정에서 예배드릴 때입니다. 그때 나와서 열심히 봉사하던 몇분이 있었습니다. 그런데 어느날 그 중의 한 사람이 내게 오더니 "우리예배당은 없지만 우리교회 아닙니까. 제 아들 결혼주례 해주세요" 해서 주례한 것이 소망교회 결혼주례 제1호입니다. 교회당이 없으니까 "앰배서더 호텔에서…" 하기에 "그러지요. 제가 결혼주례 하지요." 약속 다 한 다음인데 그 분 하는 말이 "그런데요 그놈이 벌써 아들을 낳았거든요. 그래도 해주시겠습니까?" "하지요" 하니까 그 분, 그 자리에서 펑펑 울어버립니다. 너무도 고마워하는 것입니다. "목사님 괜찮으세요?" "괜찮아요. 내 마음이지…" 결혼식에 갔더니 여자교인들도 많이 왔더라고요. 여기저기서 쑥덕쑥덕하더라고요. 들어보나마나 무슨 소리들 하는지 알지요. 결혼주례를 하는데 두 사람 세워놓고 사랑하겠냐뇨 물었더니 그 신부가 "네" 하고 대답하면서 욱하고 우는 것입니다. 너무 감격해서 우는 것입니다. 어쩌다가 이 두 사람이 서로 가까워져서 아이가 생겼는데 결혼을 해야 했지만 양가가 다 반대를 하는 것입니다. 보통은 이럴 때 아이를 지운다고 해야겠지만 이 아가씨가 대단했습니다. 이러면 다시 아이 못낳으니까 안된다, 이거는. 내가 아무리 창피해도 안된다, 아이 낳을 거다, 하고 두 사람이 집을 나갔습니다. 방을 얻어 살다가… 어떻게 하겠습니까. 자녀를 이기는 부모가 있습니까. 결혼식을 시켜주기로 하고 이렇게 데려온 거라는 말씀입니다. 이런 어려움을 겪었기 때문에 너무 감격한 것입니다. 울지 마, 하고 저도 우는 것입니다. 이런 결혼을 내가 주례해줬는데, 결혼식을 마치자 여자분들 몇몇이 쑥덕거리면서 내게 가까이 오기에 말했습니다. "내가 결혼주례를 많이 했지만 오늘처럼 감격한 결혼주례를 한 적은 없는 것같습니다. 첫째는 두 사람이 사랑의 약속을 하면서 감격을 해서 눈물을 흘립니다. 그런 눈물, 그런 사랑의 고백을 받고, 두 번째는, 내가 결혼주례를 많이 해보니까 1/4이 10달 전에 아기를 낳아요. 그러면 내가 결혼주례 할 때 세 사람 세워놓고 한 거 아닙니까. 알고도… 어떤 때는 그 드레스 입은 거 보면 내가 알지요. 이 사람들 얼마나 진실합니까. 얼마나 솔직합니까. 얼마나 정직합니까." 이렇게 딱 말하고 "죄없는 자가 돌을 던져라" 그랬지요. 그 섰던 사람들이 울었습니다. 다 전과자거든요. 이게 소망교회 결혼주례 1호입니다. 그 어머니는 한평생 전도사로 일하고 있습니다. 여러분, 교회가 어떤 경우든지 문턱을 높이면 안됩니다. 교회가 어떤 경우든 사람을 차별해서는 안됩니다. 그리스도께서 사랑하신 자를 내가 사랑하고 그리스도께서 용서하신 자를 내가 용서하고 그리스도께서 변화시킨 사람을 변화된 사람으로 영접해야 합니다. 과거가 아니고 변화된 모습으로 영접해야 됩니다. 그리할 때 교회는 부흥되는 것입니다. △

이 여자를 보느냐

여자를 돌아보시며 시몬에게 이르시되 이 여자를 보느냐 내가 네 집에 들어오매 너는 내게 발 씻을 물도 주지 아니하였으되 이 여자는 눈물로 내 발을 적시고 그 머리털로 씻었으며 너는 내게 입맞추지 아니하였으되 저는 내가 들어올 때로부터 내 발에 입맞추기를 그치지 아니하였으며 너는 내 머리에 감람유도 붓지 아니하였으되 저는 향유를 내 발에 부었느니라 이러므로 내가 네게 말하노니 저의 많은 죄가 사하여졌도다 이는 저의 사랑함이 많음이라 사함을 받은 일이 적은 자는 적게 사랑하느니라 이에 여자에게 이르시되 네 죄 사함을 얻었느니라 하시니 함께 앉은 자들이 속으로 말하되 이가 누구이기에 죄도 사하는가 하더라 예수께서 여자에게 이르시되 네 믿음이 너를 구원하였으니 평안히 가라 하시니라
(누가복음 7 : 44 - 50)

이 여자를 보느냐

　피터 드러커라고 하면 금세기의 아주 유명한 경영학자입니다. 1909년 생이니 95세된 현재 살아 있는 경영학자입니다. 저는 이 분의 책을 좋아해서 읽기도 하고 가지고 있습니다. 현대인으로서 대단히 중요한 사상가요 경영학자요 그리고 많은 교훈을 주는 교수입니다. 이 분이 근자에 자서전을 썼습니다. 95세에 말입니다. 그런데 이 책에는 자서전인데도 자기얘기보다도 남들 얘기가 더 많습니다. 내가 어떻게 살아왔다… 그런 얘기보다는 자기에게 영향을 준 분들에 관한 얘기를 많이 썼습니다. 그 점에서 이 자서전은 좀 특별한 insight가 있는 책이라 하겠습니다. 내 일생에 내게 영향을 준 고마운 분들—전부 이렇게 써내려갔습니다. 정말 이런 생각이 듭니다. 95세가 되니 이제 철이 났구나… 역시 연륜이 있는 분의 자기고백이다—그런 의미의 자서전입니다. 그 첫페이지에서 누구를 드는고하니 자기할머니얘기를 듭니다. 그는 할머니로부터 가장 중요한 영향을 받았다고 말합니다. 바로 휴머니즘입니다. 사람을 만나고 사람을 대하는 그 귀한 자세, 인간관, 그런 것을 할머니로부터 영향받았다 하고 말합니다. 그의 할머니는 피아니스트입니다. 유명한 음악가의 반주를 하는 것을 자랑삼는 상당히 유명한 피아니스트인데, 그러나 그는 하인들이건 점원들이건 창녀들이건 옷사람이건 아랫사람이건 모든 사람을, 부하건 가난하건 모든 사람을 똑같이 대하는 그런 인도주의적 성품의 인물이었다는 것입니다. 자기가 사는, 할머니가 사는 집 바로 옆에 창녀집이 있었답니다. 그런데 자기집 문앞 바로 옆에 늘 손님을 끌기 위해서 창녀가 서 있습니다. 그런데 할머니는 지나갈 때마다 그 창녀에게 아주 친절하게 인사를 하고 얘기도 하고 그랬다는 것 아닙니까. 어떤 때는 날이 좀 쌀쌀해지면 "목도리를 좀 해야겠구만. 목을 좀 따뜻하게 하라구." 이렇게 말하기도 하고, 어떤 날은 이 창녀가 좀 기침하는 것을 보고 "가만히 있어봐" 하고 6층이나 되는, 엘리베이터도 없는 자기집의 계단을 올라가야 있는 자기 방으로 올라가서 감기약을 가지고 내려와 이 아가씨에게 "이걸 먹고 감기 좀 치료하게나" 하고 감기약을 전해줬다는 것입니다. 그의 조카되는 사람 하나가 아주 보수적인 사람이었는데 그걸 보다못해 "할머니, 그 창녀를 왜 그렇게 대하십니까? 감기약까지 갖다주는 친절을 베풀다니요. 사람같지도 않은 천한 여자를 왜 그렇게 대하십니까?" 하고 비방을 했답니다. 그때 할머니의 대답은 이랬습니다. "남자들에게 성병 옮기는 것은 내가 막아줄 수 없지만 감기옮기는 건 막아야 되잖아." 참 몇번 읽어본 대목입니다. 남자들에게 성병 옮기는 것은 내가 막아줄 수가 없어, 그러나 감기 옮기는 것은 내가 막아야지ー그러한 할머니, 이 할머니로부터 인간애, 휴머니즘을 내가 배우게 되고 또 내가 그것을 따라 하게 된 것같다고 그는 말하고 있습니다.

본문에는 두 인격의 사람이 나타납니다. 두 극과 극의 인간상이 나타납니다. 아시는대로 바리새인이라고 하면 도덕적으로 윤리적으로 종교적으로 가장 깨끗하다고 했던 사람들입니다. 바리새인이란 헬라말로 '파리사이오스'인데 바리새라고 하는 말이 워낙 '구별'이라는 의미입니다. 차별되었다고 하는, 보통사람과는 차별적으로 깨끗하게 경건하게 거룩하게 산다고 자처하는 그런 사람들입니다. 그 결과로 남을 무시하고 자기만 깨끗한 것처럼 교만해서 예수님께로부터 큰 책망을 받습니다. 그런데 바로 그 대표적인 사람, 시몬이라는 사람이 어쩌다가 예수님을 초대합니다. 이렇게 손님을 초대하는 것, 낯선 손님을 초대하는 것, 손님을 위한 일이지만 사실은 자기자신의 명예를 높이는 일입니다. '나는 이렇게 낯선 사람을 점심에 초대하는 이런 사람입니다.' 자기의 신분을 높이 보이기 위해 초대합니다. 그리고 창녀는 공인된 죄인이었습니다. 누구나 아는 죄인이었습니다. 저 여자는 죄인이야, 하는 소리를 듣는 존재였습니다. 자, 이렇게 시몬의 집에 예수님께서 초대되셨을 때 이 천한 여자가 조용히 이 집에 스며들어서 예수님께 가까이 다가갑니다. 뒤로 가서 울며 예수님의 발을 씻기고 그 소중한 머리털로 예수님의 발을 닦고 발에 입을 맞추었다—대단한 일입니다. 이제 시몬은 마음에 이릅니다. '예수가 정말로 메시야라면, 정말로 하나님이 보내신 분이라면 이 여자가 얼마나 더러운 여자인지를 알았을 것이다. 우리는 동네사람들이니 다 알지만 예수는 이 여자를 처음 보았다. 그러나 다 알았을 것이다. 얼마나 더러운 여자인지를 알았을 것이고, 아는 것과 동시에 가까이 오지 마라, 내 몸에 손을 대지 마라 할 거다.' 그런데 예수님께서는 그대로 조용히 이 여자의 행동을 수용하십니다. '아니, 저러는 것을 보니 예수는 그런 영광이 있고 영적 판단이 있는 분이 아닌가보다' 라고 시몬은 생각합니다. 오늘본문 보면 예수님의 의도는 이렇습니다. '무슨 소리냐. 내가 다 알고 있다. 이 여자가 더럽다는 것을 알고 있다. 그러나 내가 한수 높이 보니까 너보다 한수 낫다. 너보다 훨씬 깨끗하고 훨씬 의로운 여자가 여기 있다.' 이렇게 예수님은 말씀하시고 행동하십니다. 이 시몬이라는 바리새인은 사람을 볼 때 과거를 보고 현재를 봤습니다. 과거의 창녀, 창녀경력, 또 현재, 이렇게 과거로부터 현재를 보고 사람을 정죄합니다. 그러나 예수님께서는 현재와 미래를 보십니다. 그리고 깊은 곳을 보십니다. 다른 사람에게 없는, 속 깊이 있는 그 심령의 상태, 영적 상태를 보십니다. 그렇게 이 여자를 대하십니다. 시몬은 예수님을 초대할 때 지극히 형식적으로 초대합니다. 바로 여기에 문제가 있습니다. 저도 한번 그런 경험이 있습니다. 이스라엘사람이 예배드리는 곳에 갔다가, 그분들은 가정으로 가서도 예배가 이어지는데 거기에 초대받아서 갔습니다. stranger, 낯선 사람을 안식일 점심에 초대하는 것은 자기네의 덕이라고, 스스로 영광이라고 생각합니다. 그런데 우리도 이것은 좀 배워야 하겠습니다. 우리네는 낯선 사람을 대하는 게 상당히 좀 어렵습니다. 너무 좀 편협합니다. 그러나 이스라엘사람들은 낯선 사람을 안식일 점심에, 그 가족만찬에 초대하는 것을 큰 영광으로 생각합니다.

  오늘의 이 시몬도 예수님을 잘 아는 게 아닙니다. 본래부터 그렇게 잘 아는 상대도 아닌데 예수님을 안식일에 자기집으로 초대합니다. 그런데 보통 이스라엘사람들은 손님을 초대했을 때 세 가지 의식을 행합니다. 먼저 손님의 어깨에 손을 얹고 손님을 끌어안고 입을 맞춥니다. 볼에다가 이렇게 입맞추는 것, 이게 바로 '당신을 환영합니다' 하는 정중한 격식입니다. 또, 길들이 먼지가 많고 그런 곳이라서 손님이 들어서면 대야에 물을 떠다가 발을 씻겨줍니다. 하인이 씻겨주기도 하지만 주인이 씻겨줄 때 그게 상대방을 높이는 정중한 의식입니다. 세 번째는, 향을 피워서 방안 공기를 향기롭게 하든가 아니면 향수를 뿌려서 분위기를 상쾌하게 하는 의식입니다. 그런데 시몬은 이 세 가지 다 안했습니다. 예수님을 대접하는 것처럼 사람들에게는 알려졌고 또 그렇게 표방하면서도 정작 해야 할 일은 안했습니다. 왜요? 예수님을 영접하는 게 아니라 자기자신을 높이 보이려는 시간이기 때문입니다. '나는 이렇게 갈릴리에서 온 이 사람, 나이 서른밖에 안된 이 사람, 선지자라고 소문난 거같은 이 사람 오늘 초대했습니다. 나는 이만큼 여유있는 사람이고 마음 넓은 사람이고, 존경받는 또 받아야 할 이스라엘사람입니다' 하고 과시하느라 그래서 초대한 것입니다. 예수님을 통해서 자기를 높이려 한 것이지 예수님을 높이려 했던 것이 아닙니다. 오늘본문에 나타난 이 여자는 어떻습니까. 말이 없습니다. 시종일관 말이 없이 사라집니다만 눈물로 예수님의 발을 적시고 머리털로 닦고 발에 입을 맞추고 그리고 향유를 붓고 합니다. 가장 중요한 일은 이 여자가 다 했다는 말씀입니다. 그럴 때 바리새인이 비방할 때 예수님께서 이 여자 편을 들어서, 그리고 이 여자를 인정해주시고 수용해주시고, 아니, 은근히 칭찬해주시고 마침내는 '네 죄 사함받았느니라.' 사죄의 은총을 베푸시고 그를 축복하십니다. 가장 중요한 것이 '네 죄 사함받았느니라' 하신 것입니다. '의롭다.' 그런 귀중한 역사가 이루어지게 됩니다.

  여기서 생각해봅시다. 예수님께서 보실 때는 시몬이나 이 여자나 다 죄인이거든요. 한치 더 나으면 어떻고 모자라면 어떻습니까. 여러분은 어찌 생각하십니까? 다 같은 사람입니다. 다 같은 죄인입니다. 이것을 잊지 말아야 합니다. 왜 '오십보 백보'라는 말이 있지요. 이 말을 사전에 찾아보면 이런 설명이 나옵니다. 맹자가 한 말인데, 전쟁에 패하여 어떤 군사는 백 보를 또 어떤 군사는 오십 보를 패주했다고 할 때 백 보 물러간 사람이나 오십 보 물러간 사람이나 도망한 것에는 차이가 없다고 하는 말입니다. 죄질이 조금 나으면 어떻고 덜하면 어떻습니까. 죄인이기는 마찬가지지요. 어차피 죄인입니다. 이것을 우리가 인정해야 됩니다. 여기서부터 출발해야 됩니다. 저 위에서부터 저 밑에까지, 누구 하나 스스로 구원받을 사람 없습니다. 다 죄인입니다. 이것부터 우리가 알고 지나갑시다. 죽어 마땅한 죄인들입니다. 지옥을 가야 될 사람들입니다. 살아야 될 이유도 없고 살만한 가치도 없습니다. 전적 타락, 이것을 우리가 잊지 말아야 합니다. 전적 타락, 그런 시선으로 봅시다. 잘나고 못나고가 어디 있습니까. 다 같은 죄인, 다 같은 사람이다—이러고나서 생각할 것이 있습니다. 그런고로 이제는 예수 그리스도의 은혜로 구원받을 수밖에 없습니다. 오직 하나님의 긍휼, 하나님께서 불쌍히 여기시는 바 그 은혜를 믿음으로 구원받을 수밖에 없습니다. 오늘 예수님께서는 예를 들어서 말씀하십니다. 참 대단히 중요한 예입니다. '한 사람은 오십 데나리온 빚졌고 한 사람은 오백 데나리온 빚졌다. 둘 다 갚을 길이 없을 때 주인이 다 탕감해주었다.' 빚진 건 같습니다. 이제 탕감해주었는데 탕감받고나니 어떻습니까. 오십 데나리온의 사람과 백 데나리온의 사람, 누가 더 감격하겠습니까. 당연히 많이 탕감받은 사람이 아니겠습니까. 그러니까 하나님 앞에 나아가는 자세는 남보다 내가 더 큰 죄인이다 생각할 때, 남보다 내가 더 많이 탕감받았다 생각할 때 그 사람에게 은혜가 있는 것입니다. 그런데 오늘 이 여자는 어째서 칭찬을 받습니까. 무엇을 인정받는 것입니까. 의롭다, 의롭지 못하다, 깨끗하다, 더럽다… 이런 말씀 하지 않고 예수님의 논조는 무엇이냐하면 회개하는 죄인이라는 것입니다. 회개하는 죄인. 아우구스티누스의 유명한 말이 있습니다. '이 세상에는 두 종류의 사람밖에 없다. 하나는 내가 죄인이라고 생각하는 죄인이고 또하나는 내가 죄인이 아니라고 생각하는 죄인이다.' '나는 죄인입니다.' 회개하는 사람이 구원의 길을 가는 것입니다.

오래전 어느 책에서 읽은 이야기를 생각합니다. 로마의 백부장이 전장 최일선에 나가서 육박전을 합니다. 예수 잘믿는 사람인데 그만 독을 묻힌 화살에 맞았습니다. 아, 이대로 죽는구나… 이럴 때 그는 천국을 바라보며 천국문이 열리기를 위하여 기도합니다. '저는 나라를 위해서, 로마제국을 위하여 생명을 바칩니다. 천국문을 열어주세요.' 안열리더라는 것입니다. '저는 어느 나라에 가서도 전쟁터에서도 불쌍한 사람들을 위해서 구제에 힘썼습니다. 많은 사람을 고넬료처럼 구제하며 살았습니다만…' 안열리더라는 것입니다. '나는 내 양심대로는 백부장으로의 도리를 다했습니다. 충성을 다했습니다.' 천국문은 열리지 않습니다. 그는 두려운 마음에서 다시 돌아왔습니다. 그랬더니 자기가 너무 잘못한 게 많습니다. 죄가 너무 많더랍니다. 그래서 '하나님, 저는 죄인입니다. 고개를 들 수 없는 죄인입니다' 하고 무릎을 꿇었는데 순간 천국문이 환하게 열리더라는 것입니다. 우리마음의 천국, 종말론적으로 하나님 앞에 가는 것, 인간과 인간관계에서의 천국, 가정이라고 하는 천국… 간단합니다. '나는 죄인입니다. 이것은 다 내 책임입니다. 이것은 다 내 잘못입니다' 라고 할 때 천국문은 열리는 것입니다. 그래서 제가 결혼주례 할 때 말하곤 합니다. '제 잘못입니다 하는 말, 그리고 '아이 엠 소리'라는 말을 잘해야 가정이 행복한 것이다. 그 말이 빠져나가면 같이 살아도 지옥인 줄 알아라.' 이것을 알아야 됩니다. '나는 죄인입니다.' 회개할 때, 하나님 앞에뿐만 아니라 사람 앞에 회개하는 용기를 가지세요.

본문의 이 여인은 바리새인의 집에까지 와서 그리했습니다. 용기가 있는 사람입니다. 회개의 용기, 이것이 없어서 회개해야겠다 잘못했다 생각은 하면서 그대로 일평생을 살아갑니다. 회개의 용기가 필요합니다. 그리고 오늘본문에 보니 주님을 높입니다. 주는 하나님의 아들입니다, 라고 베드로처럼 고백하지는 못하나 그 중심으로 주님을 메시야로, 만왕의 왕으로 높이는 존경의 세리머니가 있습니다. 눈물로 발을 씻고 머리털로 발을 닦고 향유를 붓고 발에 입을 맞추고… 최고의 respect ceremony입니다. 대단합니다. 그때의 예수님, 이 고백을 보시고 '네 죄 사함받았느니라' 말씀하십니다. 폴 틸리히라는 유명한 신학자가 있습니다. 개인적으로 이 분의 책을 많이 읽었는데요 나치독일에서 추방당해 뉴욕의 유명한 신학교에서 철학과 신학을 강의하게 되는데 독일사람이 영어로 바로 옮겨서 강의하다보니 듣는 사람이 그 발음을 알아들을 수가 없습니다. 저도 프랑스 교수가 와서 강의할 때는 한마디도 못알아듣겠더라고요. 자기만 떠들어요. 그런데 옆의 학생이 웃는 것입니다. "너 왜 웃니? 알아듣고 웃니?" 하니까 "교수님이 웃어주니 나도 웃어야지" 하더라고요. 정말이지 발음이 틀리면 그 말 알아들을 수가 없습니다. 이 폴 틸리히 교수가 독일어발음으로 영어를 가르친다고 하니까 학생들이 자꾸만 웃는 것입니다. 빙글빙글 웃는 것입니다. 비웃는 것이지요. 교수님이 속이 상했습니다. '아무리 봐도 내가 이 강의를 할 수 없을 것 같다' 하고 있는데 카드로 된 편지 한 장이 왔습니다. 학생의 편지였습니다. 읽어보니 이랬습니다. '선생님 힘내세요. 우리가 웃는 것은 발음 때문이지 강의의 내용 때문이 아닙니다. 웃더라도 힘내세요. 존경합니다. 사랑합니다—롤로메이 드림.' 이 편지 한 장을 받을 때

용기가 생겼습니다. 너무도 감사했습니다. 폴 틸리히 교수는 이 편지를 놓고 하나님 앞에 기도하면서 펑펑 울었다고 합니다. '하나님, 학생 하나가 나를 이렇게 위로해줍니다. 하나님 감사합니다.' 그 편지를 그는 몹시도 소중히 여겼다고 합니다. '내가 죄인이지만 주님이 나를 인정하시니 이 어찌 감사할 일 아닌가. 주님께서 나를 인정하시네.' 오, 주여—당장 생각이 열려서 「Systematic Theology」 제2권을 거기서 쓰게 됩니다. 롤로메이는 심리학자입니다. 폴 틸리히는 신학자입니다. 뒤에 이 둘이 서로가 파트너가 되어 틸리히는 심리학적인 것을 롤로메이로부터 배우고 롤로메이는 신학을 폴 틸리히로부터 배웠습니다. 둘이 합해서 큰 역사를 이룬 것을 볼 수 있습니다. 여러분, 한 사람이 나를 인정한다는 게 얼마나 중요합니까. 주님께서 나를 인정해주십니다. 본문의 이 여자는 눈물로, 눈물로 회개하며 예수님 앞에 갔지만 예수님께서 저를 인정하실 때 이제는 감격의 눈물로 감사의 눈물로 한평생을 삽니다. 그래서 이 막달라 마리아는 예수님을 십자가 앞에까지 따라가고 부활의 언덕까지 따라가서 부활의 첫증인이 됩니다. 요새는 막달라 마리아에 대한 연구가 많습니다. 그는 초대교회에서 베드로 이상의 지도적 능력이 있었다고 하는 사람도 있습니다. 「어머니자리 찾기」라는 책이 있습니다. 여기 보면 '아이에 대한 사랑의 표현은 아무리 많이 해도 지나치지 않다' 했습니다. 안아주고 뽀뽀해주고 사랑한다고 자꾸만 말해준답니다. 그러나 중요한 것은 사랑은 고루고루 받아야 된다는 것입니다. 할아버지사랑 할머니사랑 친구사랑 조카사랑… 사랑을 많이 받은 사람이 사랑하는 사람이 됩니다. 사랑을 못받아본 사람은 남을 사랑하는 사람이 못됩니다. 사랑을 한쪽으로만 받은 사람은 편협한 사람이 됩니다. 여러분, 하나님의 사랑을, 그 거룩한 사랑을 알 때 오늘의 이 여자는 회개의 눈물에서 감격의 눈물로 바뀝니다. 바로 그것이 그리스도인입니다. △

아브라함의 자녀들

어리석도다 갈라디아 사람들아 예수 그리스도께서 십자가에 못박히신 것이 너희 눈앞에 밝히 보이거늘 누가 너희를 꾀더냐 내가 너희에게 다만 이것을 알려 하노니 너희가 성령을 받은 것은 율법의 행위로냐 듣고 믿음으로냐 너희가 이같이 어리석으냐 성령으로 시작하였다가 이제는 육체로 마치겠느냐 너희가 이같이 많은 괴로움을 헛되이 받았느냐 과연 헛되냐 너희에게 성령을 주시고 너희 가운데서 능력을 행하시는 이의 일이 율법의 행위에서냐 듣고 믿음에서냐 아브라함이 하나님을 믿으매 이것을 그에게 의로 정하셨다 함과 같으니라 그런즉 믿음으로 말미암은 자들은 아브라함의 아들인줄 알지어다

(갈라디아서 3 : 1 - 7)

아브라함의 자녀들

　여러분 잘 아시는대로 중국은 지금 경제부흥에 총력을 기울이고 있어 세계의 주목을 끌고 있으나 한편으로는 종교문제로 인해서 중국정부가 크게 고민하고 있습니다. 그것은 기독교를 비롯해서 종교가 세계에 유례를 볼 수 없을 만큼 크게 부흥하고 있는 동시에 사이비종교며 이단들이 또다시 일어나고 있기 때문입니다. 그래서 이것을 연구하기 위해서 저들이 많이 노력을 하고 있는 중에 몇분의 교수들과 함께 중국에 초청을 받아서 중국의 종교담당 고급관리들과 또 교수님들과 함께 베이징에 가서 세미나에 참석한 일이 있습니다. 이것을 총 주도하는 책임자되는 분의 이름이 퍽 재미있습니다. 당회장입니다. 당씨여서 당 회장입니다. 부주석급이니 상당히 높은 관리인데 이 분이 그 세미나에 앞서서 저를 참석자들에게 소개할 때 그 소개하는 이야기는 제 일생에 잊을 수 없는 것이었습니다. "제가 이 종교문제를 알기 위해서 한국을 먼저 방문했었습니다. 그리고 교회라는 데를 생전처음 들어가보았습니다. 물론 말은 못알아듣지만 교회라는 데가 신비롭습니다. 마음이 편안하면서 신선해지는, 시원한 어떤 신비로움을 경험했었습니다." 더욱이 이상한 것은 예배 끝나고 나자 50년 동안 피워오던 담배가 끊어지더라는 것입니다. 그렇게 애써도 끊을 수가 없었는데 담배생각이 전혀 안난다고 하는 것입니다. 그분이 나를 가리켜 이렇게 말합니다. "이 분이 바로 날 담배 끊게 한 위대한 분입니다." 그것 참, 제가 무어라고 해야 할지 모를 특별한 경험이었습니다. 여러분, 교회가 무엇입니까? 이것은 학원이 아닙니다. 여기서 공부를 한다고 생각해서는 안됩니다. 여기가 무슨 교양강좌 하는 세상이 아닙니다. 도덕과 윤리를 논하자는 곳도 아닙니다. 물론 구제기관도 아닙니다. 단순한 친교기관도 아닙니다. 교회의 교회됨은 신비로운 능력에 있는 것입니다. 하나님 함께하시면서 무어라고 말할 수 없는 신비로운 체험, 그 생명력이 있어서 교회입니다. 여러분도 운전을 하시지요? 운전하는 사람으로 제일 중요한 것은 길을 잘 찾는 것입니다. 길눈이 어두운 사람은 운전하다가 무척 고생을 합니다. 내가 어디까지 가야 한다, 바른 길 평탄한 길, 바로가는 길을 찾아야 합니다. 길을 바로 찾기—길 잘못들면 말할수 없이 고생합니다. 그뿐입니까. 다시 원점으로 돌아와야 합니다. 그것이 길입니다. 차가 빠를수록 더욱더 길을 바로 선택하는 일은 중요합니다.

제가 1963년 프린스턴신학교 가서 공부할 때 첫학기에 루터신학을 공부하게 되었습니다. 제 일생에 많은 시험을 보면서 공부했지만 제일 고통스럽게 시험을 본 경험이 있습니다. 한 학기 공부하고 나서 시험을 보고 또 논문을 제출해야 하는데 생전처음 미국에 와서 시험을 본다는데 어떻게 시험을 내나? 걱정이었습니다. 강의실에 들어갔는데 교수님이 나와서 칠판에다가 몇줄을 써놓는 것입니다. '루터의 신학을 십자가의 신학이라고 하는 뜻이 무엇인지 설명하라.' 그리고 블루 북이라고 하는 파란색 노트를 하나씩 줍니다. 3시간 동안 여기다가 써라, 이것입니다. 세상에! 우리말로 쓰기도 어려운데 영어로다가 3시간 동안 이것을 써야 한다니 아무리 생각해도 3시간 동안 쓸 말이 없습니다. 좌우간 이 3시간을 그 노트에다가 쓰고 앉았는데 제 기억에 시험을 이렇듯 어렵게 본 기억이 없습니다. 다시 생각해봅시다. 루터의 신학을 한마디로 십자가의 신학이라고 합니다.

그게 핵심입니다. 루터의 신학, 십자가입니다. 오로지 십자가입니다. 루터 자신이 가톨릭 수도사였습니다. 그래서 참회도 하고 고행도 하고 수행하면서 바른 진리를 찾아보려고 애를 썼습니다. 몸부림을 쳤습니다. 이런 웃지 못할 에피소드도 전해집니다. 기도하면서 생각해보니 자꾸 죄가 생각납니다. 신부님한테 초인종을 눌러서 딱 앉으면 귀에다가 대고 '내가 이런 죄를 지었습니다.' 고해성사를 하고 돌아와서 성경을 보다가 또 죄가 생각나면 또 가서 그렇게 했습니다. 아니, 수도원에 있으면서 무슨 죄를 그렇게 많이 짓겠습니까. 지을래도 지을 수도 없는 형편입니다. 그런데 또 가서 죄를 고백하고 또 가서 고해성사 하고… 하도 신부님을 괴롭히니까 신부님이 마지막에 그랬답니다. "루터야, 죄 좀 모았다가 가져오너라." 루터는 견딜 수가 없는 것입니다. 내 죄, 내 죄, 내 죄… 줄기차게 괴로워했습니다. 로마에 '성 계단'이라고, 예수님께서 그옛날 재판받으실 때 올라가신 그 계단을 뜯어다가 로마에 갖다놓은 것, 그 성 계단을 기도하며 참회하며 무릎으로 기어오르고 기어내려오고, 기어내려오고… 이렇게 해서까지 죄사함받아보려고 애를 썼습니다. 그러나 해결이 나지 않았습니다. 마침내 그는 중요한 진리를 깨달았습니다. 벌떡 일어섭니다. 여기서 그가 기독교의 본질을 찾게 됩니다. 오직 믿음으로(Sola Fide) 믿음으로 의롭다 함을 얻는 것이지요. 하나님 앞에 나아가는 길은 인간에게 있다는 것, 그것은 인본주의다, 인간의 노력이요 인간의 수고요 인간의 고행이요 하고 몸부림치며 하나님께 나아가려고 하지만 이것은 길이 아니다, 하나님께서 우리에게 보여주신 길, 오직 은혜, 오직 하나님의 의, 이것을 내가 수용하는 믿음으로 나아가는 것이다—그래서 이렇게 말합니다. 'Sola Fide,

Sola Gratia.' 오직 믿음이요 오직 은혜다, 하나님 앞에 겸손하게 그 은혜를 수용하는 믿음—이것만이 구원으로 향하는 길이다, 그래서 이런 유명한 말을 합니다. 'Let God be God.' 하나님으로 하나님되게 하라—무슨 말입니까. 하나님 보여주신 길로 하나님께 나아가라는 것입니다. 내 노력 내 길이 아니고 하나님께서 보여주신 길, 그가 내게 계시해주신 길, 그 길로 하나님께 나아가는 믿음 안에 구원의 길이 있다고 복음의 길 은혜의 길을 발견하게 되고 이것을 중심으로 해서 종교개혁을 단행하게 됩니다.

오늘본문 3장 1절에서 말씀합니다. "어리석도다 갈라디아 사람들아 예수 그리스도께서 십자가에 못박히신 것이 너희 눈앞에 밝히 보이거늘 누가 너희를 꾀더냐." 십자가를 보아라, 초점을 십자가에 맞추어라, 그리할 때 길이 열리는 것이다 합니다. 루터는 이런 기록을 남겼습니다. '나는 전적으로 다시 태어나서 열린 문을 통하여 그 낙원 자체로 들어가는 느낌을 받았다.' 하나님께로 향하는 신비로운 체험을 십자가 안에서 발견하게 됩니다. 이것은 인간이 하나님께로 가는 에로스가 아니고 하나님께서 우리에게 오시는 아가페를 말합니다. 그래서 율법이 아닌 은혜로, 오직 은혜로만 구원을 받는 것이다 합니다. 본문에서 말씀합니다. 성령의 체험과 십자가에 대한 믿음을 함께 생각하며, 성령체험을 함께 생각하며—신비로운 것입니다. 성령이 우리와 함께할 때 믿어집니다. 이해가 됩니다. 성령이 함께할 때 확실한 믿음을 가지게 됩니다. 그래서 믿음을 선물이라고 합니다. 그 믿음이 우리마음에 인격에 자리잡을 때 성화의 역사가 일어납니다. 그래서 담배도 끊고 그래서 술도 끊고 생활이 정화됩니다. 내 노력이 아닙니다. 아주 중요한 것입니다. 우리의 초대교회에서,

내가 생각할 때는 한 가지 실수한 것이 있는 것같습니다. 이 무엇이냐 하면 '금주단연 교회출석' 이라는 것입니다. 담배도 끊고 술도 끊고 교회나오라―저는 그게 좀 못마땅합니다. 교회나오면 끊게 되는 거지 끊고 나오는 게 아닙니다. 그렇지 않습니까? 어느 젊은 사람이 어느날 술에 취해서 집에 가다가 그래도 주일날이라서 교회 들어가 저 뒷전에 앉았습니다. 술 냄새를 피우고 코를 골기까지 합니다. 예배 마치자마자 그의 친구인 그 교회 젊은 집사님이 끌고 가서 "이 사람아, 어떻게 술을 마시고 교회에 나오나. 교회에 나와서 그렇게 술 냄새를 풍기면 되나" 했습니다. 그때야 정신이 좀 깬 젊은이는 그 친구를 데리고 목사님한테 가서 질문을 합니다. "술을 마시고도 교회 나오는 것은 좋은 것입니까 나쁜 것입니까?" 목사님이 "그거야 좋은 것이지요" 하고 대답하자 젊은이는 친구 집사님 보고 "거 봐라. 목사님은 다르잖아" 하더랍니다. 여러분, 교회나와서 해결이 되어야지, 해결하고 나온다―아니지요. 그것 아닙니다. 제가 이번에 미국가서 재미있는 얘기를 들었습니다. '새들백' 이라고 하는 교회가 있는데 그 교회 근방은 지역적으로 아주 동거하는 사람이 많답니다. 결혼을 안하고 사는 것입니다. 그런 마을이 됐는데 동거만 몇년씩 합니다. 몇년씩 동거하면서도 결혼을 안합니다. 그런데 이 사람들이 교회에 나온 것입니다. 이 사람들이 목사님으로부터 말씀을 듣고 은혜받으면서 지금은 결혼한 사람들 마을이 되었다고 합니다.

여러분 어찌해야겠습니까? 무엇이 먼저입니까? 이것을 알아야 합니다. 오직 성령으로 오직 은혜로 믿음도 가지게 되고 생활의 변화도 오는 것입니다. 이 신비로운 경험으로 큰 기쁨에 도달하게 되는 것입니다. 내 변화로 하나님께 나아가는 것이 아닙니다. 하나님께 나아감으로 하나님께서 나를 변화시키시는 것입니다. 그런고로 우리의 모든 생활 모든 시련은 하나님께서 정해주시는 커리큘럼입니다. 예수믿어서 건강해지고 돈벌고 잘되는 것만이 아닙니다. 예수믿음으로 오히려 더 안될 수도 있습니다. 하나님께서 더 안되게 하실 수도 있습니다. 왜? 하나님께서 깨닫지 못한 것을 깨닫게 하시고 버리지 못한 것을 버리게 하시고 끊지 못한 것을 끊게 하시고 사랑하지 않는 사람을 사랑하는 사람으로 만들기 위해서 모든 시련이라고 하는 커리큘럼이, 교과과정이 주어지는 것입니다. 하나님의 역사입니다. 3절에 "성령으로 시작하였다가 이제는 육체로 마치겠느냐" 하였습니다. 루터의 이론대로 말하면 '은혜로 시작했다가 율법으로 마치겠느냐' 입니다. 간혹 이렇게 잘못가는 경우가 있습니다. 오직 은혜로 시작해서 마지막도 은혜요, 끝까지 은혜로만 구원을 받는 것이다, 말씀합니다. 오늘본문에서는 사도 바울이 역사적으로 가장 중요하다 여기는 아브라함의 예를 들어 말씀하고 있습니다. 아브라함 그가 행함으로 구원을 얻은 것이 아니고 오직 믿음으로 구원을 얻었다 하는 것입니다. 아브라함의 믿음을 의로 여기신다 그랬습니다. 미국의 펜실베이니아 주에 더치(Dutch)들 사는 마을이 있습니다. 그들은 지금도 마차를 타고 다닙니다. 특수한 농촌입니다. 그분들이 선교를 하기 위해서 큰 극장 둘을 지어서 연극을 합니다. 많은 사람들이 그걸 보러 거기까지 갑니다. 뉴욕에서 거기까지 가려면 3시간 반이나 걸리는데도 차를 몰고 가서 그 구경을 합니다. 여러분도 혹 거기 가시거든 그저 시간을 일부러 내서 한번 가보시기 바랍니다. 그 두 극장에서 성경에 나타난 것을 가지고 이렇게 연극을 합니다. 아주 잘합니다. 아주 고급수준에서 합니다. 세계에서 구름떼같이 사람들이 모여들어 그 연극을 구경합니다. 제가 갔을 때만 해도 한쪽에서는 아브라함과 사라에 대한 이야기를, 한쪽에서는 다니엘에 대한 이야기를 했는데 다 보고 밤중에 돌아왔었습니다. 아브라함에 대한 이야기를 그 연극으로 보면서 제가 특별한 것을 깨달았습니다. 천사가 나타나 아브라함에게 말합니다. '내년 이때에 네가 아들을 나으리라.' 그때가 아브라함은 100세요 사라는 90세입니다. 단산한 지 오래입니다. 생리적으로는 죽은 자와 방불했습니다. 그런데 천사가 말합니다. '내년에 네 아들을 나으리라.' 아브라함은 심경이 착잡합니다. 아들을 준다 했는데도 10년 기다리다가 서자를 얻지 않았습니까. 하나님 앞에 실수한 것이 많습니다. 부끄러운 것이 많습니다. 하나님께서 아들을 주신다고 해도 '예' 하기에 너무도 부족함이 많은 사람입니다. 그러나 천사가 내년 이때에 아들을 나으리라 했을 때 아브라함은 '예' 합니다. 그리고 아브라함은 수십 년 동안 사라와 딴 천막에서 살아왔는데 사라에게 오라 해서 자기방으로 데리고 들어가는 장면이 나오더라고요. 요샛말로 신방을 꾸밉니다. 100세에요. 그냥 앉아서 '믿습니다' 한 것이 아닙니다. 믿음을 행동으로 옮긴 것입니다. 사라를 데리고 들어가는 그 장면이 얼마나 아름다워보이던지요. 이것이 믿음입니다. 믿음은 곧 순종입니다. 그동안 잘못한 것이 너무 많습니다. 하나님 앞에 부끄러운 것이 많습니다. 그럼에도 불구하고 지금 주시는 말씀과 약속을 그대로 받아들입니다. 그렇게 순종할 때 이삭을 얻는 기적이 나타납니다. 로마서 4장에서 볼 때 우리 믿는 사람의 핵심이 여기에 있습니다. 그 3절에 말씀합니다. "아브라함이 하나님을 믿으매…" 죽은 자와 방불한 줄을 알고도 믿었다는 것이지요. "… 이것이 저에게 의로 여기신 바 되었느니라." 놀라운 얘기입니다.

　루터가 종교개혁을 하고 있을 때 많은 사람의 도움을 받았습니다. 혼자 하는 일이 아니니까요. 특별히 프레드릭 니크니우스라는 분의 도움을 많이 받았는데 어떤 날 프레드릭씨가 바쁜 일에 너무너무 수고하다가 쓰러졌습니다. 병들어 가망이 없을 때였습니다. 그래서 그는 루터에게 편지를 썼습니다. '내 건강이 좋지 못해서 아마도 세상을 떠나야 될 것같습니다. 선생님을 계속 도와드리지 못해서 미안합니다.' 이 편지를 읽고 루터는 답장을 씁니다. '나는 자네가 더 살 것을 하나님의 이름으로 명령하노라. 종교개혁을 위하여 자네는 꼭 필요하네. 하나님의 일을 위해서 필요하네. 하나님께서는 자네가 죽었다는 소식을 듣게 내버려두지 않을 것일세…' 이 편지를 죽어가는 니크니우스의 귀에 입을 대고 큰 소리로 읽었습니다. '하나님의 이름으로 명령하노라. 살아나라.' 그런데 니크니우스는 이 편지를 들으면서 소생하는 힘을 얻고 거짓말같이 벌떡 일어났습니다. 그 후 6년을 더 살면서 루터를 위하여 종교개혁을 위하여 더 수고했다고 합니다. 나는 이 말이 너무너무 재미있습니다. '하나님의 명령으로 더 살 것을 명하노라.' 루터의 믿음입니다. 하나님의 일은 절대로 손해볼 수가 없습니다. 하나님의 역사는 이루어져야만 합니다. 이것을 위하여 우리 모두가 삼가야 할 것이 있습니다. 종교개혁의 2가지 적 곧 이성주의와 신비주의입니다. 둘 다 인본주의입니다. 오직 믿음으로 오직 은혜로 오직 긍휼로입니다. 오직 하나님의 영광, 그리고 십자가를 바라보십시오. 십자가로부터 놀라운 능력이 우리에게 임하는 것을 순간순간 체험하게 될 것입니다. 오직 믿음으로—이것이 종교개혁입니다. △

메뚜기 콤플렉스

사십 일 동안에 땅을 탐지하기를 마치고 돌아와 바란 광야 가데스에 이르러 모세와 아론과 이스라엘 자손의 온 회중에게 나아와 그들에게 회보하고 그 땅 실과를 보이고 모세에게 보고하여 가로되 당신이 우리를 보낸 땅에 간즉 과연 젖과 꿀이 그 땅에 흐르고 이것은 그 땅의 실과니이다 그러나 그 땅 거민은 강하고 성읍은 견고하고 심히 클 뿐 아니라 거기서 아낙 자손을 보았으며 아말렉인은 남방 땅에 거하고 헷인과 여부스인과 아모리인은 산지에 거하고 가나안인은 해변과 요단 가에 거하더이다 갈렙이 모세 앞에서 백성을 안돈시켜 가로되 우리가 곧 올라가서 그 땅을 취하자 능히 이기리라 하나 그와 함께 올라갔던 사람들은 가로되 우리는 능히 올라가서 그 백성을 치지 못하리라 그들은 우리보다 강하니라 하고 이스라엘 자손 앞에서 그 탐지한 땅을 악평하여 가로되 우리가 두루 다니며 탐지한 땅은 그 거민을 삼키는 땅이요 거기서 본 모든 백성은 신장이 장대한 자들이며 거기서 또 네피림 후손 아낙 자손 대장부들을 보았나니 우리는 스스로 보기에도 메뚜기 같으니 그들의 보기에도 그와 같았을 것이니라

(민수기 13 : 25 - 33)

메뚜기 콤플렉스

생쥐 두 마리가 유리통 속에 빠졌습니다. 한 마리는 물이라면 헤엄쳐나갈 수 있겠지만 우유는 헤엄쳐 나갈 수 없다 생각하고 아주 살기를 포기하여 그대로 죽었습니다. 다른 한 마리의 생쥐는 '아직 내겐 힘이 있다, 먹을것은 많으니까. 우유를 마시면서 힘을 내자' 하고 열심히 버둥거리면서 헤엄을 쳤더니 우유가 치즈가 되면서 딱딱해짐으로 밖으로 나올 수가 있었습니다. 똑같은 상황 속에서의 전혀 다른 두 삶의 태도를 의미하는 것입니다. 존 맥스웰이라고 하는 교수가 쓴「Attitude 101」이라고 하는 유명한 책이 있습니다. 그 책에서 계속 강조하는 말은 이것입니다. '태도가 상황보다 더 결정적으로 영향을 준다.' 상황보다 태도가 더 중요하다는 것입니다. 우리는 상황을 생각합니다. 환경을 생각합니다. 세상이 어떻고 사회가 어떻고, 내 처지가 어떻고… 계속 이쪽으로 신경을 쓰고 몸부림을 치지만 중요한 것은 그것이 아니라 그 상황에 대응하는 나의 자세입니다. 내 태도, attitude가 운명을 좌우한다는 것입니다. 그래서 그는 말합니다. 우리가 버려야 하고 지양해야 할 태도란 어떤 것일까? 이런 태도는 버려야 한다 하는 것은 어떤 것일까? 첫째는 잘못된 것을 인정하지 않는 태도입니다. 잘못된 것을 잘 알고 있습니다. 자기의 이성이 알고 양심이 알고 있습니다. 잘못된 것을 알면서 인정하지 않는 순간 남을 정죄하게 됩니다. 잘못된 것을 옳다고 하는 순간 옳은 사람을 나쁘다고 하는 것입니다. 자기잘못을 인정하지 않을 때 많은 사람을 정죄하게 되고 마침내는 분쟁을 일으키게 됩니다. 이런 사회에는 싸움이 그칠 날 없습니다. 잘못을 인정하는 거기서부터 출발해야 참지혜, 참능력, 참평화가 있는 것입니다. 가정에서도 내 잘못을 인정해야 됩니다. 꼭 인정을 하지 않는 날이 있지 않습니까. 인정해야 할 결정적인 순간이 오면 이렇게 말합니다. "나는 본래 이렇지 않았는데 너 때문에 이리됐다." 남에게 책임을 돌립니다. 이런 인간은 한평생 평화를 맛볼 수 없습니다. 두 번째는 용서하지 않는 태도입니다. 용서하지 않는 순간 가장 중요한 것은 자기자신이 많은 고통을 체험한다는 것입니다. 용서하면서만이 내 영혼이 자유합니다. 용서하지 않을 때 먼저 죽는 것은 나 자신이자 다른 사람을 죽이게 됩니다. 많은 사람에게 고통을 주게 됩니다. 세 번째는 자기중심적이 되는 병입니다. 자기교만, 자기우월감입니다. 저 잘났다고 생각합니다. 저는 옳다고 생각합니다. 이것이 마침내 자기자신을 잃어버리게 합니다. 눈도 어두워지고 귀도 어두워집니다. 사람의 소리가 들리지 않고 아무것도 보이지 않고 나아가 하나님의 음성도 들을 수가 없는, 그런 자기상실이라고 하는 무서운 파멸에 빠지게 된다, 라고 말하고 있습니다.

　　오늘본문의 말씀은 신구약 성경 전체를 통하는 대단한 진리를 우리에게 말해주는 역사적 사건입니다. 아시는대로 이스라엘백성이 광야를 지나갑니다. 그 광야가 아무리 힘들다고 하더라도 두 주일이면 지나갈 수 있습니다. 가나안 남부의 성읍 가데스 바네아에 이르렀습니다. 이제 요단강만 건너가면 가나안땅입니다. 바로 그 시점에 왔다가 오늘본문에 나타난 사건으로 인해서 회항, 다시 광야로 들어갑니다. 지도를 그려서 보면 이 참 맹랑합니다. 아니, 요단강까지 왔다가 다시 back하여 광야로 들어가고 이후 40년을 머무르게 되다니요. 그 결정적 계기가 오늘본문에 잘 나타나 있습니다. 이것은 두 본문을 잘 대조하면서 깊이 이해해야만 되는, 신학적으로도 깊이 이해해야만 되는 말씀입니다. 쉽게 이해하기가 어렵습니다. 12사람을 보내어 가서 정탐하고 왔다, 그리고 그 회보에 의해서 이스라엘백성이 하나님을 원망했다… 이렇게 간단히 설명하기 쉽습니다만 그 동기가 그렇지 않습니다. 그 깊은 면에는 또 다른 얘기가 있습니다. 그것이 바로 신명기 1장 19절로 22절에 있습니다. 이 신명기는 이스라엘의 출애굽역사를 다시한번 회상하면서, 정리하면서 말해준 메시지입니다. 이렇게 회상하고 있습니다. 하나님께서 말씀하시기를 '올라가서 얻으라. 두려워 말라. 주저하지 말라' 하십니다. 명령입니다. '가나안 땅을 얻으라. 올라가라. 주저하지 말라.' 아주 직설적이고 명령적입니다. 그런데 백성은 말합니다. '그렇게 할 수는 없지.' 가서 정탐하고 와서 어느 길로 올라가야 할 것인지를 와서 회보케 합니다. '그래서 우리가 준비하고 그 길로 가자.' 이런 얘기입니다. 여기서부터 잘못되고 맙니다. 이스라엘이 언제 정탐하면서 여기까지 왔습니까. 언제 전략을 세우면서 왔습니까. 언제 자기들이 노정을 연구해가면서 왔습니까. 하나님께서 가라시니 갔고 홍해를 건너라 하시니 건넜고… 그렇지 않습니까. 심지어는 홍해의 광야길로 인도하시지 않았습니까. 하나님께서 이스라엘백성을 막다른 길로 인도하시어 앞에는 홍해가 있고 뒤에는 애굽군대가 따라오는 절박한 상황까지 갔었습니다. 하나님께서 홍해를 열어놓아서 육지같이 건너온 것이 아닙니다. 어디 자기들이 여정을 잡았습니까, 계획을 세웠습니까. 아니, 정탐꾼을 세운 일은 더욱이 없습니다. 자기네 스스로 작전계획을 세운 것이 아닙니다. 하나님의 명령대로입니다. 올라가 얻으라, 두려워 말라, 주저하지 말라, 하시면 '알았습니다' 하고 떠나면 되는 것입니다. 그러면 이제 하나님께서 길을 열어주십니다. 목적도 하나님께 있고 방법도 하나님께 있습니다. 하나님께서 주시는 길로만 그대로 따라가면 되는 건데 뭘 이제와서 새삼스럽게 정탐꾼 운운 하고 있는 것입니까. 어디로 갈까, 무엇을 할까… 요단강을 건너갈 판인데 어디로 가긴 어디로 가요? 홍해를 갈라놓으신 하나님의 능력을 의지해서 여기까지 왔는데 왜 정탐꾼을 보내는 것입니까. 여기서 신앙을 버리고 인간의 지혜를 생각합니다. 하나님의 거룩한 뜻을 따라서 인간의 방법으로 자기들의 길을 가려고 작전계획을 세웠습니다. 이 자체가 잘못된 것이었습니다. 이렇게 고집할 때 모세가 허락을 하고, 하나님께서도 허락을 하십니다.

    종종 그런 경우가 있습니다. 하나님의 뜻이 아니지만 사람이 바득바득 우기면 하나님께서는 높은 계획을 가지시고 '그래. 그렇게 해봐라' 하시는 경우가 있습니다. 이것이 중요한 것입니다. 우리도 아이들이 뭘 바득바득 우기면 처음에는 "안된다" 하지만 "그래. 네 마음대로 해봐라" 하고 말 때가 있습니다. 이것이 무서운 시간입니다. 이것은 심판받는 시간입니다. 이것을 잊지 말아야 합니다. 특별히 사무엘상 10장 10절에 유명한 말씀이 있지요. 이스라엘백성이 다른 나라처럼 왕을 세우겠다고 고집을 부립니다. 다른 나라 사람들이 왕을 세우고 나팔을 불고 행진하는 것을 보니 볼만하거든요. 그래 '우리도 왕을 세우고 싶습니다' 합니다. 하나님께서 몹시 섭섭해서 하시는 말씀이 '내가 왕인데 왕을 또 세우겠다니, 내가 직접 다스릴 것인데 왕이 필요하냐.' 여기서 하나님께서 직접 허락하십니다. '그래 한번 해봐. 너희가 왕을 세우면 온백성은 그 왕의 노예가 될 것이다. 그러나 너희가 진정 원한다니 해봐라' 하며 사울왕을 세우시고 다윗을 세우시게 됩니다. 이러한 일들이 하나님의 허락 속에 있는 사건인데, 그 허락 속에는 하나님께서 고민하신 높은 교육적 의미가 있습니다. '그렇게 해서 깨달으라. 그렇게 해서 너희가 얼마나 잘못되었는지를 알아라.' 실물교육을 위해서 그렇게 하실 때가 있거든요. 오늘본문에서도 봅니다. 이스라엘백성이 정탐을 해야겠다 하니까 그래 해봐 하셔서 정탐을 하고 돌아들 왔습니다. 돌아와서 하는 말들이 오늘본문에 상세하게 기록되어 있습니다. 두 사람은 가서 어떻게 보았습니까. 여호수아와 갈렙은 말합니다. '젖과 꿀이 흐르는 땅입니다. 이 실과를 보세요.' 포도 한 송이 달린 가지를 두 사람이 메고 왔습니다. 굉장한 얘기입니다. 저는 어려서 이 성경을 읽고 '포도 한 송이를 두 사람이? 이것은 과장이다. 아무리 포도송이가 크기로서니 그걸 두 사람이 메고 왔을까?' 했습니다. 그러나 요새와서 제가 좀 깨닫습니다. '거봉'을 보니 꽤 크데요. 그것만이 아니라 제가 미국에서 농산물전시회 하는 데를 한번 갔더니 정말 포도송이 엄청나게 큽디다. 최고로 큰 것을 갖다가 전시해놓았는데 이 정도면 두 사람이 메고 왔을 거다 하는 생각이 들더라고요. 성경을 그대로 믿으면 그만인데 내가 의심을 했었지요. 그런 얘기입니다. '이렇게 좋은 땅입니다. 아름다운 곳입니다.' 그리고 또하나 말합니다. '그 땅을 취하자. 능히 이기리라.' 14장 9절에 보면 "그들은 우리 밥이라" 합니다. 우리의 밥—먹어치우자는 것이지요. 그리고 '하나님이 우리와 함께하시리라. 하나님이 우리에게 주시리라.' 믿음으로 보았고 믿음으로 생각합니다. 여호수아와 갈렙의 유명한 간증입니다. 그런데 나머지 열 사람은 무엇이라고 말하느냐—32절에 보니 믿음 없이 봅니다. 땅을 악평하여 '백성을 삼키는 땅이다. 사람이 살만한 곳이 못된다' 합니다. '거민은 강하고 성읍은 견고하고 심히 클 뿐 아니라 거기서 우리보다 훨씬 키가 큰 아낙 자손들이 살고 있더라. 우리는 전혀 당할 수가 없다' 하고 이어서 하는 말이 재미있지 않습니까. '그들 앞에 서서 보니까 우리는 메뚜기같더라.' 자기자신을 이렇게 왜소하게 형편없게 본 것입니다. 사실 지금 보아도 이스라엘사람들과 아랍사람들을 비교해보면 목 하나 만큼 아랍사람들이 대체적으로 더 큰 편입니다. 옛날 이스라엘과 아랍이 '육일전쟁' 할 때 「타임」지에 난 것을 보았더니 아랍군대가 행진하는 것과 이스라엘군대가 행진하는 것을 딱 비교해놓았는데 이스라엘사람들이 조금 작아보입니다. 그 내면의 세계가 문제이지 외관상으로는 이스라엘사람들이 확실히 작습니다. 여기서 문제가 됩니다.

　'우리는 메뚜기같더라. 저들도 우리를 메뚜기로 보았을 것이다.' 이렇게 생각하고나니까 하나님을 원망하지요 모세를 원망하지요, 우리가 왜 여기까지 왔던가 합니다. 오늘까지 하나님께서 베푸신 모든 은혜까지 부정합니다. 불신앙적인 가치관, 불신앙적인 세계관, 불신앙적인 인생관입니다. 우리 가운데도 항상 부정적으로만 보는 사람이 있습니다. 그쪽으로 보면 그렇지요. 그러나 이쪽으로 보면 달라요. 신앙적으로 보는 사람과 불신앙적으로 보는 사람은 전혀 다른 것입니다. 과거의 은혜를 생각해보십시오. 누구를 믿고 여기까지 왔습니까. 하나님의 놀라운 은혜로 가데스 바네아까지 오지 않았습니까. 왜 이대로 밀고나갈 생각을 못하고 여기까지 와서 인간적인 지혜를 발동하는 것입니까. 되느니 안되느니… 바로 거기에 문제가 있었더라고요. 하버드대학 심리학교수인 하워드 가드너가 쓴 「비범성의 발견」이라고 하는 책이 있습니다. 도덕적으로 모범적인 사람,

인생을 바로 사는 그런 사람의 모습을 이렇게 말하고 있습니다. 첫째는 확고한 신념입니다. 내가 하나님의 사람이라고 하는 신념, 하나님께서 나와 함께 계시다 하는 신념, 자기자신에 대한 믿음이 있어야 합니다. 두 번째는 매사에 긍정적입니다. 만약 실패가 있더라도 그건 있을 수 있는 일입니다. 실패가 계속된다고 하더라도 그것은 나에게 유익한 것이요 성공의 과정이라고 생각하게 됩니다. 재미있는 책이 또 있습니다. 프랭크 미할리라는 사람이 쓴「느낌이 있는 이야기」라고 하는 작은 책에서 말합니다. '실패를 경험하지 않은 성공자라고 하는 사람은 아무도 없다.' 그중에서 몇가지 예를 드는데요, 보십시오. 나폴레옹은 수필가로 실패했고 셰익스피어는 양모사업에 실패했고 아브라함 링컨은 상점경영에 실패했습니다. 그 실패가 있었으므로 더 큰 성공이 오는 것입니다. 실패의 과정을 거치지 않고 성공이란 애당초 없는 것입니다. 그저 안일무사, 그저 만사형통만 바랍니다. 그러나 만사형통으로 가는 과정은 실패의 연속입니다. 이것을 잊어서는 안됩니다. 또한 바그너는 말합니다. '자신이 하고 있는 일은 하나님의 특별한 역사라는 믿음이 있어야 한다.' 내가 하고 있는 일은 내 일이 아니요 하나님의 일이요, 이것은 높은 의미를 가진 특별한 일이라고 하는 사명의식을 가져야 합니다. 미국에서 벤자민 플랭클린이라고 하면 지나치게 말해서 우상적 존재입니다. 그는 기업가요 과학자요 발명가요 작가요 정치가요 사상가였습니다. 많은 사람들에게 존경을 받는 이 분에게 누가 물어보았습니다. "매일 어떤 일을 하고 있습니까?" 그는 대답합니다. "자신과 싸움을 하고 있습니다." "그래서 이기셨나요?" "잠깐동안만 이겼습니다. 내일 또 싸워야 할 것입니다." 여러분, 자신과의 싸움은 성공하느냐 실패하느냐가 아닙니다. 얼마나 버느냐 손해를 보느냐가 아닙니다. 명예를 얻느냐 부끄러움을 당하느냐가 아닙니다. 자신과의 싸움은 바로 믿음이냐 불신앙이냐, 믿음으로 보느냐 인간적 지혜로 보느냐입니다.

라인홀트 니버는 유명한 말을 합니다. '믿음이란 그리스도 안에서 나 자신을 발견하는 것이다. 나로서의 나를 보는 것이 아니다. 십자가 안에서 나를 보는 것이다.' 십자가 안에서 나를 볼 때 나는 너무나도 소중합니다. 나는 너무나도 소중한 존재입니다. 여러분, 그러므로 여러분의 마음, 여러분의 몸, 여러분의 가정, 사업 할것없이 그리스도 안에서의 이 은총적인 자아라는 것은 아주 소중합니다. 한 순간 한 순간을 아주 소중히 여겨야 합니다. 저는 이런 목사님 한 분을 압니다. 당뇨로 한 20년을 고생하면서 아침마다 주사를 맞고야 일어납니다. 자기자신이 자기몸에 주사를 꽂고 인슐린을 넣고야 한참 기다렸다가 일어납니다. 그분은 종종 제게 이렇게 말했습니다. 아침에 눈을 뜰 때 '아, 오늘도 하루가 시작되는구나. 오, 주여 감사합니다' 하고 하루하루 새로운 마음으로 눈을 뜬다고 합니다. 여러분은 어떻게 생각하십니까? 우리가 하루 하루 아침에 눈을 뜰 때 이 순간순간이 얼마나 소중한 것입니까. 또하나 중요한 것은 내가 하나님의 자녀임을 확인할 뿐더러 내가 하고 있는 일 이것이 하나님의 일임을 아는 것입니다. 내가 하고 있는 모든 일이 하나님의 이유입니다. 이제 그것을 위하여 내가 쓰여지고 있는 것입니다. 주의 거룩한 영광을 위하여 오늘도 하루하루 순간순간을 내가 쓰여지고 있는 것입니다. 부족한 인간이지만 주의 영광을 위해서 쓰여집니다. 그옛날 베드로는 예수님을 세 번이나 부인했지만 자기를 통하여 3000명이 회개하고 자기를 통하여 앉은뱅이가 일어나는 것을 통해서 결국 다시금 감사하고 다시금 헌신한 것입니다. 부활하신 예수께서 오늘 나와 함께 계시다, 내가 하는 일은 바로 하나님의 계시다—여러분, 다시한번 세상을 봅시다. 다시한번 나 자신을 봅시다. 믿음으로 보고 믿음으로 생각하고 믿음으로 다시 출발합시다. '메뚜기 콤플렉스'로부터 온전히 벗어나야 할 것입니다. △

은혜로운 선택의 의미

그러므로 내가 말하노니 하나님이 자기 백성을 버리셨느뇨 그럴 수 없느니라 나도 이스라엘인이요 아브라함의 씨에서 난 자요 베냐민 지파라 하나님이 그 미리 아신 자기 백성을 버리지 아니하셨나니 너희가 성경이 엘리야를 가리켜 말한 것을 알지 못하느냐 저가 이스라엘을 하나님께 송사하되 주여 저희가 주의 선지자들을 죽였으며 주의 제단들을 헐어버렸고 나만 남았는데 내 목숨도 찾나이다 하니 저에게 하신 대답이 무엇이뇨 내가 나를 위하여 바알에게 무릎을 꿇지 아니한 사람 칠 천을 남겨 두었다 하셨으니 그런즉 이와 같이 이제도 은혜로 택하심을 따라 남은 자가 있느니라 만일 은혜로 된 것이면 행위로 말미암지 않음이니 그렇지 않으면 은혜가 은혜되지 못하느니라 그런즉 어떠하뇨 이스라엘이 구하는 그것을 얻지 못하고 오직 택하심을 입은 자가 얻었고 그 남은 자들은 완악하여졌느니라

(로마서 11 : 1 - 7)

은혜로운 선택의 의미

마릴린 몬로라는 이름을 안들어본 사람은 없을 것입니다. 미국의 유명한 여자배우로 근 한 세기를 흔들었던 이 배우와 같은 때에 미국 최고의 여배우로 인기가 높았던 콜린 에반스라고 하는 배우가 있습니다. 우리귀에는 익숙지 않지만 서양사람들에게는 최고의 미인으로 기억되는 영화배우입니다. 그가 돌연 은퇴선언을 하고 무대를 떠남으로해서 더더욱 미국사람들의 마음에 새겨진 그런 여자배우입니다. 어느날 아주 귀한 조찬모임에 강사로 초대되었습니다. 관중은 박수로 환영했고 환영 속에 그는 입을 열어서 강연을 시작했습니다. "여러분, 나는 지금 깊은 사랑에 빠져 있습니다"라고 입을 열 때 관중은 열렬히 박수를 쳤고 플래시들이 연방 터지는 그런 소란한 장내가 되었습니다. 그때 한 기자가 물었습니다. "도대체 당신이 선택한 행운의 남자는 누구입니까?" 그는 정중하게 또박또박 말을 했습니다. "내가 그를 선택한 것이 아닙니다. 그가 나를 선택했습니다. 내가 그를 선택한 것이 아니고 그가 나를 선택한 것입니다. 그분은 예수 그리스도십니다." 청중은 깜짝놀랐습니다. "이제 나는 나를 선택하신 그분을 위해 살고자 지금 선교사학교에 다니고 있습니다." 그리고 그 화려한 영화배우의 삶은 접고 바로 선교사가 되었으며 뒤에는 선교사와 결혼을 하고 선교 중에서 일생을 사는 그런 행복한, 또한 유명한 영화배우가 되었습니다. 여기에 기본적인 존재의식이 있습니다. 나는 내가 선택한 삶을 사는 것이 아닙니다. 내 운명을 내가 선택한 것이 아닙니다. 그가 나를 선택함으로 내가 선택받은 자로 산다는 것을 잊어서는 안됩니다.

요새는 젊은사람들이 결혼해도 옛날같지 않습니다. 옛날의 예로는 주로 남자가 여자를 선택하는 것처럼 되어 있었는데 요새는 그렇지 않은가봅니다. 여자가 남자를 점찍는다고 합니다. 대학교 1학년때 딱 보아 찍어가지고 자기남편 만든다는 것입니다. 정말 그렇습니까? 그러나 성경에서는 예수님께서 이렇게 말씀하십니다. '하나님이 짝지어주셨다.' 이것은 하나님의 선택에 있는 것이지 내가 선택한 것이 아니라고 단정적으로 말씀하십니다. 오늘 모든 부조리와 타락이 어디서 옵니까. 이 선택에 대한 바른 이해가 없기 때문입니다. 중국선교역사에 보면 이런 얘기가 나옵니다. 어떤 선교사가 서투른 중국말을 하면서 중국사람 몇사람을 모아놓고 여러 달 동안 성경을 가르쳤습니다. 그래서 반은 영어도 가르치고 반은 성경도 가르치고… 이렇게 애써서 선교를 시작하고 있는데 어느날 그 중의 한 사람이 "나 예수믿겠습니다" 하고 나옵니다. 선교사가 고마워서 "성경공부 하다가 예수님을 발견했습니까?" 물었습니다. 그랬더니 그 사람, 빙그레 웃으면서 하는 말이 이랬습니다. "아닙니다. 내가 예수님을 찾은 것이 아니라 예수님께서 나를 찾으셨습니다." 유명한 말입니다. 예수님께서 나를 찾으신 것입니다. 이렇게 고백하고 신실한 그리스도인이 되었습니다. 이스라엘백성의 긍지라고 말하면 딱 한마디로 '선택받은 자'라는 것입니다. 우리는 선택받은 자다, 우리는 선택받은 민족이다, 나는 선택받은 사람이다, 하나님의 선택을 받았다 —이 선택교리에 그들의 신앙의 뿌리가 있습니다.

이 선택교리의 기본이 되는 것은 첫째, 나는 무자격하다는 것입니다. 애시당초 자격이 없다는 것입니다. 이럴 만큼 사랑을 받을 자격이 없고 하나님의 백성 될 자격이 없고 그리스도인 될 자격도 없습니다. 아니, 오늘도 교회에 나올 자격이 없습니다. total corruption, 전적으로 타락했습니다. 말하는 것 생각하는 것 그 어느 것 하나도 하나님 보시기에 합당한 것이 없습니다. 아우구스티누스의 「참회록」에 유명한 고백이 있습니다. '하나님, 내가 생각하는 것 말하는 것 그 어느 것 하나도 죄 아닌 것이 있었습니까?' 깊이 생각하면 죄 아닌 것이 없습니다. 그런데 어떻게 하나님의 자녀가 된다는 말입니까. 전적으로 무자격한 가운데서 이 거룩한 신분이 이루어졌다는 것을 알고 바로 그 자리에서 살아가야 하는 것입니다. 이것이 선택받은 자가 지닐 의식입니다. 또한 무조건적이라는 것입니다. 이것을 신학적으로 설명할 때는 불가항적(不可抗的) 선택이라고 합니다. 불가항적 선택 ― 우리가 도망갈 수도 없습니다. 피할 수가 없습니다. 저항할 수 없을 만큼 강한 은혜로 선택된 것이라는 말씀입니다. 전적으로 은혜인 것입니다. 세 번째는, 이 선택 안에 목적이 있습니다. 선택받은 자의 삶의 목적은 자신에게 있지 않습니다. 선택하신 자에게 있습니다. 선택받은 순간 내 삶의 목적이 바뀌는 것입니다. 그러므로 예수믿는 사람이란 삶의 목적이 그리스도에게 있는 자를 말하는 것입니다. 분명히 알아야 합니다. 선택한 바의 목적이 있고 사명이 있습니다. 그런고로 선택받은 자는 무조건 믿고 전적으로 순종할 책임이 있는 것입니다. 선택받은 자의 대표적인 사람이 아브라함입니다. 창세기 12장에 나옵니다. 아브라함이 특별한 사람이 아닙니다. 우상섬기는 곳의 우성섬기는 가정이었습니다. 하나님께서 그런 아브라함을 부르시고 하나님의 백성 삼으십니다. 하나님의 사람으로 삼으십니다. 그리고 말씀하십니다. "네가 복의 근원이 되리라." 선택받는 순간 또 말씀하십니다. "고향을 떠나라." 갈 바를 알지 못하고 아브라함은 고향을 떠납니다. 아브라함의 그 순례적 생활, 그 모든 생활의 방법은 오직 하나, 순종입니다. 실수도 많고 허물도 많습니다. 그래도 말씀하실 때마다 나를 선택한 그분의 뜻에 순종하며 삽니다. 선택받은 자에게 자기영광은 없습니다. 자유도 없습니다. 자유를 완전히 하나님께, 나를 선택하신 자에게 반납하고 사는 것입니다. I have no choice입니다. 내게 선택은 없습니다. 다만 순종이 있을 뿐입니다. 다만 그를 따라갈 뿐입니다.

오늘본문에 예로서 지적한 엘리야 사건이 있습니다. 엘리야는 갈멜 산에서 바알 선지자들과 대결을 합니다. 두 제단을 만들어놓고, 바알 신을 불러서 불을 내려오게 하는가 하나님을 불러서 불을 내려오게 하는가 대결하자 해서 바알 신의 무려 450명이나 되는 제사장이 하루종일 바알 신을 불렀지만 하루종일 불이 내려오지 않았다고 하지 않습니까. 엘리야는 단 혼자서 여호와 하나님의 이름을 부를 때 하늘로서 불이 내려와 제물을 다 태웠습니다. 여호와가 하나님 되심을 이렇게 증명했습니다. 엘리야는 바알 선지자들을 가차없이 다 죽여버렸습니다. 대승리를 했습니다. 이제 모든것이 끝나는 줄 알았습니다. 그런데 아니었습니다. 아합과 이세벨의 분노를 샀습니다. 이세벨이 맹세를 하고 이를 갑니다. '내가 엘리야를 죽이리라. 반드시 죽이리라.' 이때 엘리야는 도망을 갑니다. 도망해서 도망해서 깊은 광야로 들어가 로뎀나무 밑에서 하나님 앞에 기도합니다. '하나님, 나를 죽여주십시오. 더 살고 싶지 않습니다.' 다 죽고 나만 남았습니다, 모든 선지자도 죽었고 모든 사람이 우상을 섬기고 모든 사람이 타락을 했고 지금 나만 남았는데 더 살고 싶지 않습니다, 내 생명을 취해주십시오―이런 기도를 드립니다. 그럴 때 하나님께서 말씀하십니다. 그것이 오늘본문에 나타난 중요한 말씀입니다. 하나님의 음성입니다. "내가 나를 위하여 바알에게 무릎을 꿇지 아니한 사람 칠천을 남겨두었다." 그러므로 낙심하지 말라고 하십니다. 이 '남은 백성'이 바로 선택된 백성입니다. 이 사람들이 남보다 더 낫다고 하는 것이 아닙니다. 그러나 구원의 씨요 소망의 근본이 되는 것입니다. 선택된 사람, 그 남은 백성입니다. 비밀한 백성입니다. 왜요? 이 사람들을 통해서 많은 사람을 구원하기 위하여, 이 사람들을 통해서 하나님의 위대한 역사를 이루어나가기 위하여 남겨두신 것입니다. 여러분, 이것을 잊지 말아야 합니다. 선택받은 자, 소중합니다. 하나님께서 아브라함에게 말씀하십니다. '너는 복의 근원이 되리라. 너로 인해서 만백성이 구원받을 것이다. 너로 인하여 복을 받을 것이다.' 이것이 선택된 사람입니다. 자기를 위해서 사는 것이 아닙니다. 선택하신 자를 위해서 삽니다. 뿐만아니라 선택된 자의 운명은 선택한 자가 책임집니다. 이것을 잊지 말아야 합니다. 선택받은 자의 운명은 선택한 자가 책임집니다. 이제 그 앞에 전개되는 모든 사실은 어떤 현실이 오더라도 거기에는 선택된 자에게 주어지는 의미가 있는 것입니다. 걱정하지 맙시다. 아브라함의 일생이 그랬고 모세가 그랬고 하나님의 백성이 그랬습니다. 때때로 우리는 음해를 당하고 어떤 때는 실수도 합니다만 이 모든것이 합동하여 하나님께서 당신의 뜻을 이루어가십니다. 오묘한 역사입니다. 놀라운 역사입니다. 선택받은 자의 운명은 하나님께서 결정하십니다. 그 노정도 그 과정도 묻지 마십시오. 다만 우리는 조용히 따라갈 것입니다.

사도행전 3장에 보면 베드로와 요한이 성전에 올라가다가 나면서부터 앉은뱅이된 사람을 봅니다. 이 사람이 구걸할 때 "은과 금은 내게 없거니와 내게 있는 것으로 네게 주노니" 해놓고 그 사람이 구한 것도 아니고 기대한 것도 아닌데 "나사렛 예수 그리스도의 이름으로 걸으라" 하고는 그 손을 잡아 일으키니 앉은뱅이가 벌떡 일어납니다. 저는 이 대목을 볼 때마다 생각합니다. 베드로가 얼마나 놀랐을까. 앉은뱅이보다 베드로가 더 놀랐을 것같습니다. 나면서부터 앉은뱅이된 그 사람이 자기 앞에서 다리를 펴 일어나고 이 광경을 본 사람들이 베드로와 요한을 우러러보게 됩니다. 그때 베드로와 요한은 생각합니다. 나는 이 거룩한 역사를 위해서 선택받은 사람입니다. 베드로가 의인이 아닙니다. 바로 며칠전만해도 예수님을 세 번 부인한 사람입니다. 그리고 부끄러운 생명을 유지한 사람입니다. 그러나 오늘 이 시간에 하나님께서 베드로를 선택하셨다는 것을 이 사건을 통해 증명해주십니다. 사도 바울의 일생을 우리는 알고 있습니다. 일생을 하나님께 바치고 수없이 감옥에 들어가고 매맞고 고생을 하며 삽니다만 그는 말씀합니다. '나는 기뻐하노라. 너희 믿음의 진보와 기쁨을 위해서라면 내가 나를 관제로 드릴지라도 기뻐하리라.' 그의 기쁨이 충만합니다. 감옥에 갇혀 있으면서도 기쁨이 충만합니다. 왜? 선택받았으니까요. 나라는 존재만 선택받은 것이 아닙니다. 내 운명 자체가 선택된 것이고 내 앞에 전개되는 현실도 선택된 사건이라서입니다. 이것을 알고 있습니다. 그래서 그는 기뻐하고 있습니다. 선택된 사람의 운명이 주어지는 현실 속에서 버려지는 일은 없습니다. 우연은 없습니다. 다 하나님의 경륜과 높은 섭리 속에서 이루어지는 것입니다. 데이비드 시먼스라고 하는 교수의 「치유하시는 은혜」라는 책에서 말합니다. 선택된 사람의 기본자세는 첫째, 용서받아야 할 존재라는 것입니다. 나 자신이 죄인이라는 것입니다.

선택되었다고해서 특권이 아닙니다. 특별한 사람이라고 자만하면 안 됩니다. 나는 용서받아야 할 사람이다, 오직 은혜로 내가 있다, 그리고 은혜를 베풀기 위한 수단으로 내가 존재하는 것이다, 하나님의 크신 은혜를 만백성에게 베푸는 데 내가 조금 쓰이고 있는 것이다— 그런 말입니다. 1862년 9월 17일, 미국 메릴랜드 앤티담 전투에서 치열한 전투가 있었고 이제 북군이 승리를 해서 아브라함 링컨에게 목말라하던 승리의 소식을 전했습니다. "각하, 이제 아무 걱정 하지 마십시오. 하나님은 우리북군 편입니다." 이렇게 장군들이 말할 때 아브라함 링컨은 조용히 기도하면서 말했습니다. "나의 염려는 하나님이 내 편에 있는가가 아니고 내가 하나님 편에 있는가일세." 내가 얼마나 하나님의 말씀에 충성을 다하고 있는가, 그것에 관심이 있다고 대답합니다.

여러분, 모든 근심의 뿌리는 바른 믿음을 가지지 못하는 데 있다는 것을 알아야 합니다. 여러분은 역사를 어떻게 아십니까? 현실을 어떻게 이해하십니까? 선택받은 자에게 주어진 현실, 그 현실 자체도 선택된 사건이라는 것을 알아야 합니다. 오직 은혜, 오직 겸손, 오직 믿음, 그리고 선택받은 자의 감격, 나를 선택해주시고 나를 써주시고 나와 함께하시는 그 크신 은혜에 감사하는 마음, 오로지 감사하는 마음 그것이 선택받은 자의 것입니다. △

곽선희목사 설교집 · 강해집 · 기타

〈설교집〉
  8권 물가에 심기운 나무
  9권 최종승리의 비결
 10권 종말론적 윤리
 11권 참회의 은총
 12권 궁극적 관심
 13권 한 나그네의 윤리
 14권 모세의 고민
 15권 두 예배자의 관심
 16권 이 산지를 내게
 17권 자유의 종
 18권 하나님의 얼굴
 19권 환상에 끌려간 사람
 20권 복받은 사람의 여정
 21권 좁은문의 신비
 22권 내게 말씀을 주소서
 23권 약속의 땅을 바라보며
 24권 결단이 있는 자의 행로
 25권 이 세대에 부한 자
 26권 행복한 사람의 정체의식
 27권 미련한 자의 지혜

28권　홀로 남은 자의 고민
29권　자기결단의 허실
30권　자기십자가의 의미
31권　자기승리의 비결
32권　자유인의 행로
33권　너는 저를 사랑하라
34권　주도적 신앙의 본질
35권　행복을 잃어버린 부자
36권　지식을 버린 자의 미로
37권　신앙인의 신앙
38권　예수께 잡힌바된 사람
39권　군중 속에 버려진 자
40권　한 수난자가 부르는 찬송
41권　복낙원 인간상
42권　내가 아는 이 사람
43권　한 수난자의 기쁨

〈강해집〉
(빌립보서 강해) 희락의 복음
(갈라디아서 강해) 은혜의 복음
(고린도전서 사랑장 강해) 진정한 사랑의 의미
(예수님의 이적 강해) 이적으로 계시된 말씀
(사도신경 강해) 사도들의 신앙고백
(야고보서 강해) 참믿음 참경건

(예수님의 잠언 강해) 예수의 잠언
(사도행전 강해)(상) 교회의 권세
(사도행전 강해)(하) 교회의 권세
(로마서 강해) 믿음에서 믿음으로
(고린도전서 강해) 복음의 능력
(고린도후서 강해) 생명에로의 길
(예수님의 비유강해)(상) 하나님의 나라
              (중) 이 세대를 보라
              (하) 생명에로의 초대
(에베소서 강해) 내게 주신 은혜의 선물
(골로새서 강해) 위엣것을 찾으라
(데살로니가서 강해) 사도의 정체의식
(디모데서 강해) 네 직무를 다하라

〈기타〉
행복한 가정
참회의 기도
영성신학
종말론의 신학적 이해
생명의 길